明治の商店

開港・神戸のにぎわい

大国正美　楠本利夫◉編
神戸史談会◉企画

神戸新聞総合出版センター

刊行によせて

神戸市長　**久元 喜造**

神戸は二〇一七年（平成二十九年）一月一日に開港から一五〇年目の記念の年を迎えました。神戸は一八六八年一月一日の開港以来、港とともに発展してきたまちです。古くは奈良・平安の時代から大陸との交流拠点として賑わい、開港後は、国際貿易港として発展し、諸外国との交流を重ねつつ、開放的で創造性に富んだ独自の神戸文化を培ってきました。神戸港は、昔も今も我が国の枢要な産業基盤として、神戸そして全国の産業を支え、人々の暮らしを支えています。

本書は、現在の三宮から兵庫・有馬地域にかけて、一八八二年（明治十五年）頃の商店・事業所を紹介したもので、当時の店先の賑わいや観光名所などが銅版画で緻密に描かれています。洋服仕立店、写真館、外国料理店などから、開港によって外国文化が暮らしの中に浸透していく様子がうかがえる誠に意義深い資料だと思います。

また、神戸史談会の長年に亘る研究に基づく解説が添えられ、まちの発展の様子がより分かりやすく説明されています。編集・発刊に携わられた方々のご努力に深く敬意を表します。

開港一五〇年の節目にあたり、「明治の商店 ―開港・神戸のにぎわい―」をご覧いただいた皆様に、みなとまち神戸の歴史を振り返っていただくとともに、神戸港への親しみを深めていただければ幸いに存じます。

『豪商神兵　湊の魁』の原本について

神戸芸術文化会議議長
神戸史談会名誉会長
加藤　隆久

『豪商神兵　港の魁』（横型和とじ（横一七・八センチ×縦七・六センチ）・銅版画・七六枚・一五二ページ・明治十五年十一月出版）の原本を保存していたのは、私の妻の父、すなわち私の岳父に当たる故網谷《あみたに》市三郎である。

網谷家の歴史をたどってみると、網谷家は屋号を網屋《あみや》といい、代々の通り名を市三郎といったので「網市《あみいち》」を商号とした。天保年間には初代市三郎が兵庫の宮内町一番地で営業していた。慶応四年、足袋職人を希望した二代目弥助は、足袋仕立屋に弟子入りした。そのとき柴田音吉や凮月堂の先祖も弥助と同じ足袋仕立屋へ弟子入りして通っていたらしい。

明治四、五年頃、弥助は兵庫北宮内町で腹掛や女物の足袋を作って開業し、やがて足袋や装束の材料卸を主とし「網市」と称した。明治十五年に出版された『豪商神兵　湊の魁』には、「兵庫宮内町　網谷市三郎　木綿類装束屋向」と載せられている。相当の広告費を払ったものと思われるから、材料卸商としてかなり店の基盤がかたまっていたのであろう。

網市商店は開店早々から新式の裁縫機械を取り扱っていたが、足袋や職人の装束を作っていたことから自然にミシンへ手を出すようになった。その後、工業用ミシンの部分品輸入を業として、網谷弥助は神戸に於けるミシン産業の初期に貢献した人物である。

初代市三郎、弥助が二代目、直吉が三代目、繁雄が四代目で、四代目市三郎（明治三十二年七月十三日生）が、代々、本書『豪商神兵　湊の魁』を受け継いで保存していたものである。

この度、神戸開港百五十年に当たって、明治初年の港神戸の産業、経済史を知るうえで、貴重なものとして、ここに原本保存者について報告させていただいた。

目次

■凡例

原本に旧字体が使われている場合、職業名や業種名などの普通名詞は新字体に改めたが、個人名や店舗名など、固有名詞は旧字体をそのまま使用した。

また慶応四年は慶応四年九月八日（グレゴリオ暦一八六八年十月二十三日）に明治に改元されており、一八六八年の出来事のうち日付の明白なものは、九月までを慶応四年、以降を明治元年と表記した。さらに明治五年十二月二日（一八七二年十二月三十一日）まで旧暦が使われ、翌日からグレゴリオ暦（太陽暦）に改暦されたため、それ以前の月日は旧暦、以降は新暦とした。

豪商神兵 湊の魁

旧湊川以東の部

『豪商神兵　湊の魁』は、一八八二（明治十五）年当時、現在の神戸市中央区西部と兵庫区の南部地区にあった事業所と観光名所の案内書である。旧生田川（現在のフラワーロード）から和田岬までの南部地域の五六〇ほどの業者を取り上げている。「商取引」と「遊覧の利便」が目的で、書名の「神兵」は神戸と兵庫を指す。大きさは、縦七・六センチ、横一七・八センチの和装紐綴で、懐中本と呼ばれる横長の書物である。

奥付には「明治十五年一月十九日御届　同十一月出版、定価貳拾五銭、編輯出版人　大坂北区曽根嵜新地壱丁目　垣貫與祐、賣捌所　兵庫縣下神戸相生町東詰熊谷久榮堂、大坂府下高麗橋二丁目　熊谷久榮堂」とある。一九六一（昭和三十六）年、兵庫区宮内町の網谷市三郎宅で原本が発見され、一九七五（昭和五十）年、神戸史学会が二五〇部限定で複製を作った。旧湊川（現在の兵庫区新開地本通）より東部を前半に、西部を後半に掲載している。

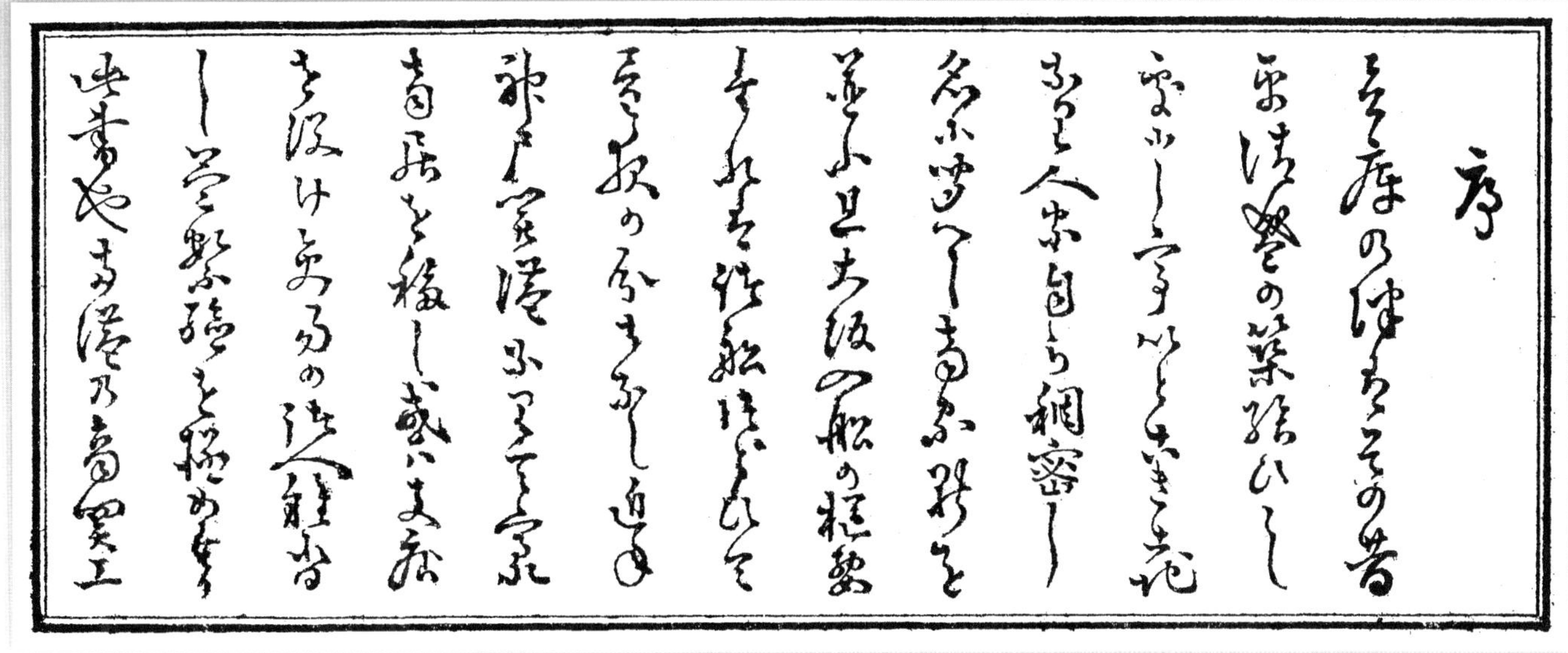

序

兵庫の津はその昔平清盛の築給ひし処にしていと古き土地なり、人家自ら稠密し名に聞へし商家軒を並ふ、且大坂入船の枢要たれは諸船つどひて昼夜の分ちなし、近年神戸開港なりて豪商居を移し或は支店を設け、交易の諸人雑沓し益繁験を極めたり、此書や両港の商買工

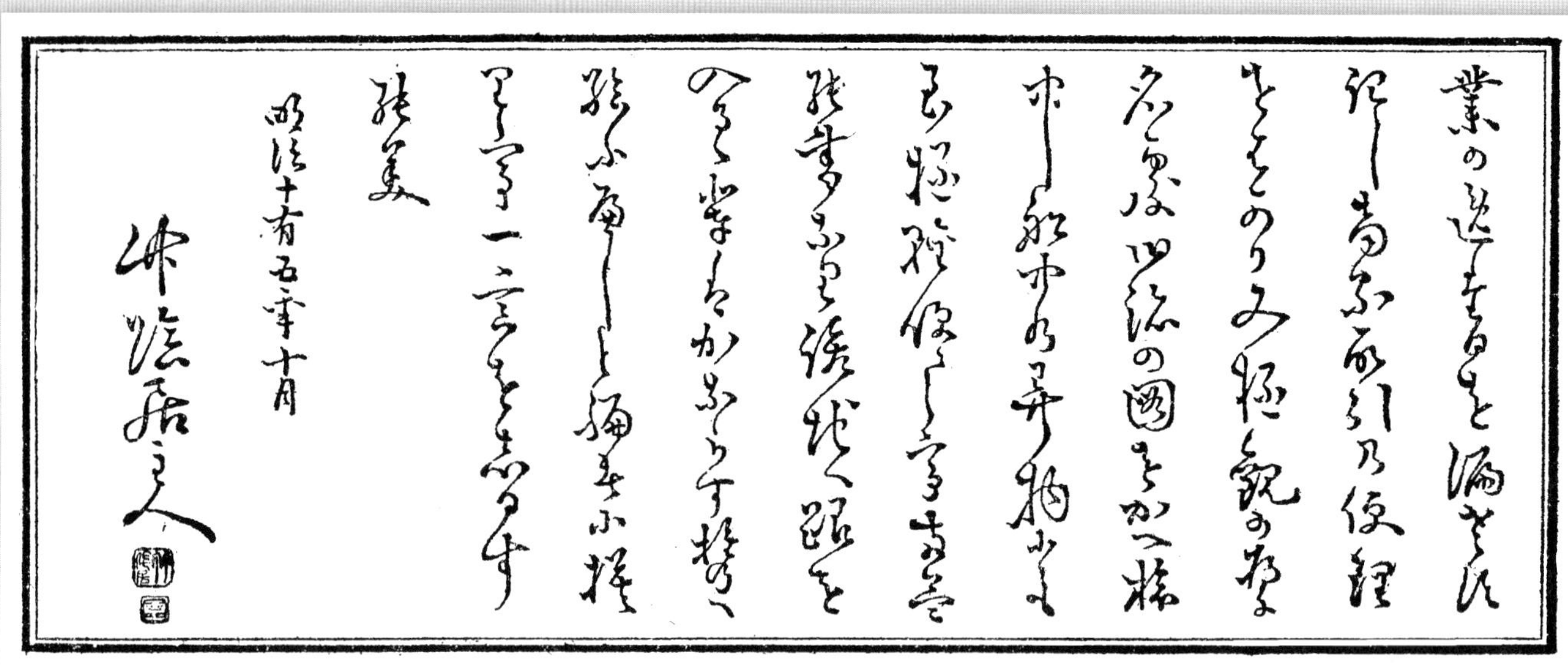

業の逸たるを漏さす
記し、商家取引の便理
をはかり、又遊観の為に
名処旧跡の図を加へ旅
中船中の弄物にも
至極軽便にして両益
の書なり、該地へ路を
入る、輩はかならす携へ
給ふへしと編者に模
りて一言を記す
のみ

明治十有五年十月

竹陰居主人㊞㊞

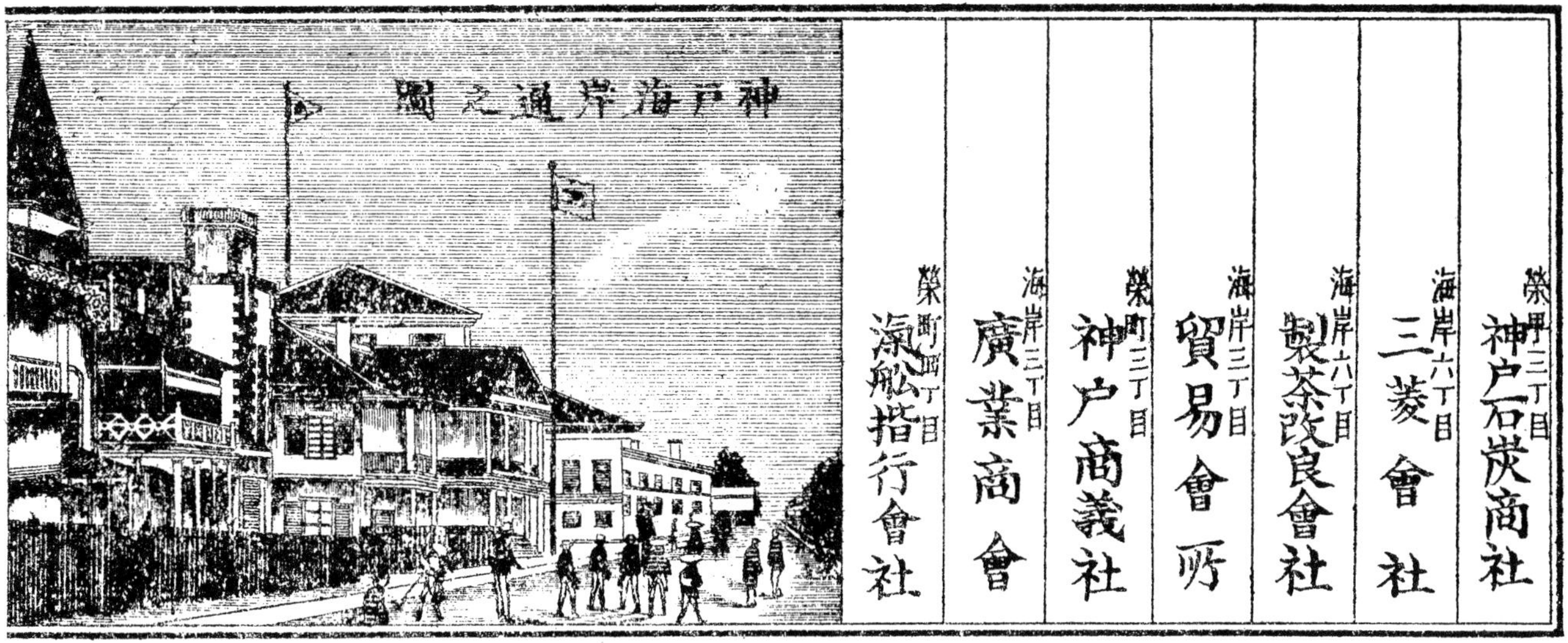

左は海岸通から見た外国人居留地である。不平等条約時代、居留地は立派な洋館が並び外国人が闊歩する異文化空間であり、日本人が立ち入ることはできなかった。右に神戸石炭商社、三菱会社、製茶改良会社、貿易会所、神戸商義社、廣業商会、汽船揩（偕）行会社を掲げる。三菱会社は岩崎彌太郎の海運会社である。1877（明治10）年２月、鹿児島で西郷隆盛が挙兵したとき、政府は弁天浜の専崎彌五平邸に運輸局（兵站本部）を置いた。10日前に開通式典を挙げたばかりの神戸—京都間鉄道は軍需輸送に使われ、神戸駅に到着した軍勢と資材は、三菱会社と神戸の光村彌兵衛の船で九州へ運ばれた。製茶改良会社は、神戸の主力輸出製品であるお茶の品質を維持し、粗悪茶を防ぐため、山本寛兵衛、山本亀太郎、北風正造らが設立した。

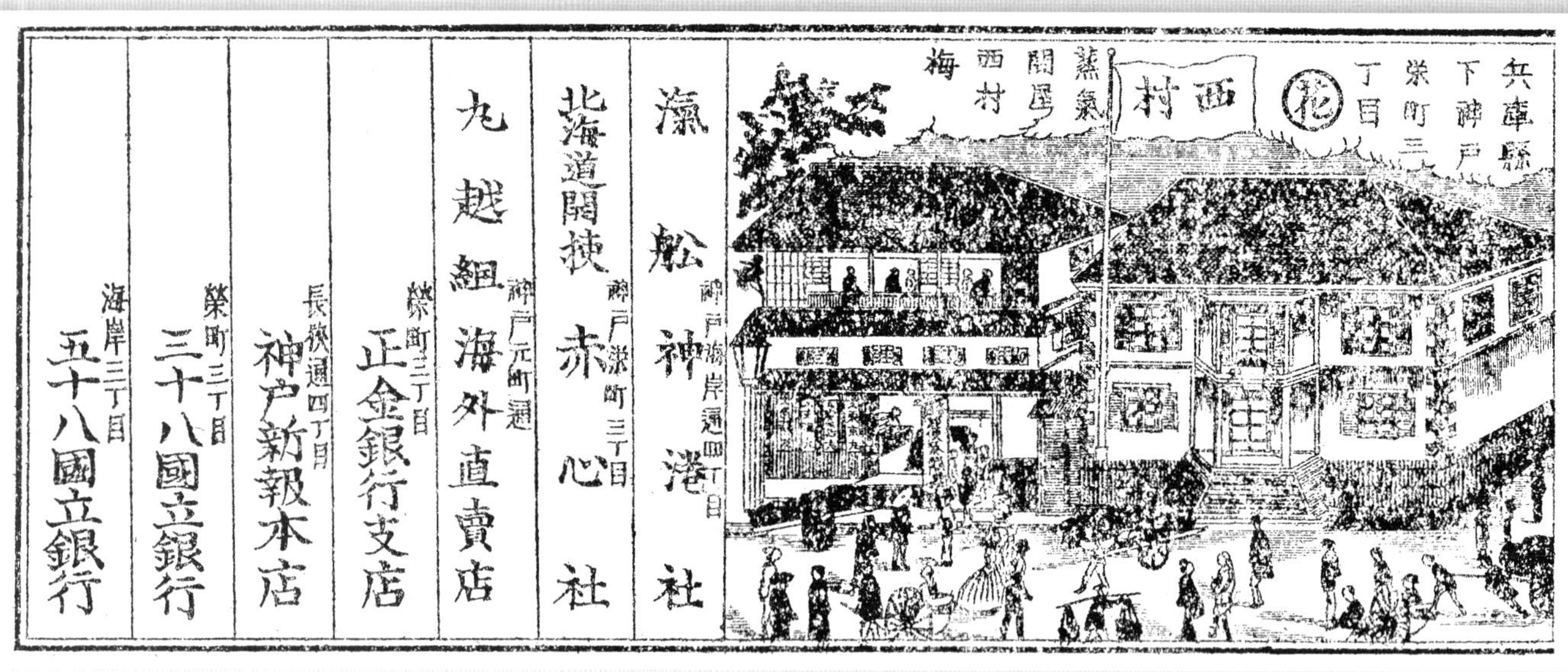

右に神戸を代表する西村旅館を描く。1876（明治9）年頃、大阪出身の西村梅が栄町通3丁目に旅館兼回漕店を設立した（15ページ）。有栖川宮熾仁、板垣退助、北里柴三郎、福沢諭吉、小村寿太郎、児玉源太郎、瀧廉太郎、乃木希典、山県有朋、若槻礼次郎ら著名人が宿泊した。神戸大空襲で旅館が焼失した際、宿帳は最後の経営者西村寛一が油紙に包み井戸に吊るして残した。左に汽船神港社、赤心社、丸越組海外直売店、正金銀行、神戸新報本店、三十八国立銀行、五十八国立銀行を掲げる。赤心社は、旧三田藩士鈴木清が設立した北海道開拓会社で、士族授産、開拓農業共同体、キリスト教精神に基づく宗教共同体を目指した。丸越組は、濱田篤三郎らが外国商社を通さない貿易を目指し1881（明治14）年に設立した同業者組合である。

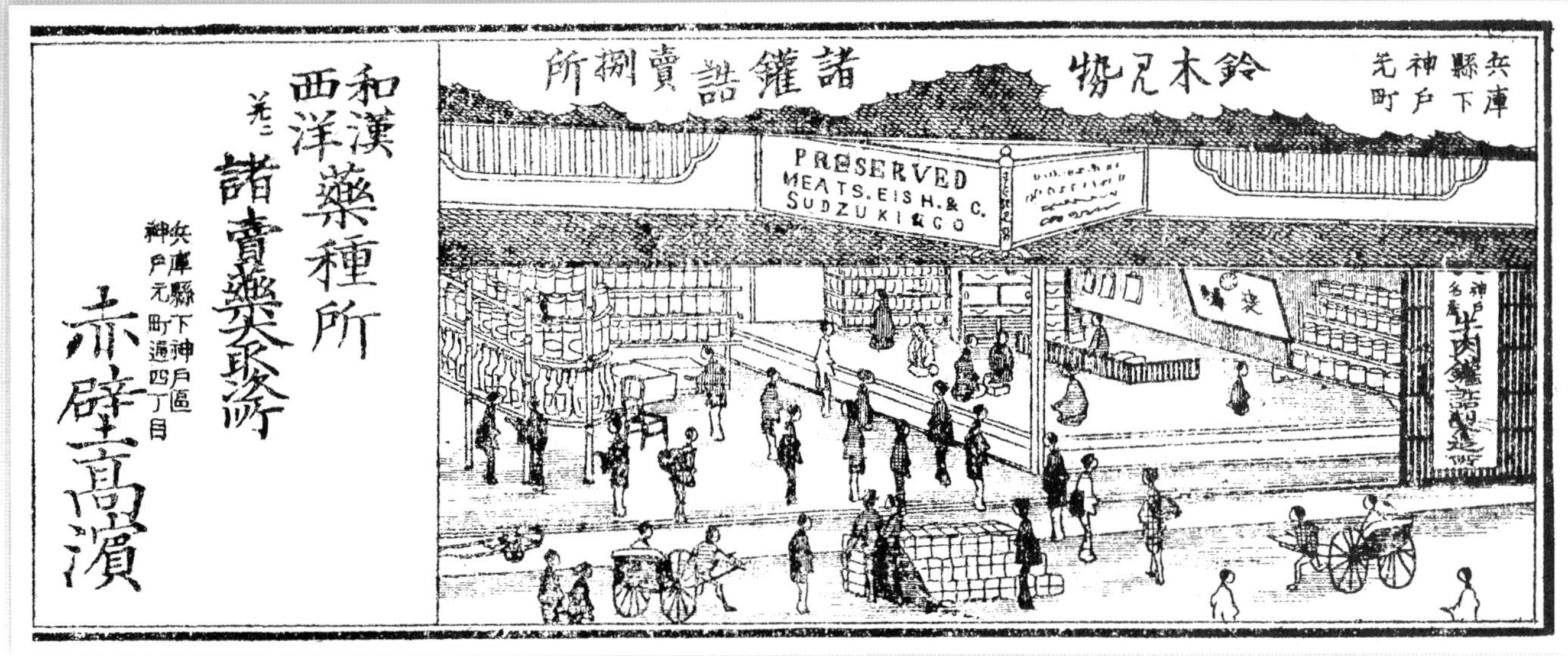

右は鈴木清が元町通に設立した諸缶詰売捌所の店頭である。旧三田藩士鈴木は、最後の藩主九鬼隆義が設立した商社志摩三を経て、1878（明治11）年に牛肉缶詰業を起こした。生肉を保存するだけではなく、日本人好みのすき焼き風大和煮缶詰を考案した鈴木は、有馬温泉に知人を集めて缶詰試食会を開催したが、缶詰の中身はすべて腐敗してしまっていた。鈴木はその事実を隠すことなく新聞に公告して販売を中止し製品回収に努めた。その誠実な姿勢は兵庫県令森岡昌純の目にも留まり、牛肉缶詰大和煮は信用を回復して人気を博し、社名も全国に広がり、事業は発展した。鈴木は赤心社初代社長でもある。左は元町通４丁目の和漢西洋薬種所・諸売薬大取次所、赤壁高濱の名前を掲げる。赤壁商店は現在も元町通で営業している。

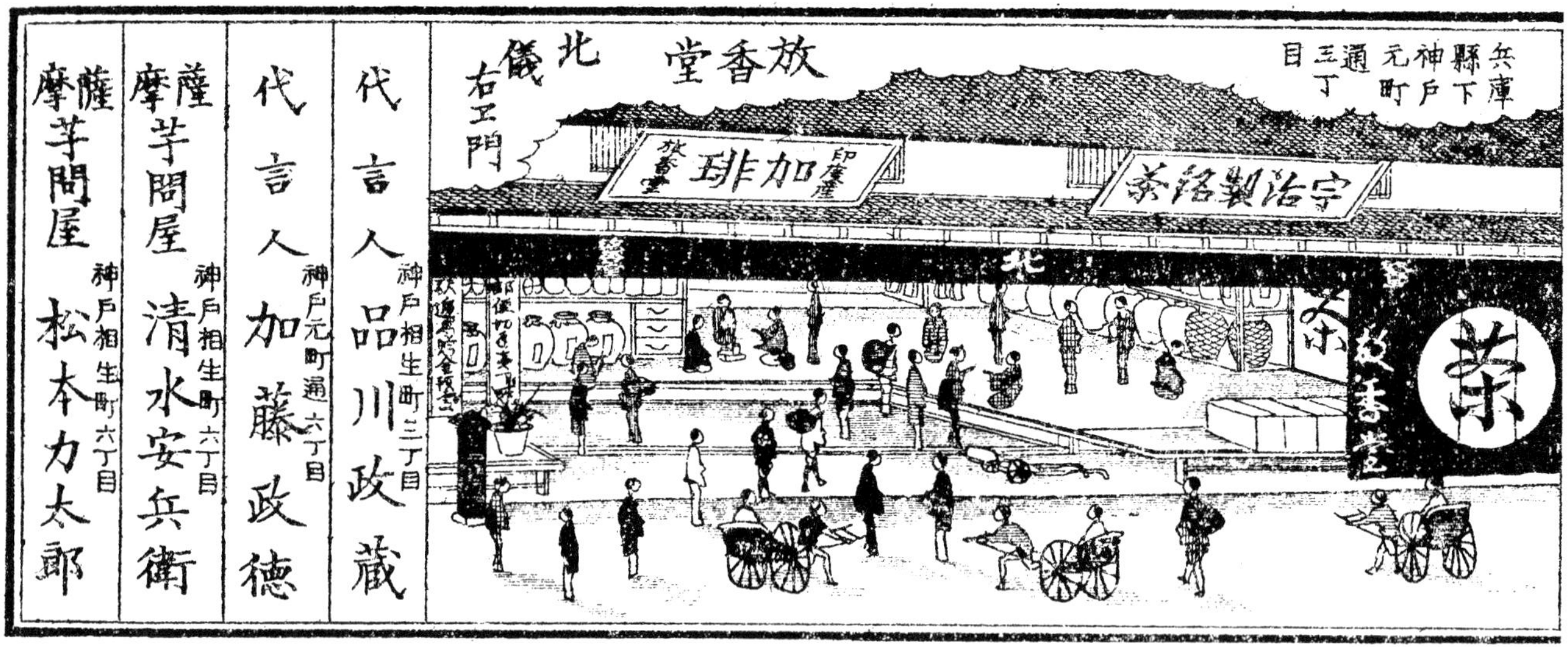

右は元町通３丁目北儀右衛門の放香堂の店頭である。宇治製銘茶、印度産珈琲の看板がある。放香堂チラシには「天保年間（1830～44）に放香堂の創始者・東源兵衛が山城の自農園の茶を江戸に送り出した。1858（安政５）年、松平家のお茶御用になり放香堂の屋号を賜った」とある。北儀右衛門が茶商を始めたのは1874（明治７）年ともいう。放香堂は1878（明治11）年11月26日の読売新聞に「焦製飲料のコフィー弊店にて御飲用或は粉末にてお求共に御自由」の広告を出している。「焦製」は焙煎で、喫茶店を営業していた。放香堂は現在も営業している。左には代言人と薩摩芋問屋の名前が各２人。代言人とは明治前期の弁護士の称で、1872（明治５）年の司法職務定制（太政官無号達）で設けられ、1876（明治９）年に免許制となった。

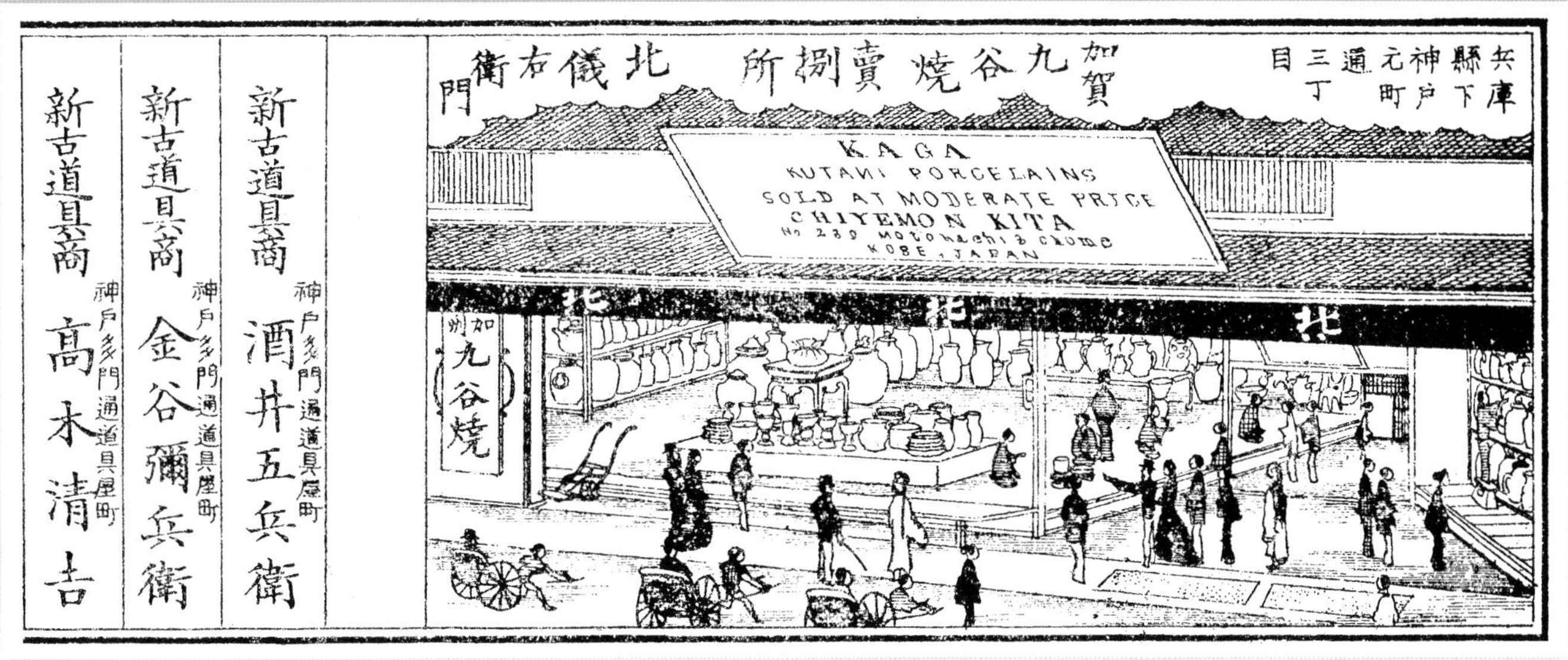

右は元町通３丁目の放香堂経営者の北儀右衛門が経営する加賀九谷焼売捌所である。立て看板に加州九谷焼とあり、軒下に英語看板「KAGA KUTANI PORCELAINS SOLD AT MODERATE PRICE CHIYEMON KITA №230 Motomachi 3 Chome KOBE, JAPAN」（加賀九谷焼 お手頃価格 北儀右衛門 日本神戸元町３丁目230番地）がある。店内には、商品が陳列され、壺を前に置いて客と商談中の商人もいる。九谷焼は日本の有力な輸出商品であり、第１回内国勧業博覧会から、以後欠かさず出品した。明治20年代には日本の輸出陶磁器の第１位となり、ジャパンクタニの名を世界にとどろかせた。九谷焼の輸出業者は神戸に出張所を設置した。左は新古道具商３人の名前を掲げる。いずれも多聞通道具屋町となっていて同業者が集住している。

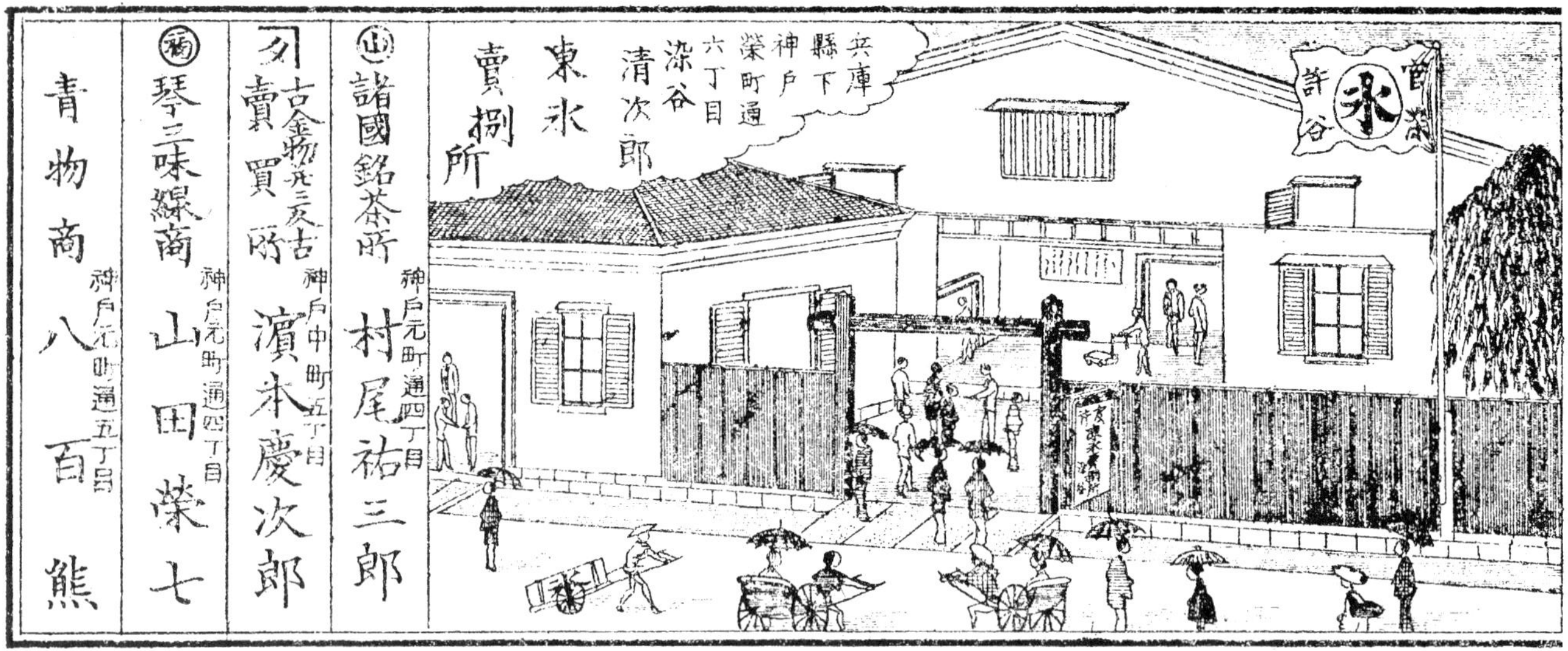

右は栄町通６丁目染谷清次郎の東氷売捌所である。看板に「官許　東氷売捌所 染谷」とあり官許の旗が翻り、敷地内に氷の重量を量る秤がある。冷蔵庫や製氷機がなかったころ、冬に凍った氷を氷室に入れて保管し夏に取り出した。氷室は「日本書紀」にも登場、「枕草子」にかき氷の元祖と思われる食べ物の記述がある。「源氏物語」では、宮中の女房たちが夏の夕暮れ時に氷室から取り出した氷を割って、額や胸などに押し当てて涼をとる様子が描かれている。神戸では明治から昭和初期まで、厳冬期に六甲山上の池から氷を切り出し、氷室に入れて夏まで保存した。六甲山から氷を運んだ道はアイスロードの名で現在も残っている。左は諸国銘茶所、古金物・反古売買所、琴三味線商、青物商の名前を掲げる。

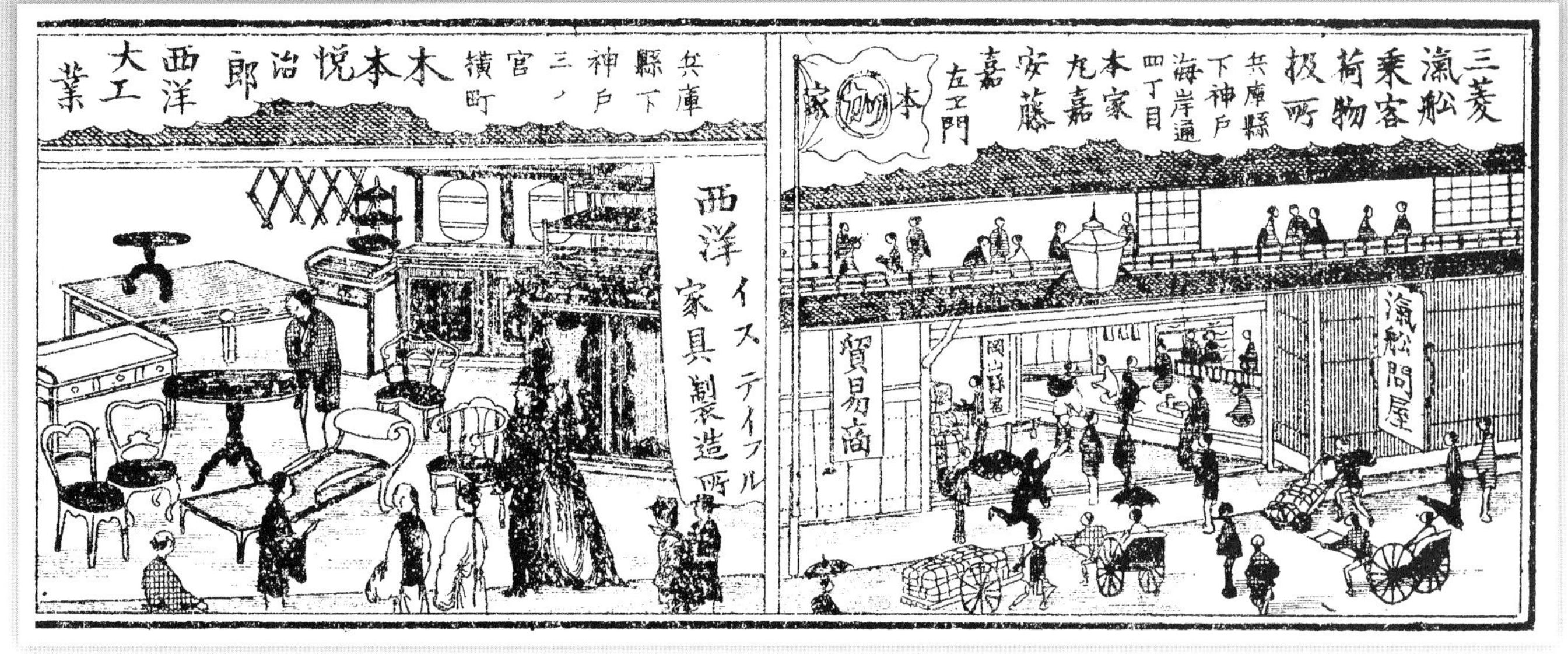

右は海岸通４丁目、本家丸嘉こと安藤嘉左衛門の三菱汽船乗客荷物扱所の店頭である。汽船問屋、貿易商の看板がある。安藤家の当主は代々嘉左衛門を名乗り、北前船と樽廻船の廻漕業を営んでいた。この嘉左衛門（1834年生）は11代目である。回漕問屋は旅館も兼業していた。大型船の登場で回漕業の経営環境は一変し、業者は回漕業か旅館業かの選択を迫られた。有力業者のうち安藤、西村は旅館業を選び、後藤、大森は回漕業を選択し旅館業から撤退した。左は三宮横町にあった西洋大工業の木本悦治郎の店である。「西洋イス テイフル 家具製造所」の看板があり、店内には西洋家具が並んでいる。神戸の洋家具業の多くは、家具を大切にする外国人の洋家具修理から始まった。和船を造る曲線加工技術が神戸家具を生み出した。

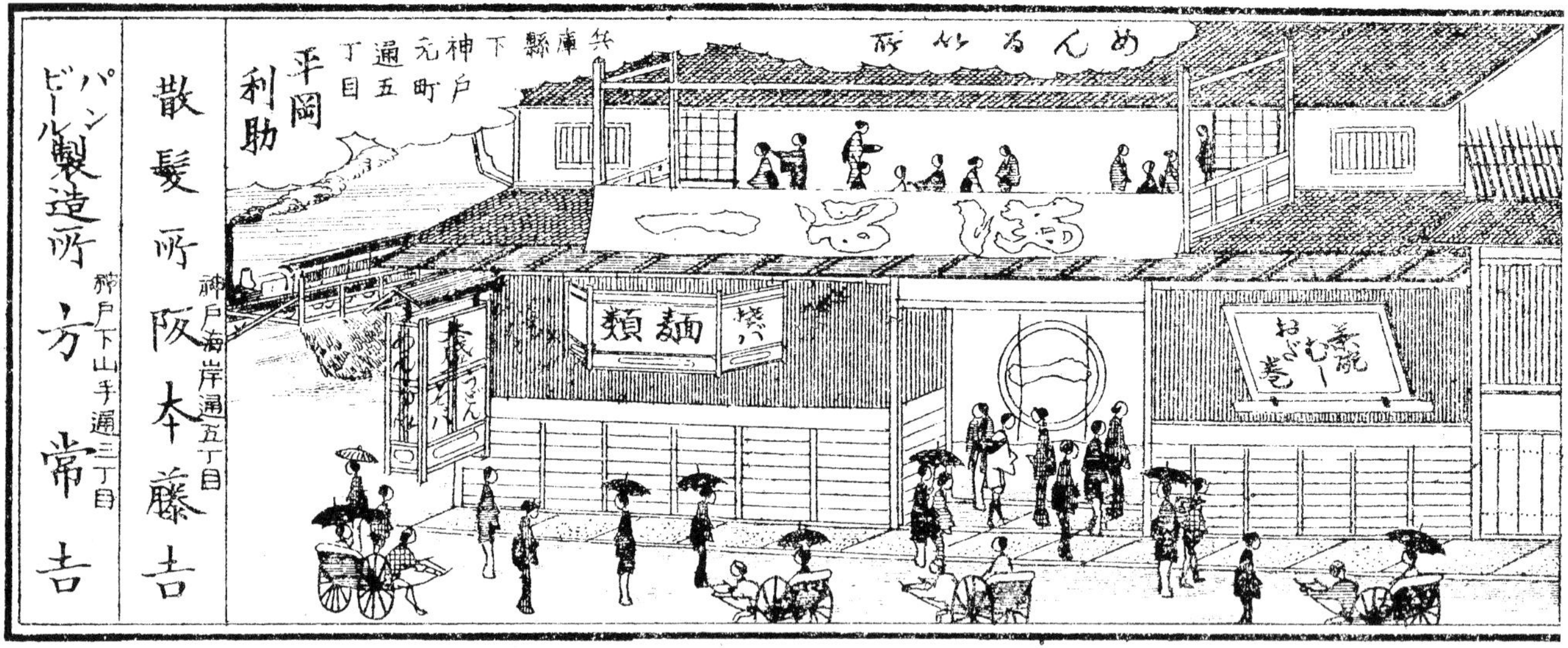

右は平岡利助の麺類所で屋号は「まる一」、屋号紋は「丸に一」。左に散髪所、阪本藤吉の名前を掲げる。1871（明治４）年、いわゆる「散髪脱刀令」（太政官布告）が出された。これは、髪型を自由にしてもよいというものであり断髪強制令ではない。人々は断髪を嫌がった。県令から断髪を勧められた兵庫の豪商、神田兵右衛門《こうだひょうえもん》は、兵庫の公職者40人を集めて一緒に断髪することにしたが、いよいよ断髪しようとしたとき、残ったのは９人だけであった。下山手通３丁目のパンビール製造所の方常吉の名もある。古代エジプトではパンとビールは、製造工程が同じであった。パンを作るこね粉の塊を土器に入れて火にかけ、発酵した塊を砕いて水に入れ、薄いかゆ状にして、濾し器の受け口から出る液体がビールである。

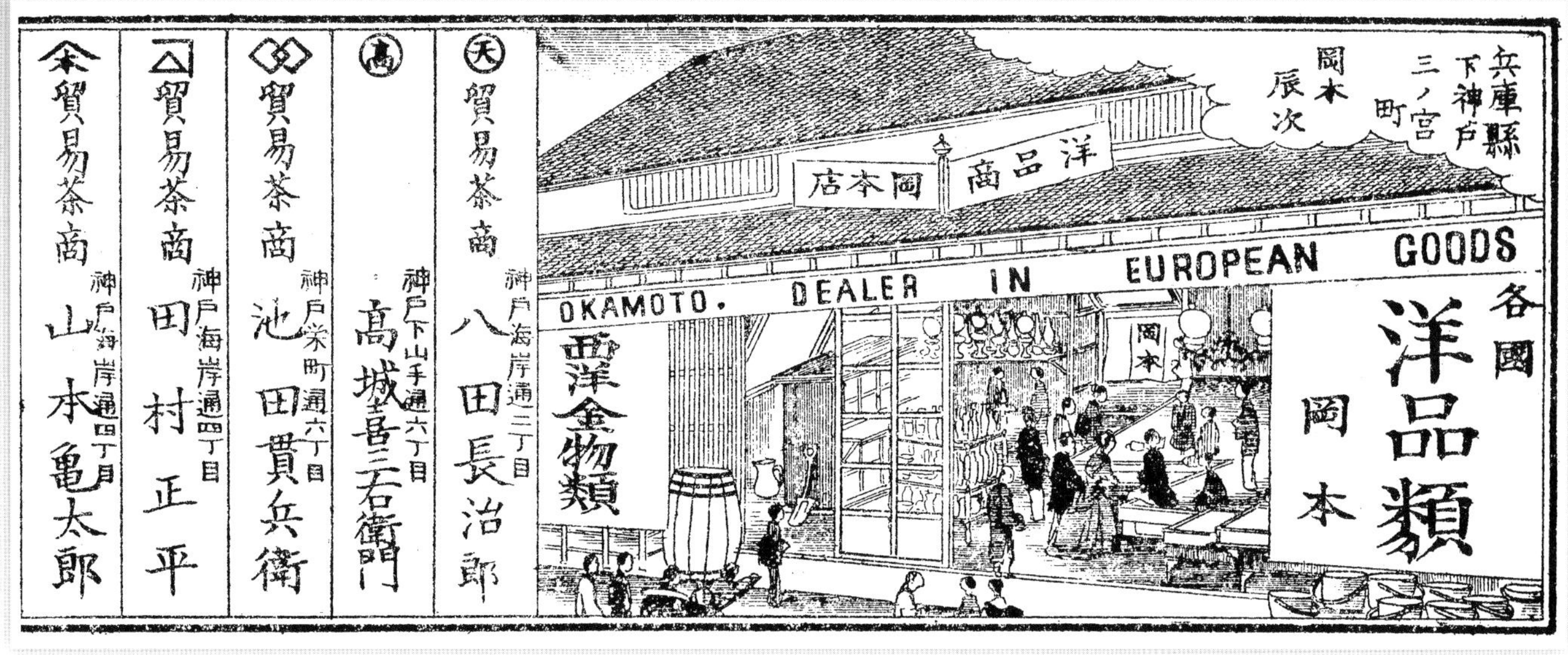

右は岡本辰次の各国洋品類、西洋金物類の店頭である。英語看板「OKAMOTO.DEALER IN EUROPEAN GOODS」（西洋品取扱商）がある。左は貿易茶商など５人の名前を掲げる。茶は明治期神戸の花形輸出商品で、左端の山本亀太郎は茶貿易に生涯をささげた功労者である。製茶改良事業にも取り組み日本茶の評価を高めた。居留地時代、日本人は茶も外国商館に納めるだけで、利益が上がる貿易業務は外国商館が行っていた。山本は直貿易を試み、外商から商権を徐々に奪取し、自ら再製場を開設して直輸出を始めた。1892（明治25）年、神戸商業会議所会頭に選任された。諏訪山に山本の顕彰碑がある。左から３番目の池田貫兵衛は神戸電灯会社を興し、神戸市会議員も務めている。神戸商業会議所設立発起人惣代の一人である。

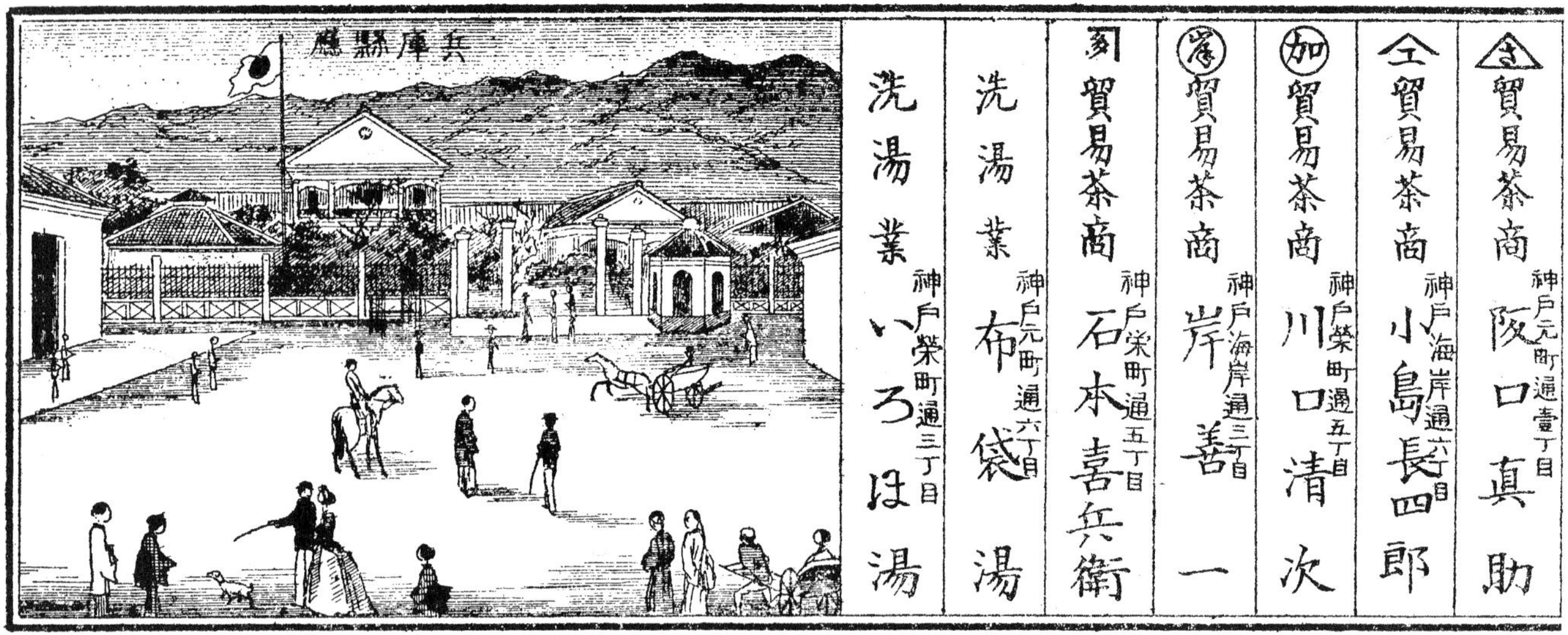

左は３代目兵庫県庁舎を描いている。初代庁舎は1868（慶応４）年に兵庫切戸町の勤番所跡に設置された。県庁が開港場から遠いためこの年の11月、兵庫と神戸の中間坂本村に庁舎を新築し移転したのが２代目である。それでも各国領事は連名で、1869（明治２）年に知事に「県庁が居留地から遠く不便」と訴えた。これを受けて1873（明治６）年に下山手通の旧オランダ領事コルトハウスの土地と邸宅を買い取り、建物を増築し設置したのがこの３代目庁舎である。1902（明治35）年５月に完成した４代目庁舎は1945（昭和20）年３月、神戸大空襲で被災したが外壁が残り、1948（昭和23）年から1952（昭和27）年にかけて再建、改修された。現在の兵庫県公館である。右には貿易茶商５人と洗湯（銭湯）業２カ所の名前を掲げる。

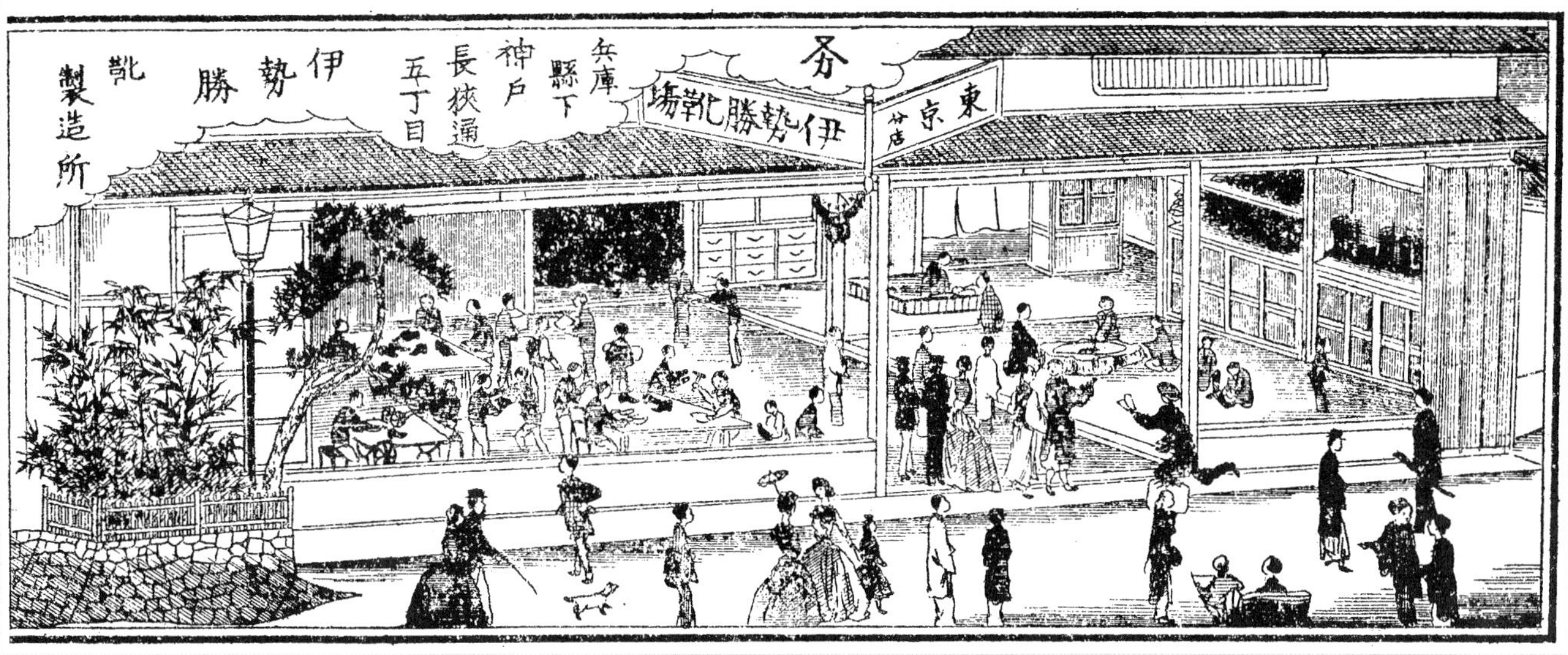

長狭通の伊勢勝の靴製造所である。「伊勢勝靴場 東京分店」の看板があり、1870（明治３）年、西村勝三が東京・築地入船町に設けた造靴場の支店だと分かる。勝三は兵部大輔大村益次郎の勧めと渋澤栄一の支援を得て靴工業を興した。1877（明治10）年に経営難になり依田西村組として再出発したが、神戸では伊勢勝の名前が使われていることが分かる。日本人には靴を履く習慣がなかったが、神戸の人々は外国人が靴を履いているのを見て真似した。靴の材料は皮革で、葺合村小野浜（現・中央区）に牛馬取引所ができ、皮革が生産された（171ページ）。1886（明治19）年１月28日付の「神戸又新日報」に、「居留地101番館の英国商館が大量に牛皮を買い込むので牛皮の相場が上昇した」との記事が出ている。

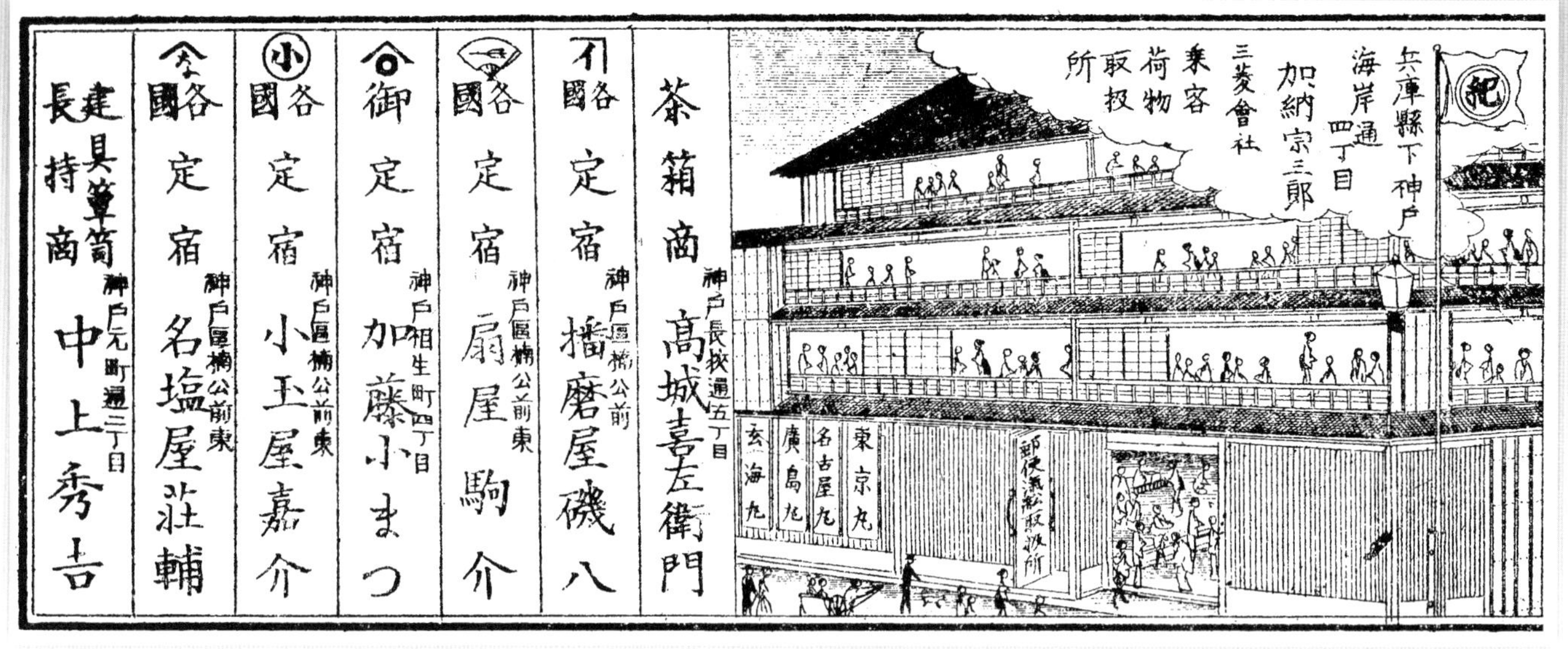

右は海岸通４丁目の加納宗三郎の三菱会社乗客荷物取扱所である。郵便汽船取扱所、東京丸、名古屋丸、廣島丸、玄海丸の看板がある。宗三郎は加納宗七の三男である。宗七は、神戸開港日の夜、京都で陸奥宗光らと坂本龍馬暗殺犯と目した紀州藩士を襲撃、神戸に逃げ花隈の農家に隠棲した。王政復古後、宗七は海岸通で材木問屋、回漕店、船宿を営んだ。加納宗七は加納町に名前を残している。明治初め、生田川がしばしば氾濫して居留地、外国人墓地を水浸しにした。外国人は兵庫県に堤防改修を要請、1871（明治４）年、県は生田川を付け替え新生田川とした。付替跡地の払い下げを受けた加納宗七は、広幅員道路（現・フラワーロード）をもつ13.8ヘクタールの市街地を造成した。左は茶箱商、各国定宿、建具箪笥長持商の名前を掲げる。

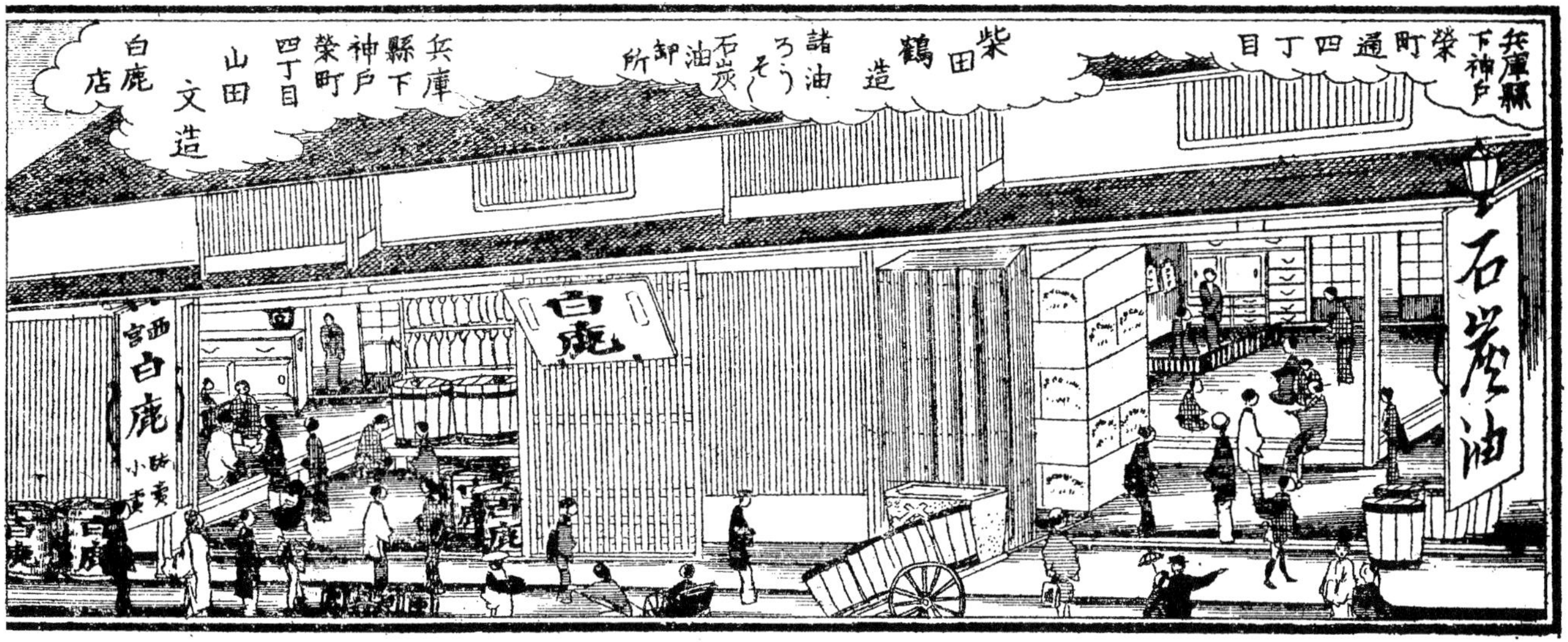

栄町通４丁目柴田鶴造の諸油ろうそく・石炭油卸所と山田文造の白鹿店を描く。柴田の店には石炭油の看板がかかり、その下に並ぶ樽は油だろうか。店内には木箱が２列５段に積まれている。道路に面して防火用水がある。山田の店の看板は「西宮白鹿 駄売小売」で、白鹿の大看板の下に菰樽が並べられている。白鹿は1662（寛文２）年創業の西宮の辰馬本家酒造の酒である。灘五郷は、現在の神戸市灘区新在家から西宮市今津に至る沿岸12キロの酒産地で、西郷、御影郷（中郷）、魚崎郷（東郷）、西宮郷、今津郷の五郷であるが、1886（明治19）年以前は、西宮郷の代わりに現在の神戸市中央区に当たる下郷を加え灘五郷と呼んだ。酒造に最適の宮水、大粒の酒米、水車精米、海運による輸送、酒造技術など好条件が重なっている。

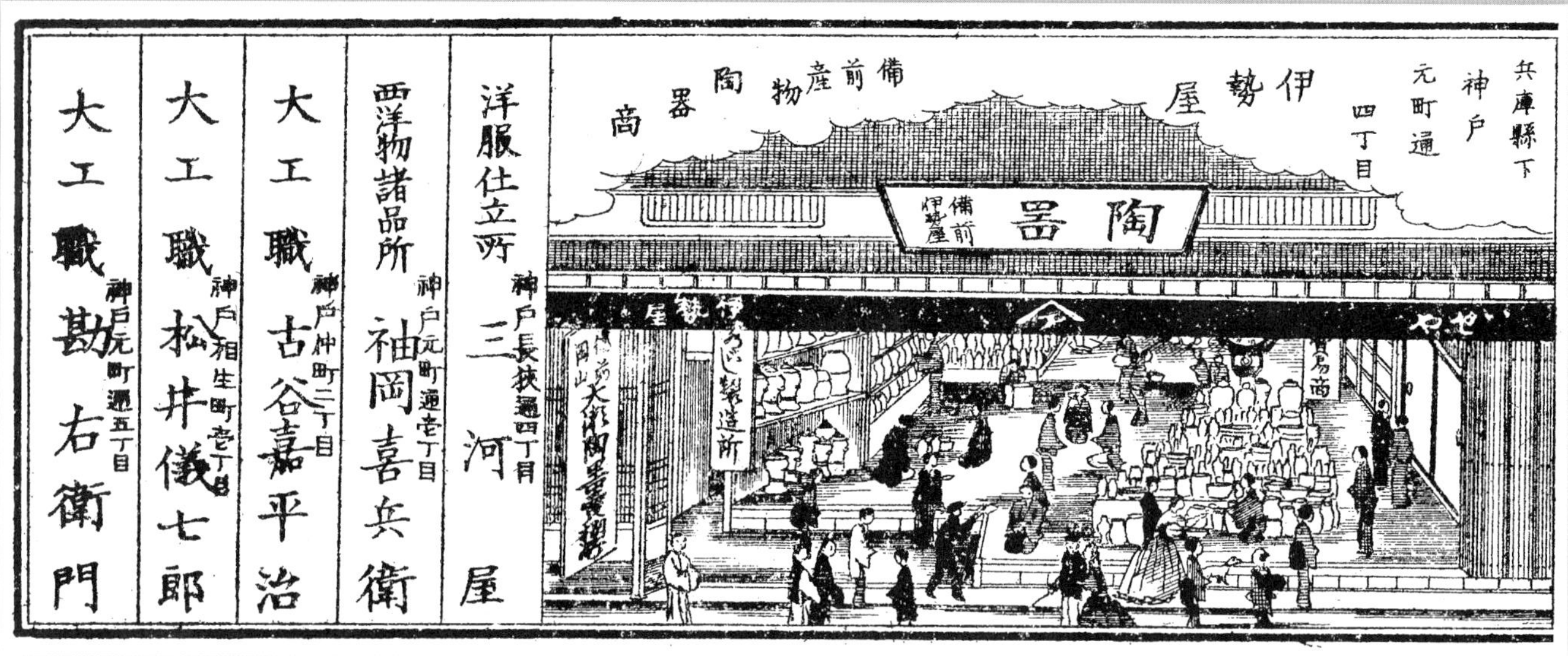

右は備前産品陶器商、伊勢屋の店頭である。店内に貿易商の看板があり、陶器の輸出を手掛けたのだろう。また左には「備前岡山天瀬陶器売捌所」の看板がかかっている。天瀬焼は岡山県岡山市天瀬町で1876（明治９）年に、明治維新で禄を失った士族への授産として始まった窯である。脆くて事業は失敗したとされるが、この時点で神戸に売捌所があったのは興味深い。

左は大工職、西洋物諸品所、洋服仕立所の名前を掲げる。初代兵庫県知事伊藤博文は、文明開化の象徴である洋装を率先垂範した。1882（明治15）年、県議会で、議席につくときは洋服を着用することを申し合わせた。1886（明治19）年４月、小学校教員の洋服着用が義務付けられ、教員の洋服新調負担を軽減するため、各校は洋服代金を月賦返済する仕組みを作った。

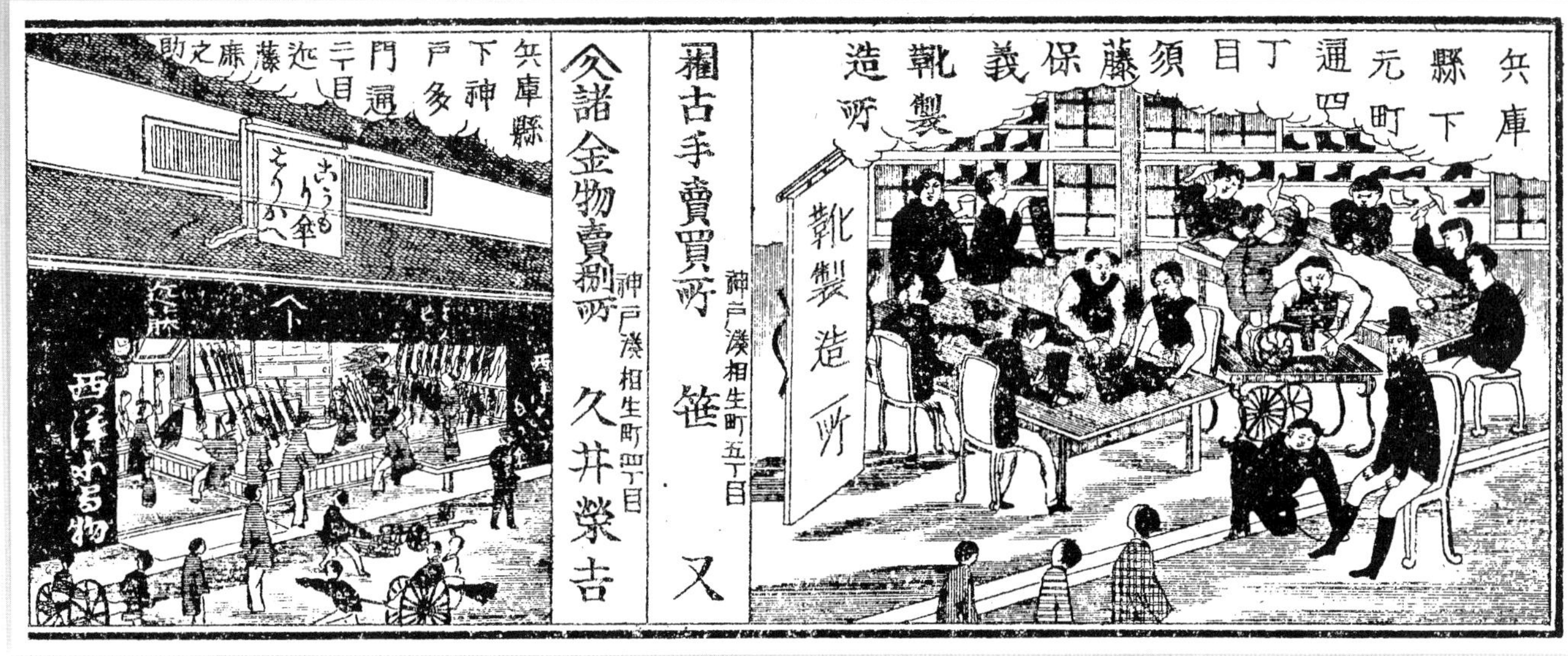

右は須藤保義の靴製造所で、店頭で職人が外国人の靴サイズを採寸している。店内では職人たちが牛皮を裁断し加工している。神戸は我が国における文明開化のショーウインドウであり、住民は外国の文物を積極的に取り入れていた。1872（明治５）年、太政官布告で「洋服着用令」が出された。1885（明治18）年、神戸税関吏に靴が義務付けられ、洋装の定着とともに靴の需要も増加した。デザインが優れた神戸の靴は、第２次世界大戦後、ケミカルシューズが神戸シューズとして日本中を席巻する。左は近藤鹿之助の西洋小間物店を描く。看板に「こうもり傘はりかへ」とあり修繕も行っていた。当時、こうもり傘は最先端ファッションアイテムで、晴れた日でも、日傘としても使われていた。中央には古手売買所、諸金物売捌所の名前を載せる。

右は元町通３丁目吉川市助の店舗が描かれている。吉川家は代々吉川屋新七の屋号を使い、神戸で回漕問屋・旅館業を営み、明治初年足袋商に転じ、さらに洋服商となった。２階屋根から飛び出した看板のデザインは足袋ではなかろうか。市助の子市三が神戸凮月堂の初代である。軒下看板や水引暖簾《のれん》になどに福の字がある。支店は多聞通２丁目、元町通１丁目と６丁目にあった。左には石炭売捌所、スリツケ木・陶器所、素麺乾物所、古手売買所、傘売捌所の名前を掲げる。スリツケ木とはマッチである。マッチは明治大正期の神戸の重要輸出品であった。神戸のマッチ製造は1877（明治10）年に神戸監獄内で始められ、翌1878年、初めて上海へ輸出された。神戸に多くのマッチ製造所ができ、神戸はマッチの一大生産地となった。

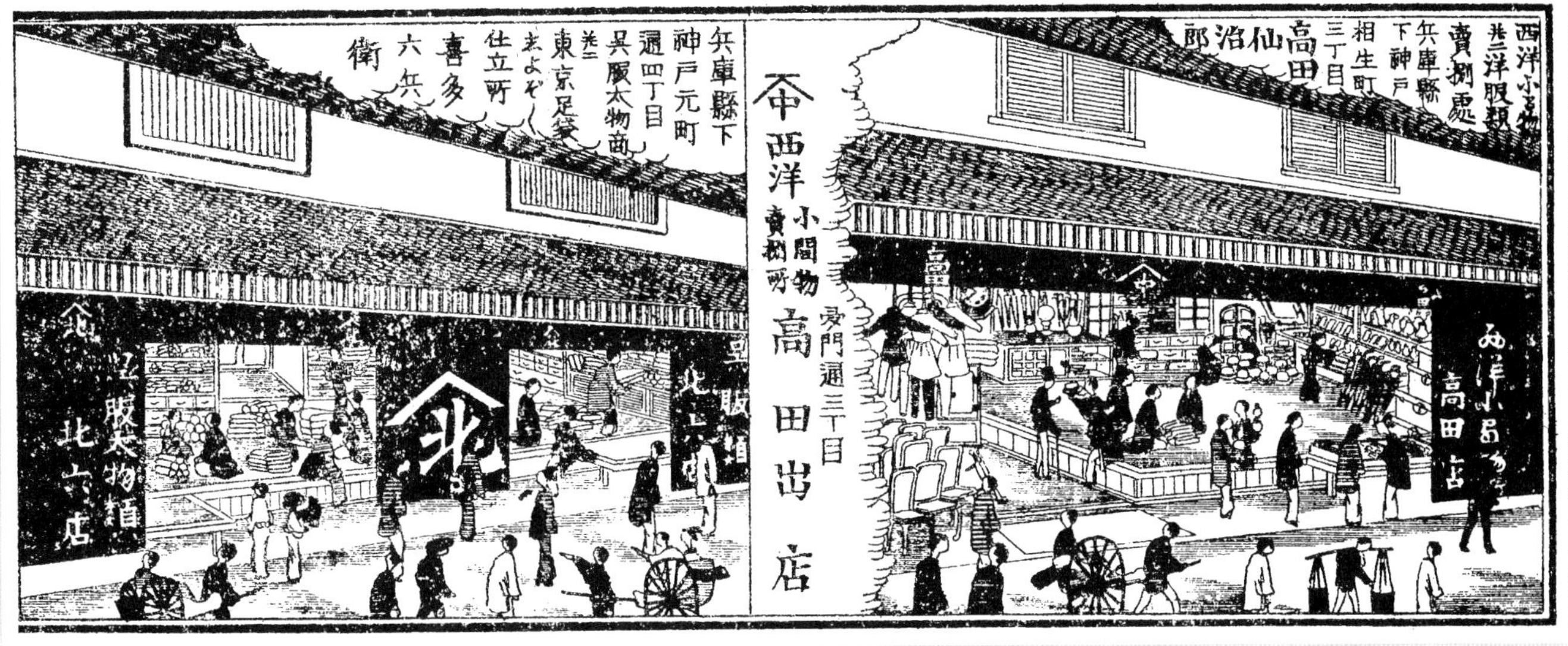

右は相生町３丁目、高田仙治郎の西洋小間物・洋服類売捌処の店頭を描く。暖簾《のれん》に西洋小間物高田店とある。棚には西洋小物が並び、土間には商品の洋服がハンガーに吊るされていて、その下に洋式の椅子が並べられている。店の前の道路を人力車が通り、天秤棒を担いで荷物を運ぶ人がいる。支店は多聞通３丁目の西洋小間物売捌所高田出店。左は元町通４丁目、喜多六兵衛の呉服太物商・東京足袋装束仕立所を描く。太物は、衣服にする布地、反物、綿織物、麻織物である。通りに面して「呉服類北六店」「呉服太物類北六店」の大暖簾、看板がある。店内には反物を前にして商談中の人が見える。店頭に女性客２人が立って店内を眺めている。道路では人力車夫が店を指さして客になにかを説明している。

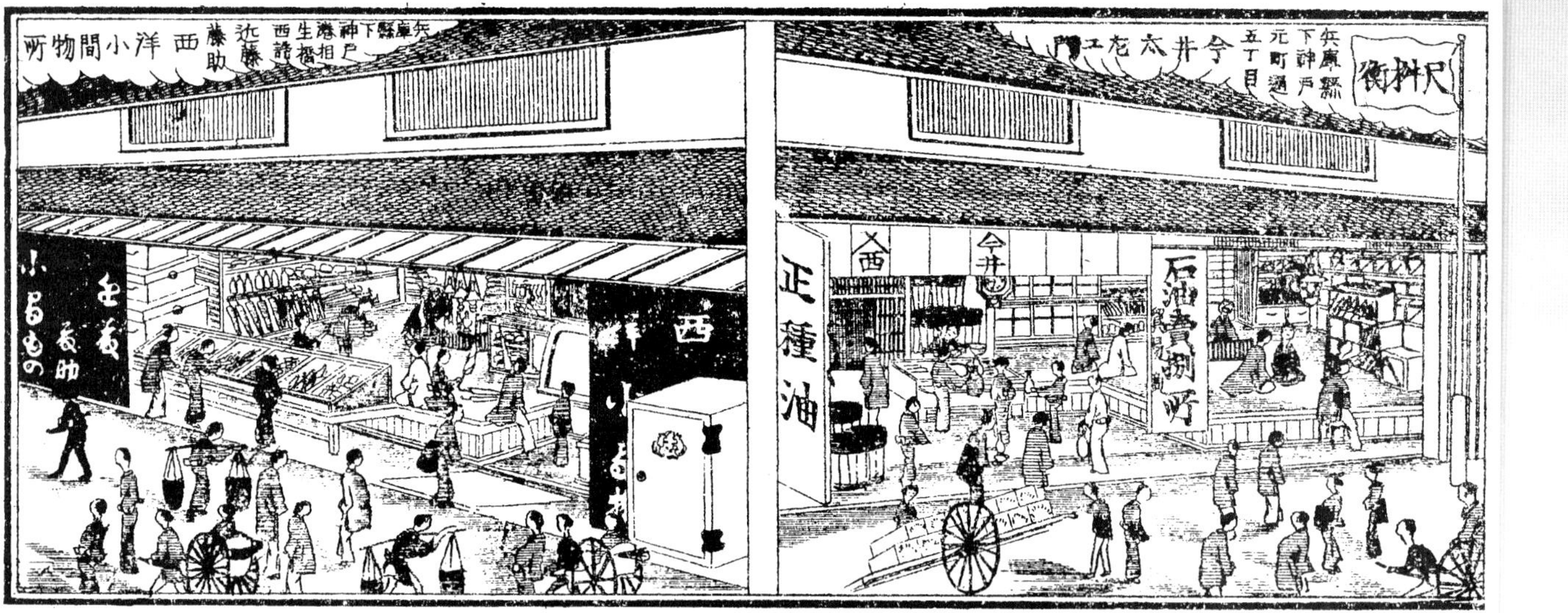

右は元町通５丁目の石油売捌所・貿易商の今井太左衛門の店頭を描く。正種油の看板、尺桝衡と書かれた旗がある。正しい計量の店の意味だろうか。左は相生橋西詰、近藤藤助の西洋小間物所の店頭である。文明開化、洋装普及でネクタイ、ハンカチ、手袋等西洋小物の需要も増え、神戸に多くの小間物店が開業した。1886（明治19）年11月３日、内海忠勝知事夫妻が神戸初の欧風舞踏会を開催した。各国の領事館があり外国人が多い神戸から、日本全体の文明度を内外に発信するため、井上馨外相の鹿鳴館外交に呼応したのである。東京から海軍軍楽隊が来神して演奏した。当時の日本人紳士の正式服装は羽織袴だったが、舞踏会服装規定で燕尾服、白ネクタイ、磨靴が義務付けられた。仕立屋、洋品店、靴屋には思いがけない特需となった。

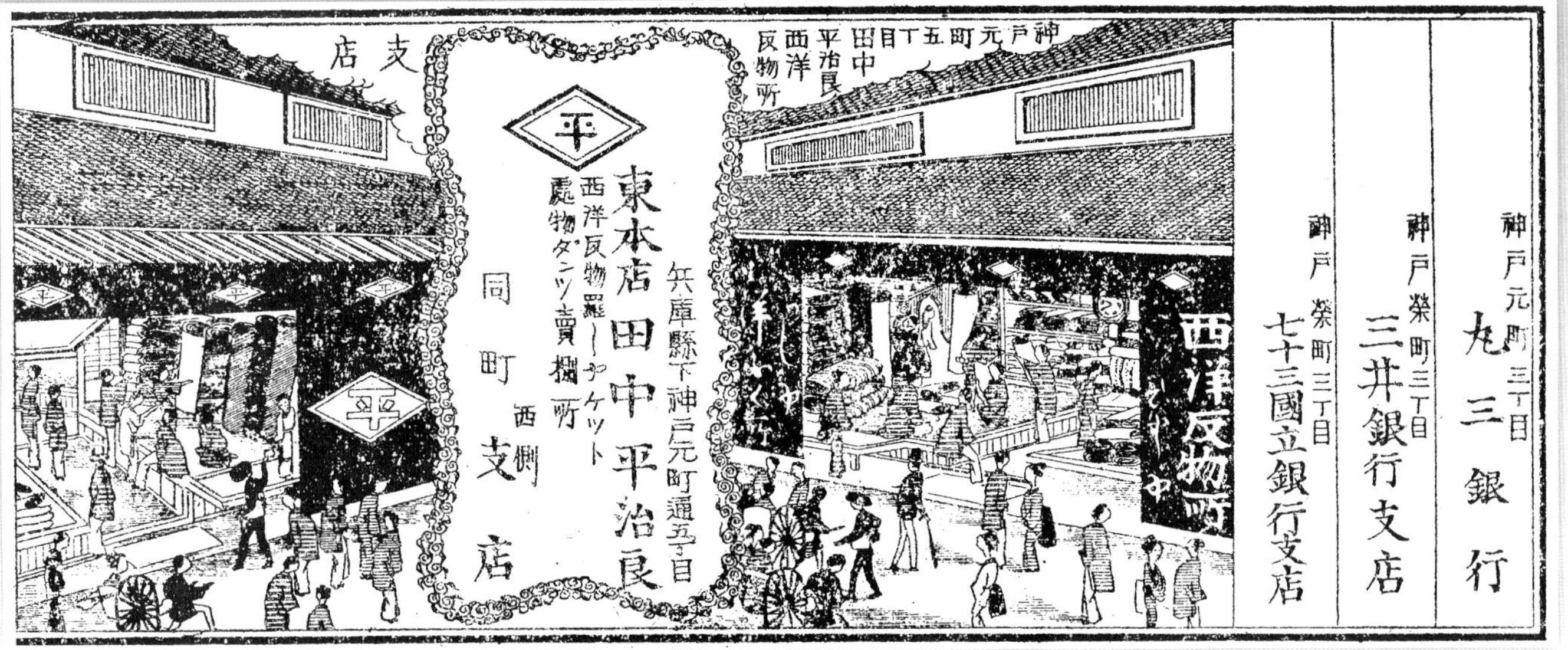

元町通５丁目の西洋反物所の田中平治良の本店と支店を描く。屋号紋は「菱形に平」である。西洋反物、ラシャ、ケット（毛布）、ダンツ（緞通）などの売捌所である。右側が東にあった本店、左側が西にあった支店である。右側に銀行の名前を掲げる。丸三銀行は長崎商人が設立し1880（明治13）年に支店を開設したという。第七十三国立銀行の名称は、国が設立した銀行ではなく、国立銀行条例により設立された民間資本の銀行である。国立銀行は紙幣発行権を有していたので、紙幣の乱発を招き、破綻や合併を繰り返し、政府は収拾策に苦慮した。第七十三国立銀行は、1878（明治11）年、北風正造、神田《こうだ》兵右衛門《ひょうえもん》、太田資政、岩田正吉、長谷川保兵衛の５人が、兵庫出在家町に設立した（82ページ）。支店が栄町通３丁目にあったことが分かる。

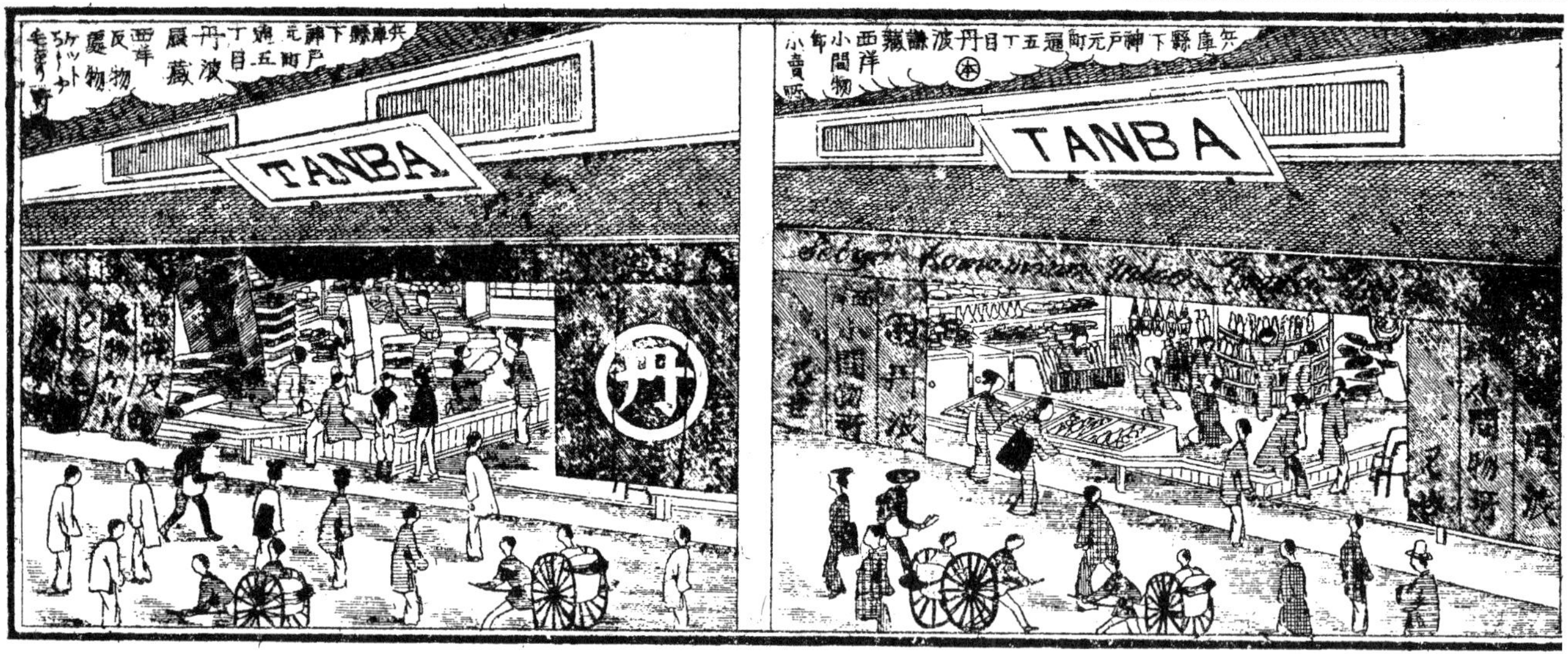

右が丹波謙蔵、左は丹波辰蔵の店を描いている。両店とも英語看板「TANBA」を出している。謙蔵は県会議員、市会議員、市名誉職参事会員、市学務委員などを歴任した。謙蔵の孫が俳優の丹波哲郎である。丹波家は代々医業の家柄で、平安時代に日本最古の医学書「医心方」を著した丹波康頼の系譜を引くという。幕末維新期の二茶屋村（現・神戸市中央区）の蘭方医の丹波元礼には長男謙蔵、次男良造、三男敬三がいた。謙蔵は薬店橘観光堂（30ページ）を開設し、1882（明治15）年に自宅で屋号紋「丸に本」の和洋雑貨店を開き、向かいに良造が屋号紋「丸に丹」の西洋反物店を新築した。謙蔵の女婿が辰蔵だが、この時期では年齢が合わないので、良造の店だろう。三男の敬三は東京帝国大学教授で日本薬学のパイオニアである。

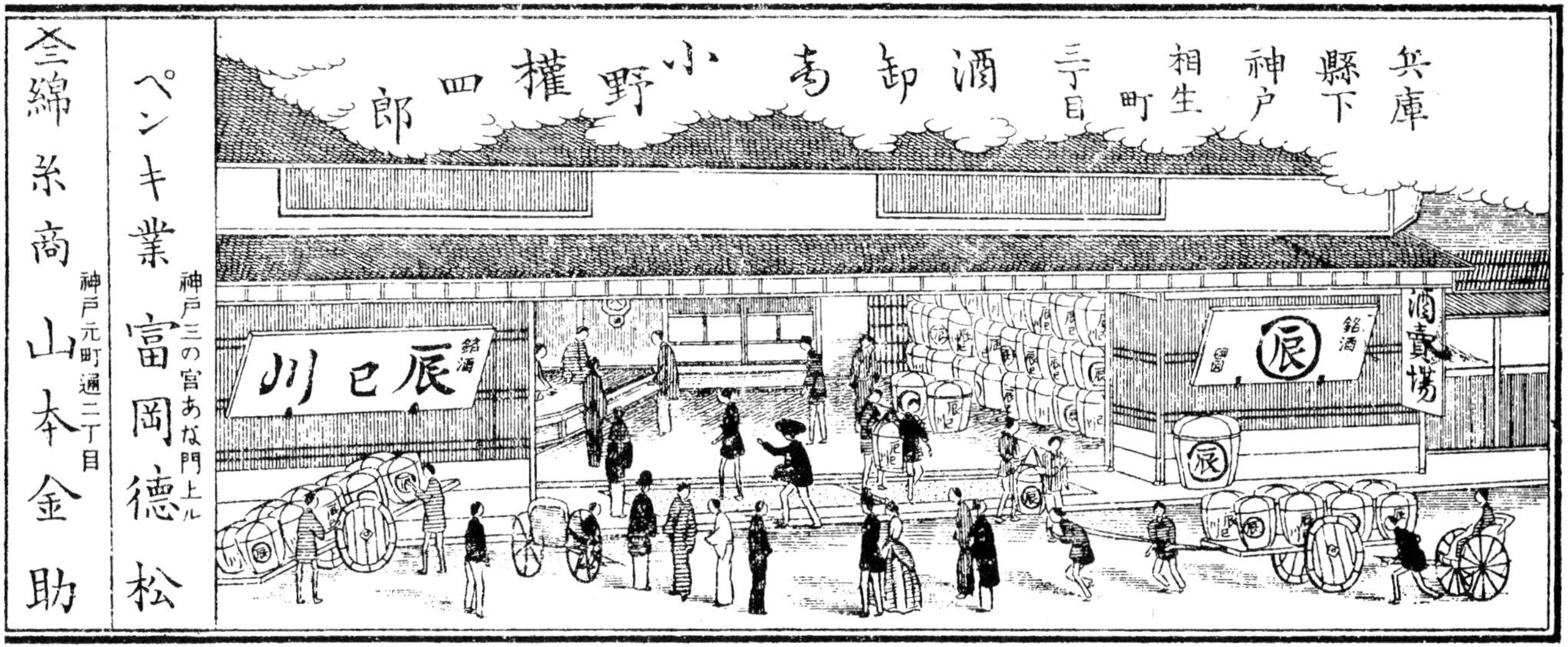

右は相生町３丁目の酒卸商、小野権四郎の店を描く。酒売場、「銘酒辰巳川」等の看板がある。店内には酒樽が並び、店の前には酒樽を積んだ大八車が２台停まっている。左には元町通２丁目の綿糸商と「三の宮あな門上ル」にあったペンキ業富岡徳松の名前を掲げる。開港で居留地や雑居地に洋館が建ち、日本人もそれを真似たので、洋館の外壁塗装でペンキ業は繁盛しただろう。住所の「あな門」は、鉄道線路下の穴（トンネル）からきている。1874（明治７）年５月、官営鉄道神戸—大阪間が開通した。線路部分は土盛りされて高くなっているので、南北交通を分断することになる。大八車では渡れない。そこで、線路の下をくぐる通路を作った。それがあな門である。現在も元町穴門商店街にその名を残している。

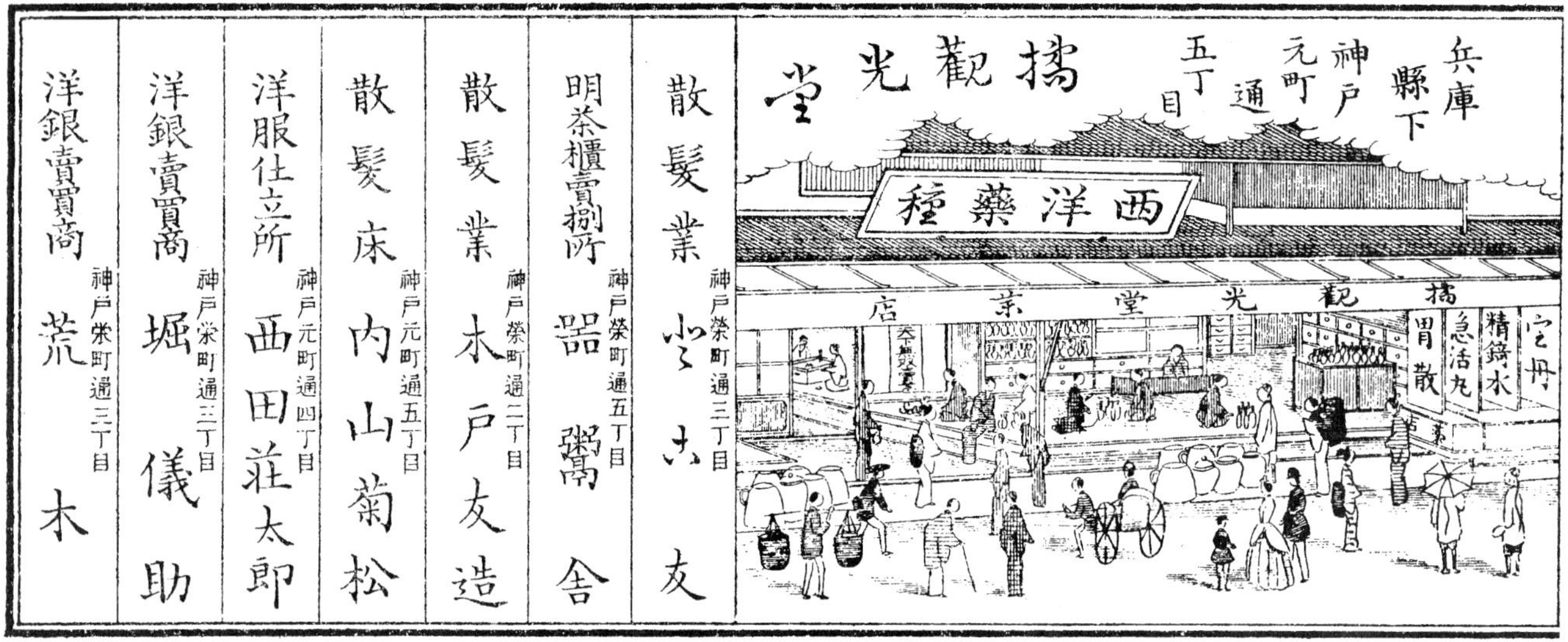

右は1871（明治４）年丹波謙蔵が開設しすぐ手放したとされる、西洋薬種、橘観光堂の店頭を描く。宝丹（87、113ページ）、精錡水や急活丸（113ページ）、胃散の看板、店内に「天下無双売薬」の看板がある。左は散髪業、明茶櫃売捌所、洋服仕立所、洋銀売買商の名前を掲げる。1871（明治４）年11月、岩倉具視が遣欧米使節団を率いて横浜を出発したときは髷《まげ》を結っていたが、最初の訪問国米国で髷が好奇の対象になり、岩倉は髷を落とした。さらに1873（明治６）年３月１日、天皇も髷を落とし、国民も散髪するようになった。髷を切った頭は散切《ざんぎ》り頭と呼ばれ、「散切り頭を叩いてみれば、文明開化の音がする」のざれ歌が流行った。一方、島津忠義は、1889（明治22）年の大日本帝国憲法発布式典に髷を結ったまま出席した。

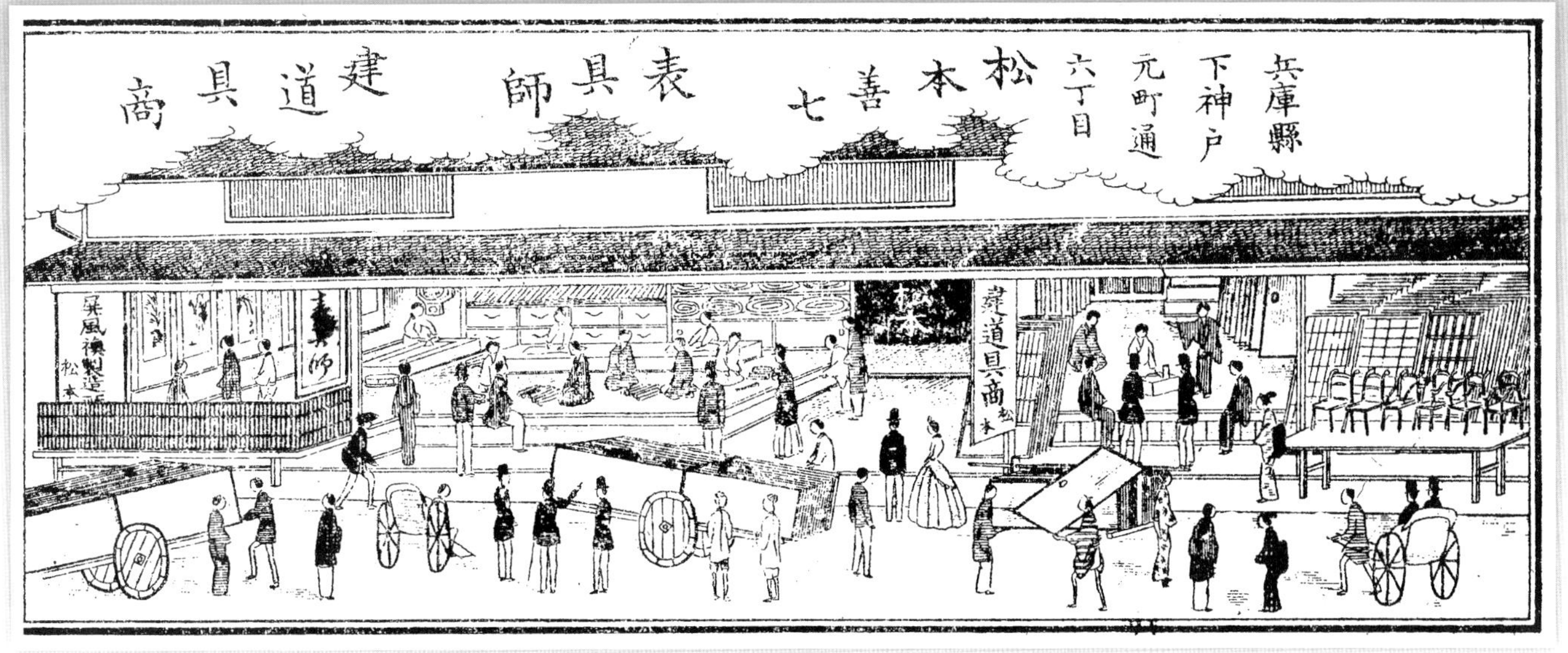

元町通６丁目の表具師建道具商、松本善七の店頭である。松本は外国人貿易商に表具を積極的に売り込んだ商人として、大橋庄太郎、戀田さく、瀬鴻荘右衛門とともに名を残している。「建道具商 松本」「屏風襖製造所 松本」などの看板があり、店内には掛け軸が吊るされていて、職人が表装作業をしている。いす、障子も数多く並べられている。店の前には建具を運ぶ大八車が２台停まっている。襖を担いで運んでいる人もいる。屏風は明治初期神戸の有力な輸出商品であった。明治４～５年頃から、屏風製造所が神戸に出来、1887（明治20）年頃、輸出のピークに達した。明治維新で禄を失った士族の中には、刀、鎧、書画骨董、掛け軸、屏風等を二束三文で売却する者もいた。これらは格好の輸出品となり外国人が買いあさった。

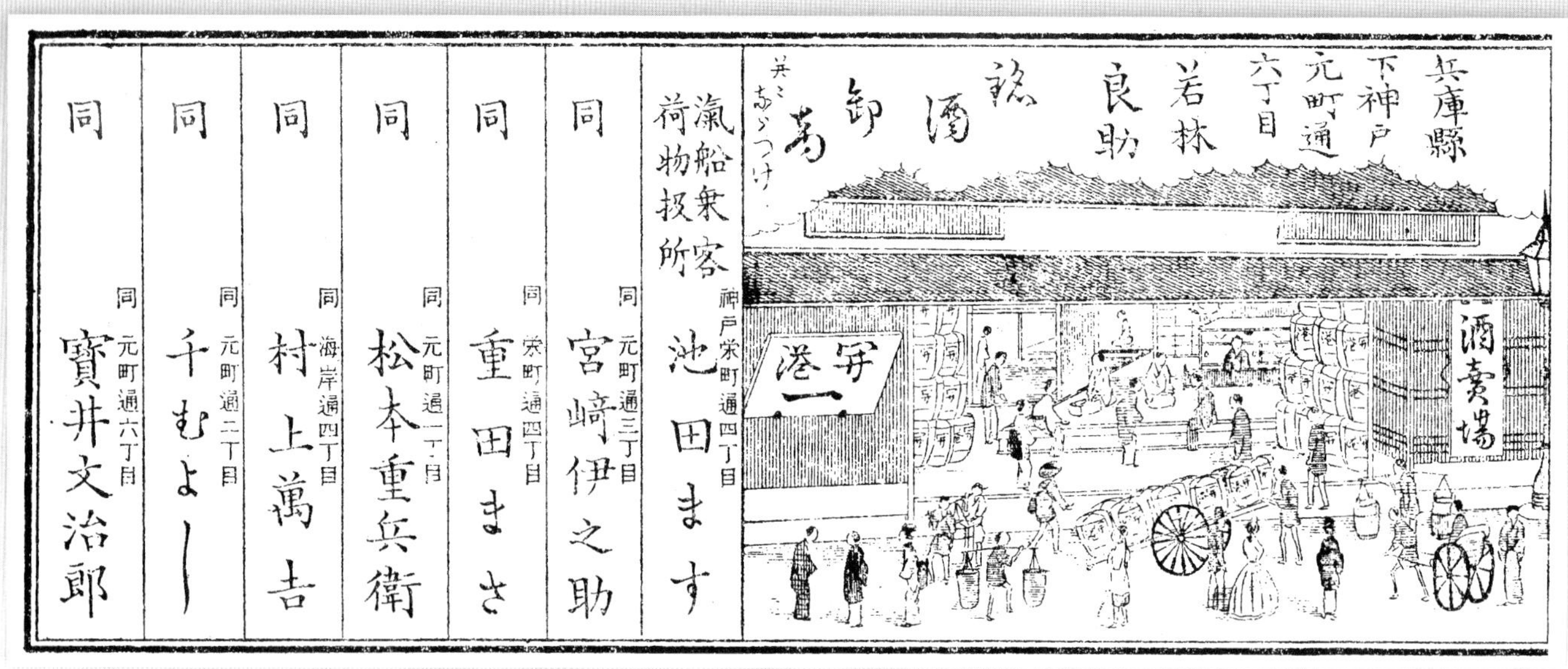

右は元町通６丁目にあった銘酒卸商・奈良漬の若林良助の店頭である。酒「開港一」などの看板がある。店内には菰樽の酒が積まれ、大八車には樽酒が積まれている。左は汽船乗客荷物扱所７軒の名前を掲げる。海岸通、元町通、栄町通に、乗船切符販売、船予約、宿屋、荷主相手の貨物積み降ろし手配等を行う回漕店があった。三菱会社と共同運輸が乗客と貨物の誘致競争を展開していた。過当競争の結果、両社とも運賃を取らずに乗客を運ぶこともあった。1884（明治17）年11月８日付の朝日新聞に、三菱会社荷物船客取扱組合15社が連名で競争相手共同運輸への対抗広告を出している。三城弥七、常盤舎中川栄次郎、西村絹、安藤嘉左衛門、田中儀介、蓬莱舎 安藤富、専崎彌五平、池田マス、中井平左衛門らが名を連ねている。

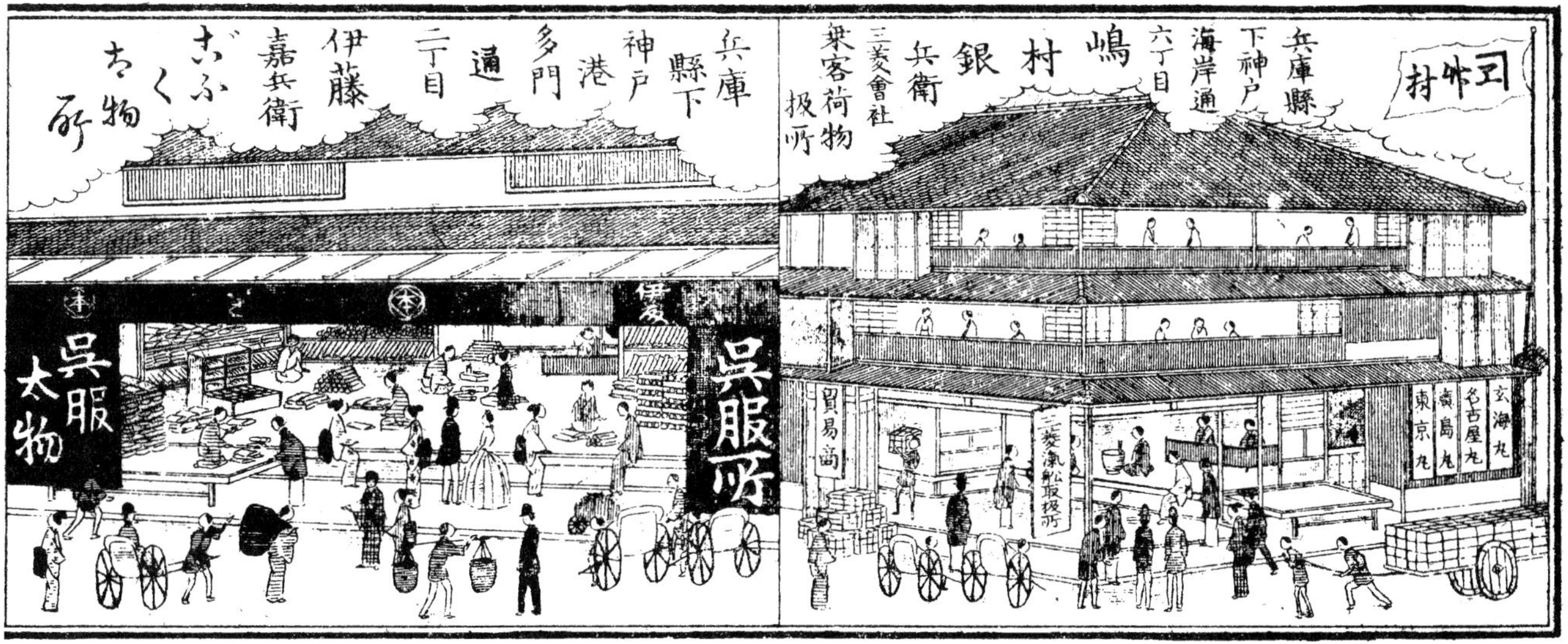

右は海岸通６丁目の嶋村銀兵衛の三菱会社乗客荷物扱所である。屋号紋は「差し金にヱ」で、屋号紋と「竹村」と染めた旗が立つ。３階建ての旅館兼回漕店の玄関に三菱汽船取扱所、貿易商の看板と、玄海丸、名古屋丸、廣島丸、東京丸の船名看板が並んでいる。当時、廻船問屋は旅館を経営していた。船待ち乗客や停泊中の船舶の乗組員の休養のためである。店外には荷物を満載した大八車が到着し、荷物を肩に載せて運ぶ人がいる。店頭には荷物が積み上げられている。人力車が２台停まっているのは旅客を運んできたのであろう。左は多聞通２丁目、伊藤嘉兵衛の呉服太物所である。呉服太物、呉服所の大暖簾《のれん》が掛かっている。店内では品定めをしている人や商談中の人が見える。店を客に案内している人力車夫や制服警官の姿がある。

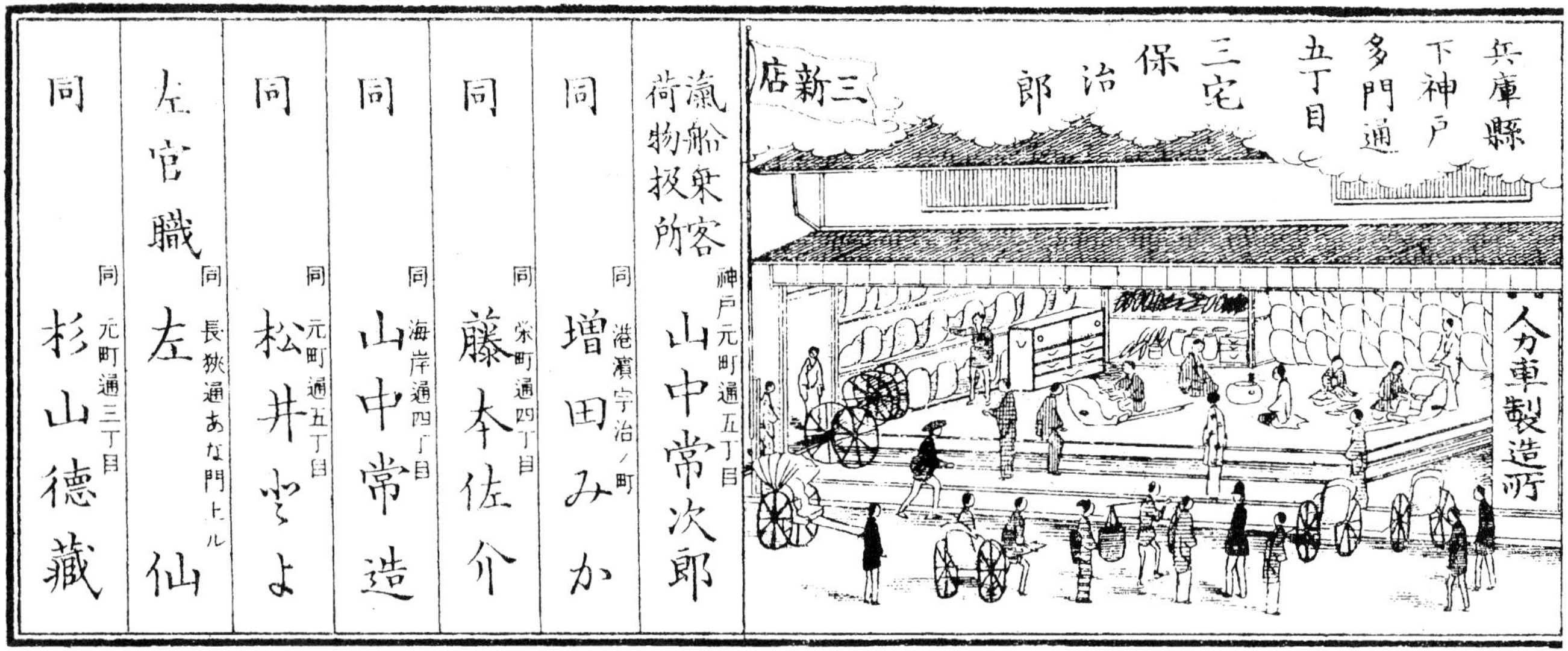

右は多聞通５丁目、三宅保治郎の人力車製造所の店頭である。店内に人力車、車輪、座席等が並んでいる。1870（明治３）年６月、三宮で駕籠米が大阪から借りてきた人力車で営業を始めた。翌年末、神戸の人力車は80台余に達した。人力車は馬車にヒントを得た日本人が発明したもので、最初の人力車は、平安貴族の牛車状であった。1891（明治24）年５月９日、ロシア帝国ニコライ皇太子が軍艦を率いて神戸に来たとき、宮内省は特製人力車を神戸に送った。皇太子は弁天浜の明治天皇御用邸から人力車で生田神社、湊川神社、諏訪山等を観光し、神戸駅から特別列車で京都へ行き、11日、大津で警備の警官に切り付けられて額を負傷した。日本中を震撼させた大津事件である。左には汽船乗客荷物扱所、左官職の名前を掲げる。

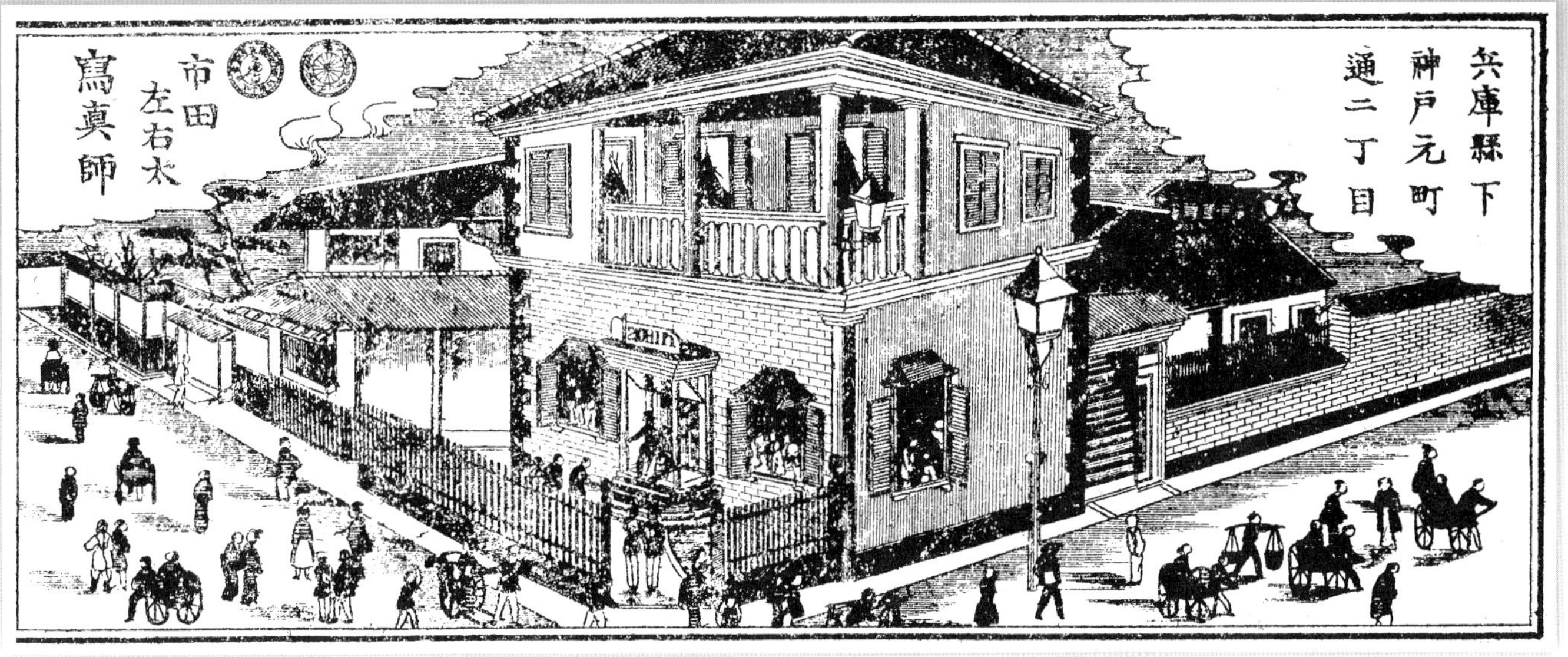

元町通２丁目市田写真館の洋館である。市田左右太（1843～96）は、但馬の出身、日本の写真師の開祖ともいわれる京都の上野彦馬のもとで修業した。1867（慶応３）年京都で開業し、1870（明治３）年元町通３丁目に移った。1877（明治10）年第１回内国勧業博覧会に出品、第３・第４回にも出品し受賞した。1879（明治12）年に元町通２丁目に木造洋館を建てて移転した。これが版画に描かれる写真館で、元町通初の木造洋館だった。新しいもの好きの神戸の人は写真に興味を示し、撮影した写真を人に見せて喜んでいた。保守的な兵庫の人は「写真を撮られたら魂が吸い取られる」として撮影を嫌がったという。1880（明治13）年５月、市田左右太は神戸区に100円を寄付し、学事尽力者として区長から銀杯が下賜されている。

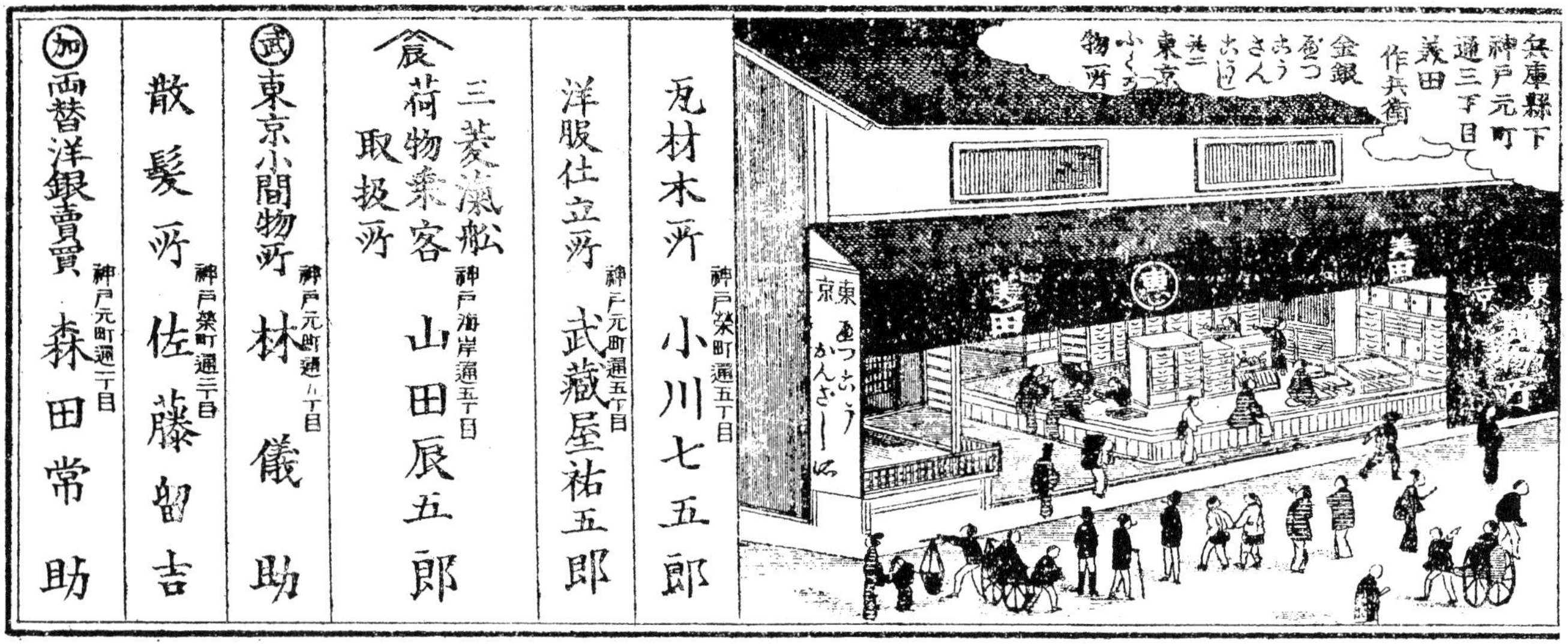

右は美田作兵衛の金銀鼈甲珊瑚珠・東京袋物所の店頭である。袋物とは種々の品物を入れて運ぶ袋状用具の総称である。美田作兵衛が明治初めに鼈甲、かんざし、きせるの商売をしたのが始まりといい、弟が時計を扱ったのが美田時計店という。左には瓦材木所、洋服仕立所、三菱汽船荷物乗客取扱所、東京小間物所、散髪所、両替洋銀売買の名前を掲げる。神戸の洋服の始まりは、1868（明治元）年、プロシャ人ブランドが現在の山本通に洋服商会を設立。翌1869年、居留地に英国人カペルが洋服店を開業した。中国人基昌号、英国人スキップなどが続いた。日本人では泉小十郎、続いて1872（明治５）年に西田正太郎が開業した。カペルの弟子柴田音吉は日本人初の仕立屋で、1883（明治16）年元町通に店を開いた。

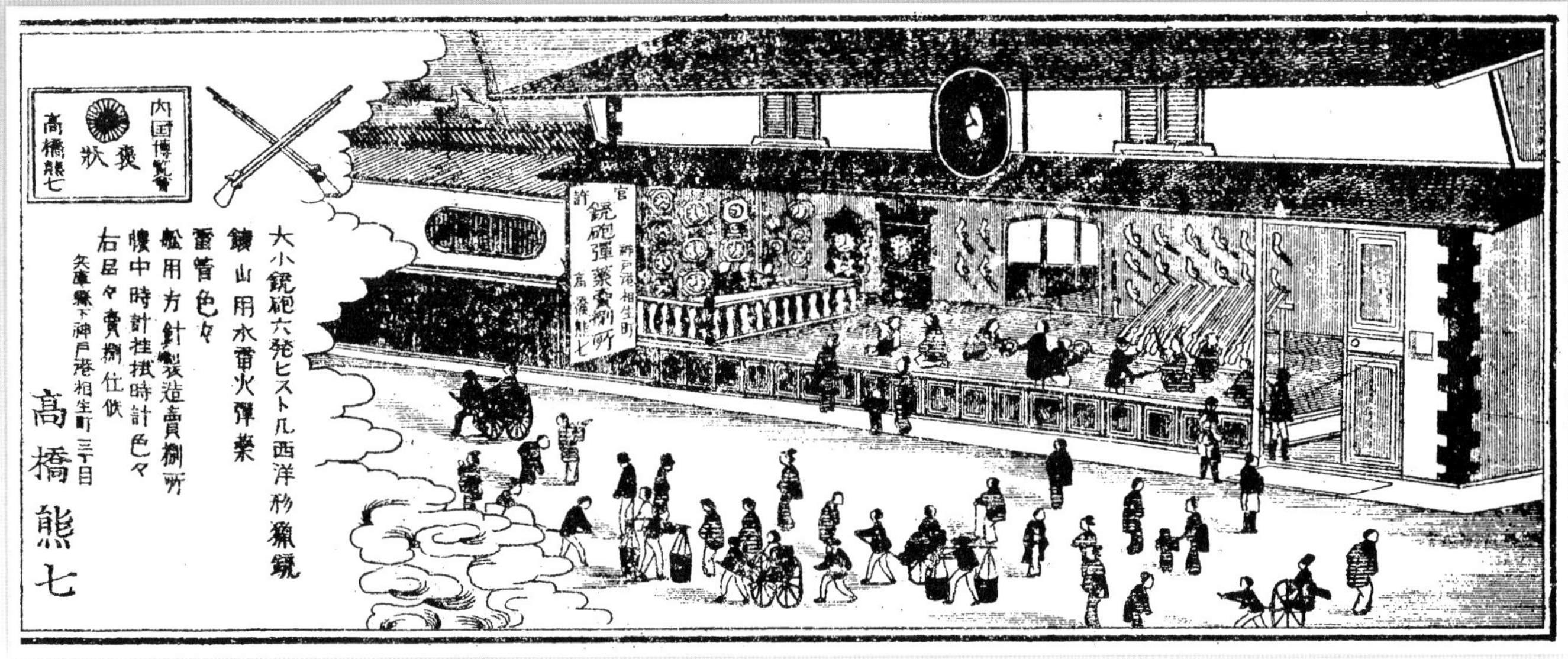

相生町3丁目の高橋熊七の銃砲弾薬店の店頭を描く。説明文に「大小銃砲六発ヒストル西洋形猟銃、鉱山用水雷火弾薬、雷管色々。船用方針製造売捌所、懐中時計柱掛時計色々、右品々売捌仕候」とあり、取扱品は銃砲、拳銃、猟銃、鉱山用火薬、雷管、船舶用羅針盤、懐中時計である。「官許 銃砲弾薬売捌所 神戸港相生町 高橋熊七」の看板がある。店内には多くの銃が並べられ、壁には拳銃と時計が掛けられている。「内国博覧会褒状 高橋熊七」とある。内国勧業博覧会は政府が殖産興業政策の一環として開催したもので、1877（明治10）年に第1回を開催し1903(明治36)年まで計５回開催した。1896(明治29）年に神戸で初めて活動写真を上映したのは「鉄砲火薬商」高橋信治である。信治は熊七の関係者であろうか。

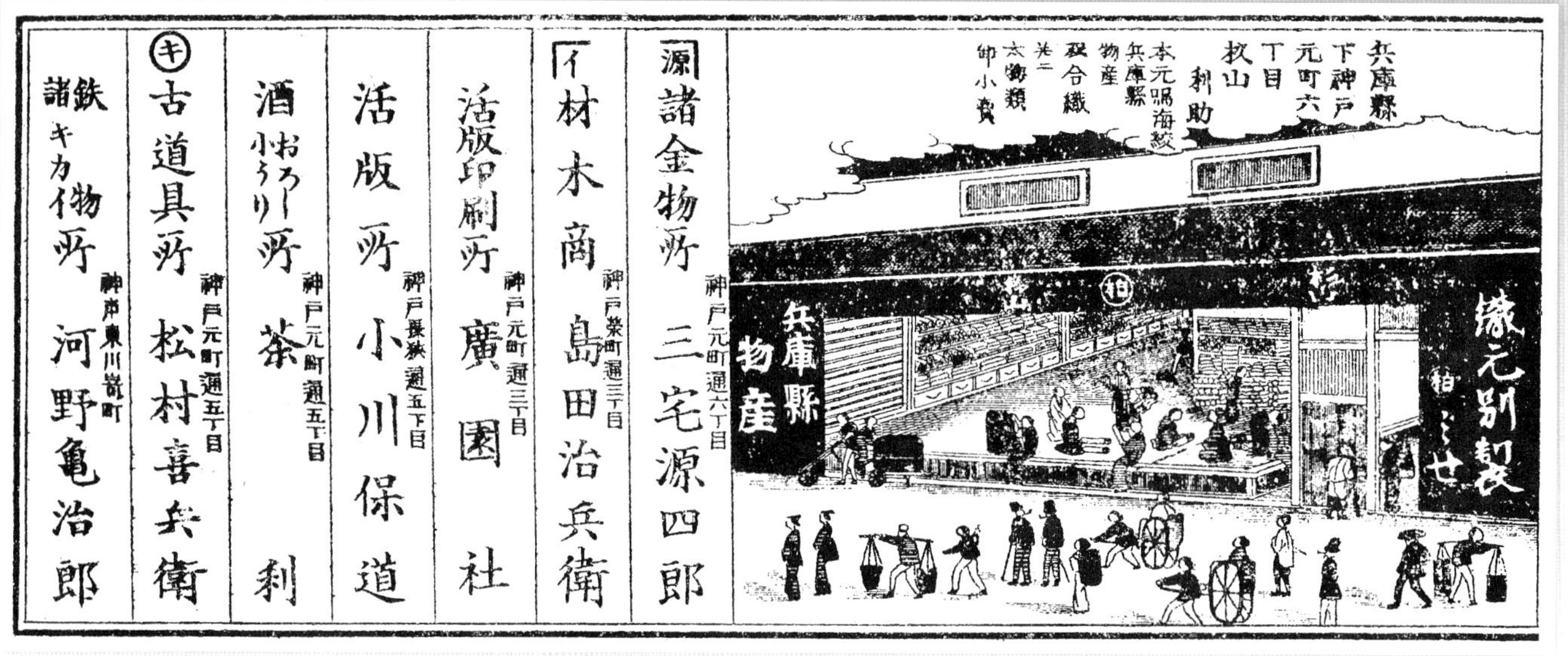

右は元町通６丁目にあった枚山利助の本元鳴海絞兵庫県物産双合織・太物類卸小売の店頭である。兵庫県物産、織元別製の看板がある。鳴海絞とは名古屋市緑区鳴海町の伝統的な絞り染めの技法で、同区の有松絞とともに江戸時代には国内の生産の大半をこの地で生産したとされ、国の伝統工芸品に指定されている。また双合織とは二子織とも書き、横浜開港で輸入した縞柄模様を国産化したもの。埼玉県川越などが有名だが、兵庫県物産双合織とうたっているので、この頃には兵庫県でも生産していたのだろう。屋号紋は「丸に柏」である。左に諸金物所、材木商、活版印刷所、活版所、酒卸小売、古道具所、鉄物諸キカイ所の名前を掲げる。日本は一枚の板から彫る木版印刷が中心だったが、明治になって活版印刷が急速に普及した。

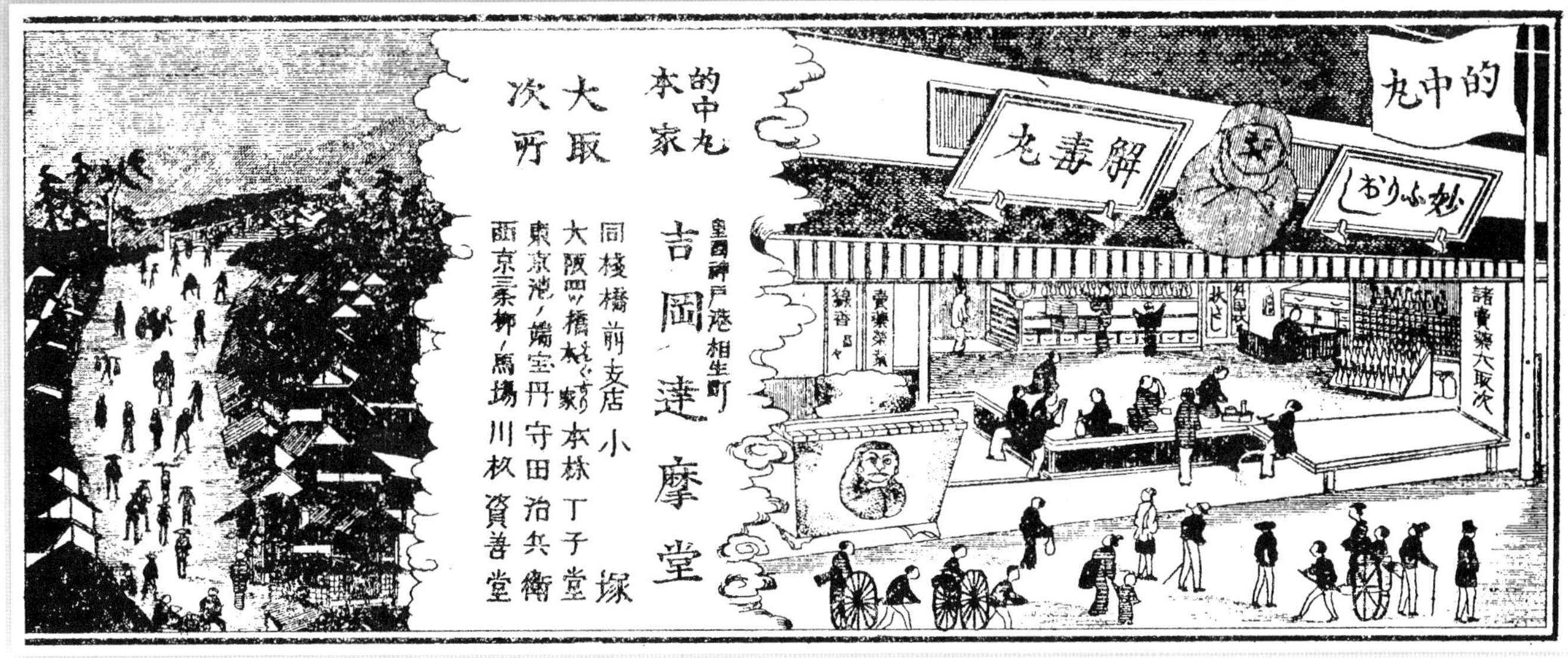

的中丸本家 吉岡達摩堂の店頭を描く。住所は皇国神戸港相生町となっている。皇国と銘打って神戸港と続け、天皇が統治する国の世界に開けた開港場・神戸を強調している。玄関の上に解毒丸、妙ふり出しの看板とダルマ像がある。その下に諸売薬大取次、売薬営業、線香品々の看板がある。旗竿には的中元の旗がなびいている。大取次所として小塚、本林丁子堂、守田治兵衛、川枕資善堂を掲げている。本林丁子堂は大阪にあった薬店で、ドクトリ薬（梅毒薬）や歯痛の真龍丸など数々のヒット商品で有名。また守田治兵衛も江戸の老舗薬店（87ページ）で、吉岡達摩堂はこれら著名薬店の取次店である。左のスケッチは西国街道の往来の様子である。道路の両側に家々が軒を連ねている。遠方に見える木製の橋は、鉄道跨線橋の相生橋である。

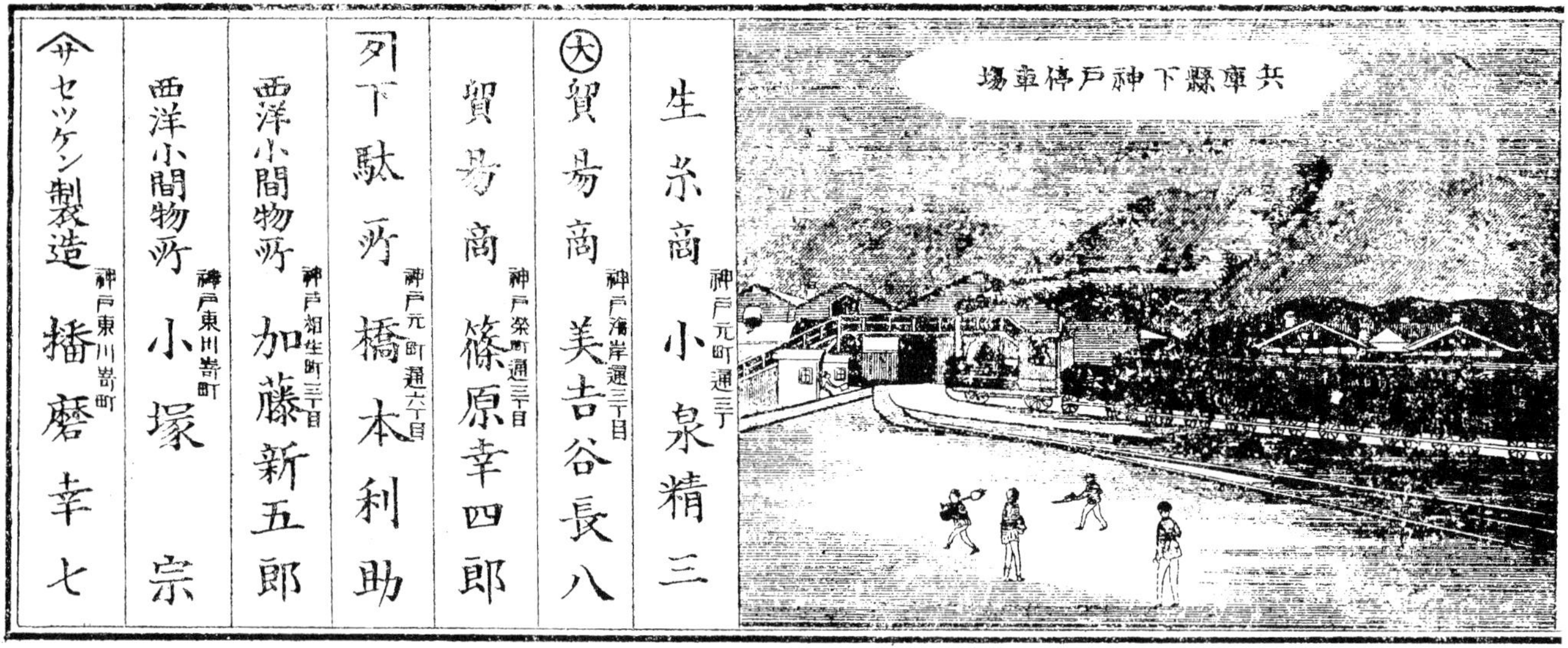

右に神戸停車場を描く。1872（明治５）年開通の新橋—横浜間に続き、我が国２番目の官営鉄道神戸—大阪間の建設が、1870（明治３）年に決まった。民部省は英国人技師Ｊ.ダイアックらに測量を依頼した。全長33キロの鉄道は、跨線橋相生橋、石屋川川底トンネル、武庫川鉄橋が我が国初として話題を呼んだ。1874（明治７）年３月21日の試運転で、英国製機関車が客車をけん引して黒煙を吐き走行した。相生橋の上や線路両側には群衆が日の丸の旗を打ち振って開通を祝し、乗客は開通記念品の扇子を振って応えた。『神戸開港三十年史』は「人民驚嘆、其黒煙を吐て駛行《しこう》の迅速なるを見て茫然自失の状あり」と描写する。鉄道は５月11日に営業を開始した。左に生糸商、貿易商、下駄所、西洋小間物所、セッケン製造の名前を載せる。

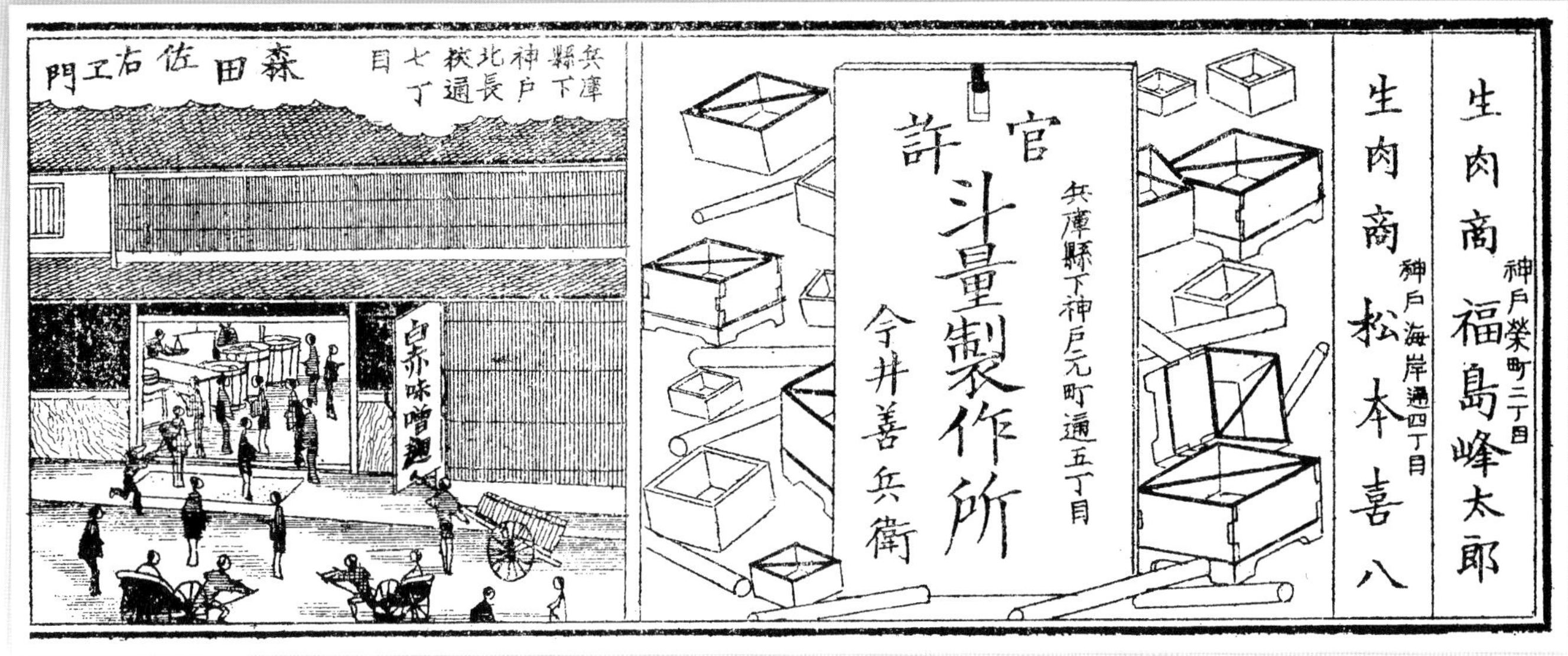

左は森田佐右衛門の味噌製造所である。白赤味噌麹の看板がある。中央は「官許 斗量製作所　今井善兵衛」の広告である。1873（明治6）年開業という、ハカリ製作所である。右は神戸肉の生肉商２軒の名前を掲げる。神戸肉は関東でも人気があった。1887（明治20）年６月13日付「神戸又新日報」に「昨日横浜へ向け出港の近江丸にて、生牛百二十頭を東京へ輸送せり」との記事がある。冷凍技術が発達していなかった当時、肉の輸送は容易ではなかった。1886（明治19）年10月18日付の同紙に、「牛肉を神戸区内へ幌なし荷車で持ち込むので肉が雨や日にさらされ、暴風時は土砂塵芥が付着し衛生上問題が多い。薄い木綿の覆いをすれば外見もよく、衛生上も問題がないと考える。精肉業者はぜひ注意してほしい」旨の投稿があった。

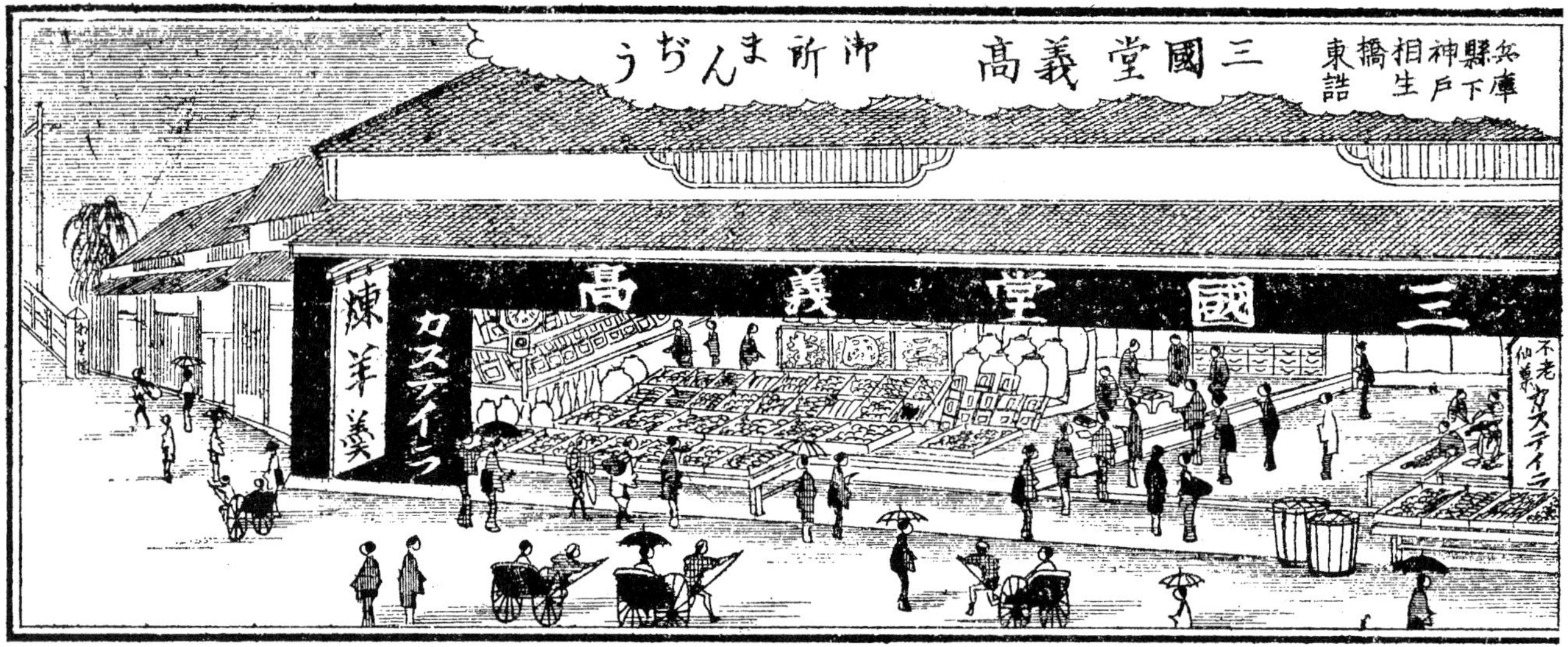

相生橋東詰、三國堂義高の御所饅頭店店頭である。看板に「不老仙菓 カステイラ」「練羊羹」とある。和菓子とカステラを売っていたのである。カステラは、室町時代の末期、南蛮船が、鉄砲やキリスト教とともに日本にもたらした。江戸時代に、カステラが日本化され、炭釜の改良が進められて、現在の長崎カステラの原型に近いものが作られている。『豪商神兵 湊の魁』の事業者で洋菓子を扱っている店は、この店と、元町通２丁目山本三四郎の御菓子所、レストラン外國亭だけである。店の右奥に橋があり、相生橋とある。跨線橋相生橋の下を鉄道線路があった。煙突から吹き上げる煙を物ともせずに汽車を上から見ることができる跨線橋は、神戸の観光名所になった。汽車見物の人たちでこの店は繁盛したことであろう。

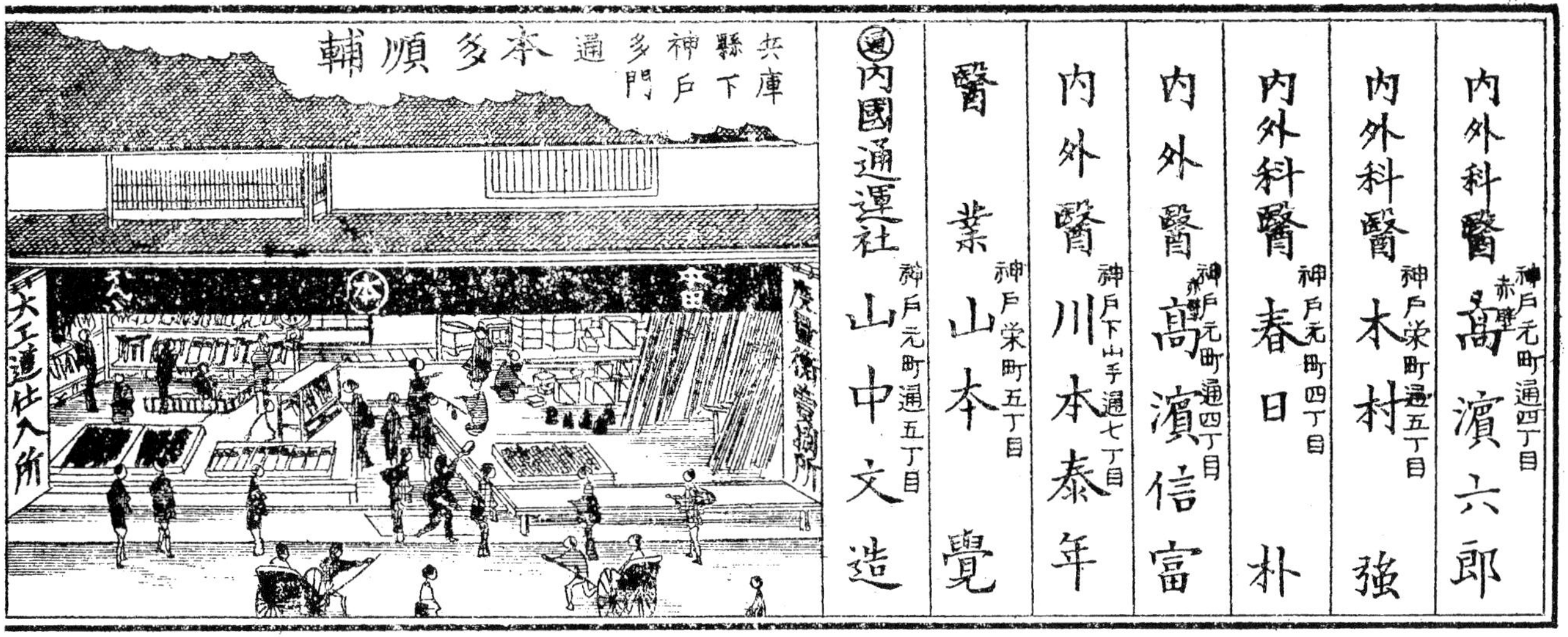

左は大工道具仕入所、本多順輔の店頭である。屋号紋は「丸に本」で度量衡売捌所も兼ねているのが面白い。右に内外科医、内外医、医業、内国通運社の名前を掲げる。内科も外科も同じ医師が診察している。神戸に西洋医学をもたらしたのは米国人宣教医ジョン・ベリーである。1872（明治５）年６月に来日したベリーは、万国病院（後、神戸海星病院）の医事監督を務めた。兵庫県令神田孝平《かんだたかひら》は、ベリーに兵庫県病院（後、神戸大学附属病院）の支配頭就任を依頼、20人超の医学生がベリーのもとで学び始めた。ベリーは毎月、約500～700人の患者を診察し、同時に地元医師の指導をした。1873（明治６）年１月、ベリーは兵庫県病院で750人の医師、医学生が立ち会う中、兵庫県初の人体解剖を行った。ベリーは九鬼隆義の主治医である。

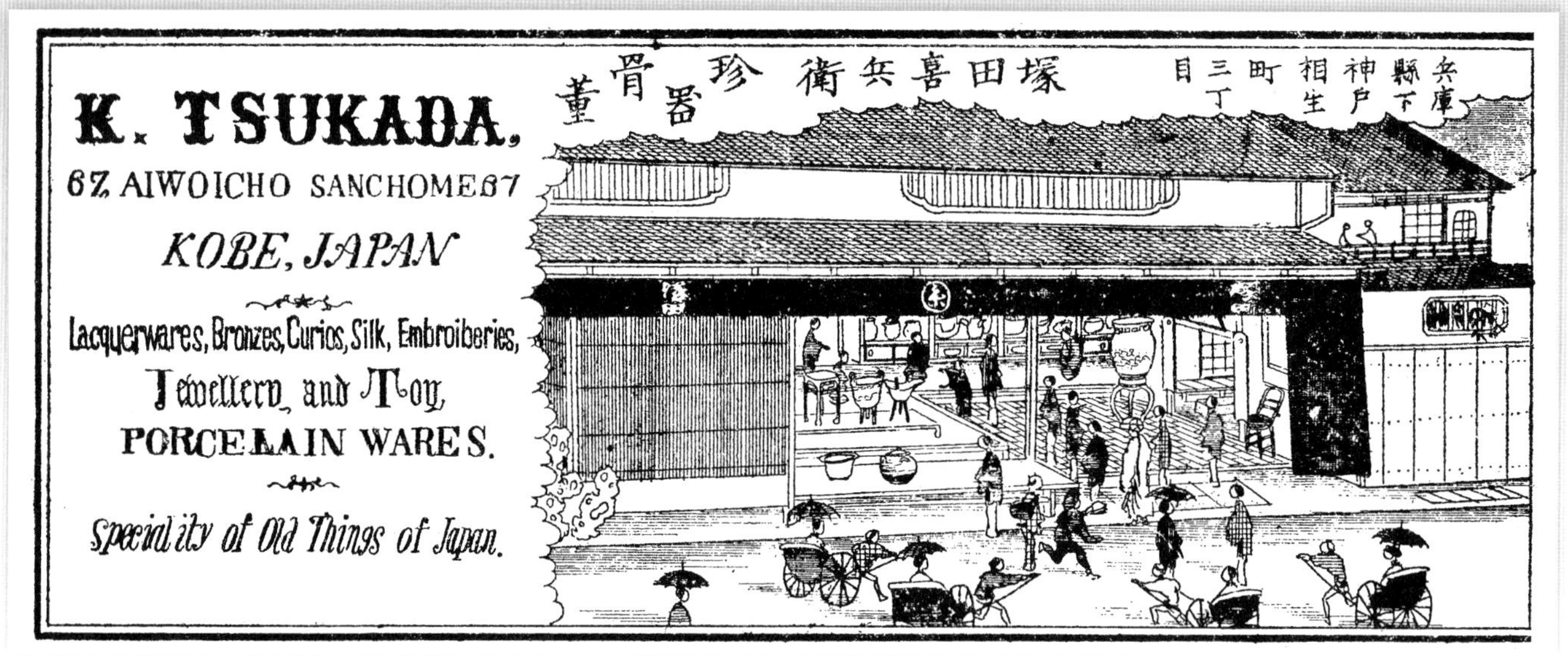

塚田喜兵衛の珍器骨董の店頭である。英文の広告には「Lacquerwares, Bronzes, Curios, Silk, Embroiberies, Jewellers & Toy, PORCELAIN WARES, Speciality of Old Things of Japan」（原文のママ）とあり、取扱品は、漆器、青銅、珍器、絹、刺繡、宝石と玩具、磁器、日本骨董品である。店内には壺などが並べられ、道筋にはこうもり傘をさして人力車に乗る人も描かれる。『豪商神兵 湊の魁』に英語で事業所と取扱商品を紹介している事業者は、神戸に２軒（珍奇骨董・塚田喜兵衛、貿易商・大橋正太良）あり、兵庫にはない。英語看板の店は神戸に５軒（諸缶詰売捌所・鈴木みせ、加賀九谷焼・北儀右衛門、各国洋品類・岡本辰次、西洋小間物・丹波謙蔵、西洋反物・丹波辰蔵）、兵庫は１軒（西洋時計・河合源治郎）である。

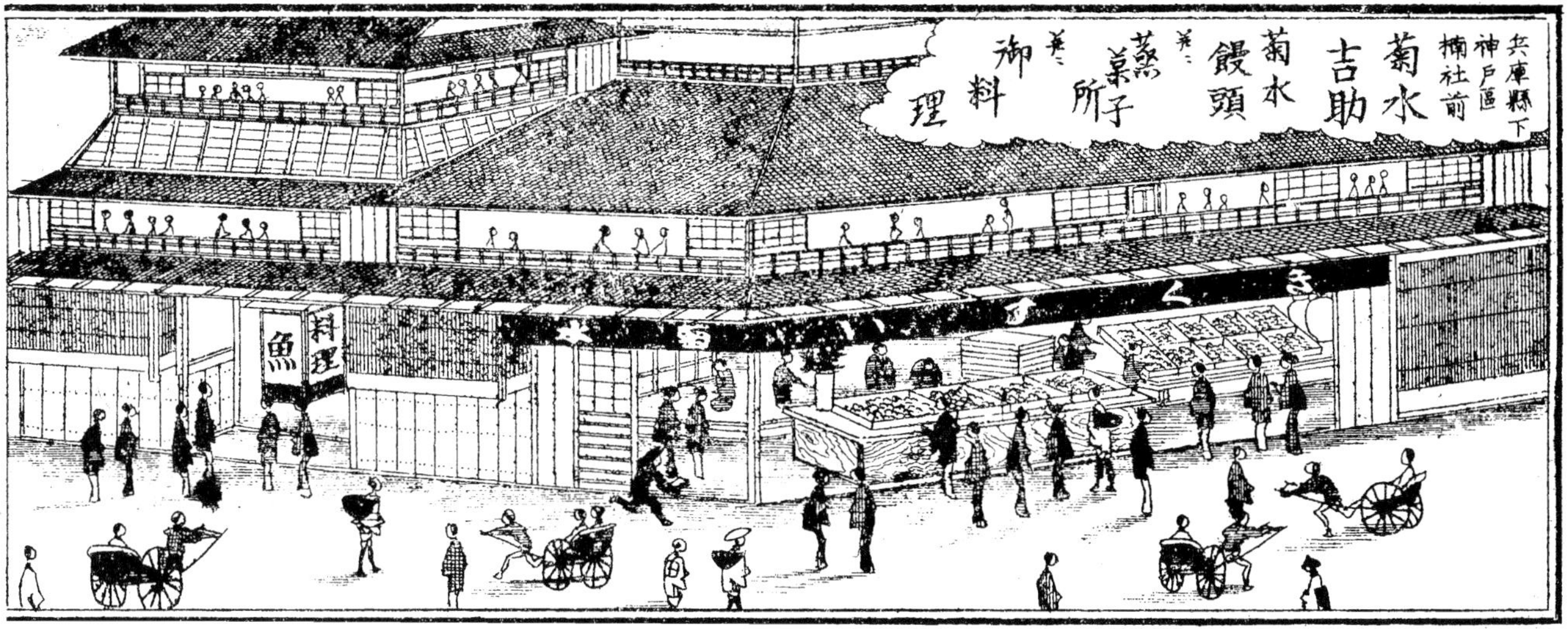

楠社前、菊水吉助の菊水饅頭、蒸菓子、料理店の店頭である。現在も湊川神社前にある菊水総本店のルーツである。菊水総本店によれば、1868（明治元）年に現在の場所に開業したという。湊川神社創建はその４年後の1872（明治５）年である。同店が開店したときはまだ神社はなく、楠木正成の墓と祠があるだけということになる。正成の墓は西国街道に近く、幕末には街道を行く勤王の志士たちが必ず参拝する聖地であった。1863（文久３）年の政変で京を追われた公家たちも参拝し墓前に再起を誓った。菊水は楠木正成の家紋である。菊水総本店によれば、湊川神社が創建されたとき、吉助は正成の功績を伝えるため、瓦型の煎餅に正成の雄姿を焼き入れた瓦煎餅を作ったといい、その功績に有栖川宮熾仁親王が菊水姓を下賜したとする。

　右は多聞通４丁目にあった畑秉造の諸油小間物所の店頭である。「ひん（髪）付 紅白粉」と書かれた行灯看板と生ろうそくの看板がある。屋号紋は「四角に畑」と「山に○」の二つが水引暖簾《のれん》に染め抜かれている。店内には大きな桶が並べて置かれ、店の奥には石炭油の看板も見える。左に砂糖卸商、洗湯業、各国定宿、琴三味線商、炭問屋、諸酒商、砂糖干物商の名前を掲げる。洗湯業は銭湯である。銭湯は関西では風呂屋、江戸では湯屋といった。1868（明治元年）12月、兵庫県知事伊藤博文は混浴禁止令を出した。東京布令で「男女入込洗湯相成ざる事」と触れられたのは1872（明治５）年であるので、混浴禁止は兵庫県のほうが早い。1882（明治15）年の入浴料は１銭２厘である。ちなみに、理髪料金は８銭であった。

右は砂糖、乾物、素麺類の内山久兵衛の店舗を描く。屋号紋は「丸に日」である。左に諸国名茶問屋、西洋酒問屋、医学西洋・キカイ所、傘提灯卸小売の名前を載せる。志摩三《しまさん》は、1873（明治６）年３月に最後の三田藩主九鬼隆義が神戸に設立した商社である。隆義は前年末に神戸に移住して総裁となり、社長は白洲退蔵、副社長は小寺泰次郎と岩根静蔵である。当初栄町通３丁目にあったが、1880（明治13）年に栄町通５丁目に移転した。志摩三は、表向きは輸入洋薬品会社だが、貸金業と不動産業が収益源で、九鬼は小寺に土地を積極的に買わせた。財源は三田藩の藩有林、武器、調度品売却代金である。小寺は、加納宗七が造成した生田川付替跡地を安く買い、地価高騰で巨利を得た。九鬼、小寺は後に神戸の長者番付に名を連ねた。

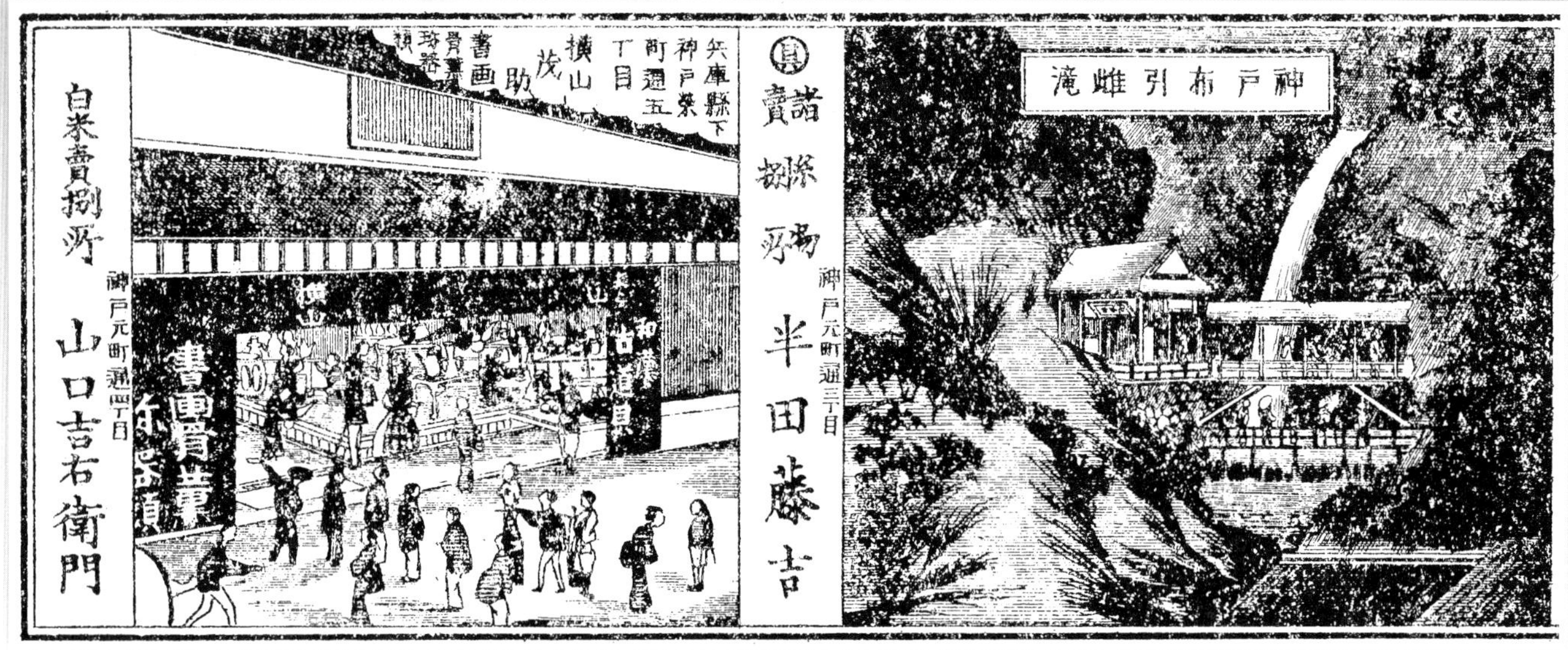

右は布引渓谷にある滝の一つ、布引雌滝を描く。布引渓谷は、平安朝の昔から貴族、歌人等が数多く訪れ、「伊勢物語」「栄華物語」「平治物語」などに描かれた。渓谷は源を六甲山系獺池に発し、摩耶山、再度山の谷水を集めて、市ケ原を経て、雄滝、夫婦滝、鼓滝、雌滝に達する。雌滝の滝壺には、水道の取水設備があり、この水は神戸ウォーターとして親しまれている。明治初年、ドイツ領事が布引に展望台を設置し遊歩道を整備する意向があることを知った地元有志が、1872（明治５）年頃に先んじて花園社を作り、滝周辺を布引遊園地として整備しようとした。大正天皇も皇太子時代に訪れて漢詩を詠んでいる。左は書画骨董珍器類・和漢古道具の横山茂助の店を描く。ほかに諸糸物売捌所、白米売捌所の名前を載せる。

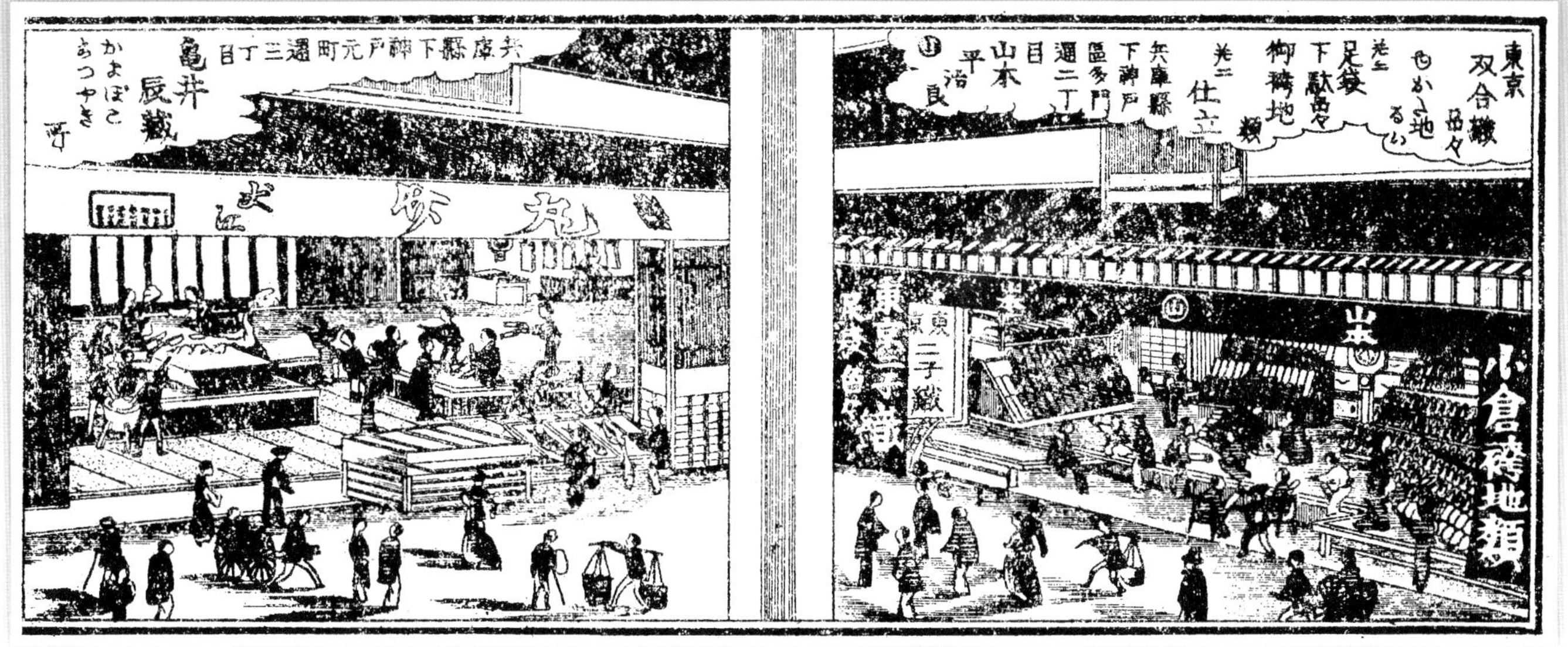

右は多聞通２丁目にあった山本平治良の店を描く。東京双合織、浴衣地、足袋、下駄、袴地類、仕立とあり、小倉袴地類、東京二子織の看板がある。双合織・二子織については埼玉県川越が有名だが（38ページ）、東京でも作られた。屋号紋は「丸に山」である。左は元町通３丁目、亀井辰蔵の蒲鉾・厚焼き所。「丸竹」と水引暖《の》簾《れん》に染め抜いている。厚焼きは、厚く焼き上げた食品であり、卵焼き、煎餅等がある。蒲鉾は、魚肉に調味料等を加えて練り合せ、蒸煮または焙焼した食品で平安時代末期にすでにその名がみえる。店内左手で、蒲鉾を製造中で、手前の土間では石臼に入れた魚の身を二人掛かりですり潰す作業をしている。それを奥で成形している。右には商品棚があり、蒲鉾店なのに尾頭付きの魚も並べられている。

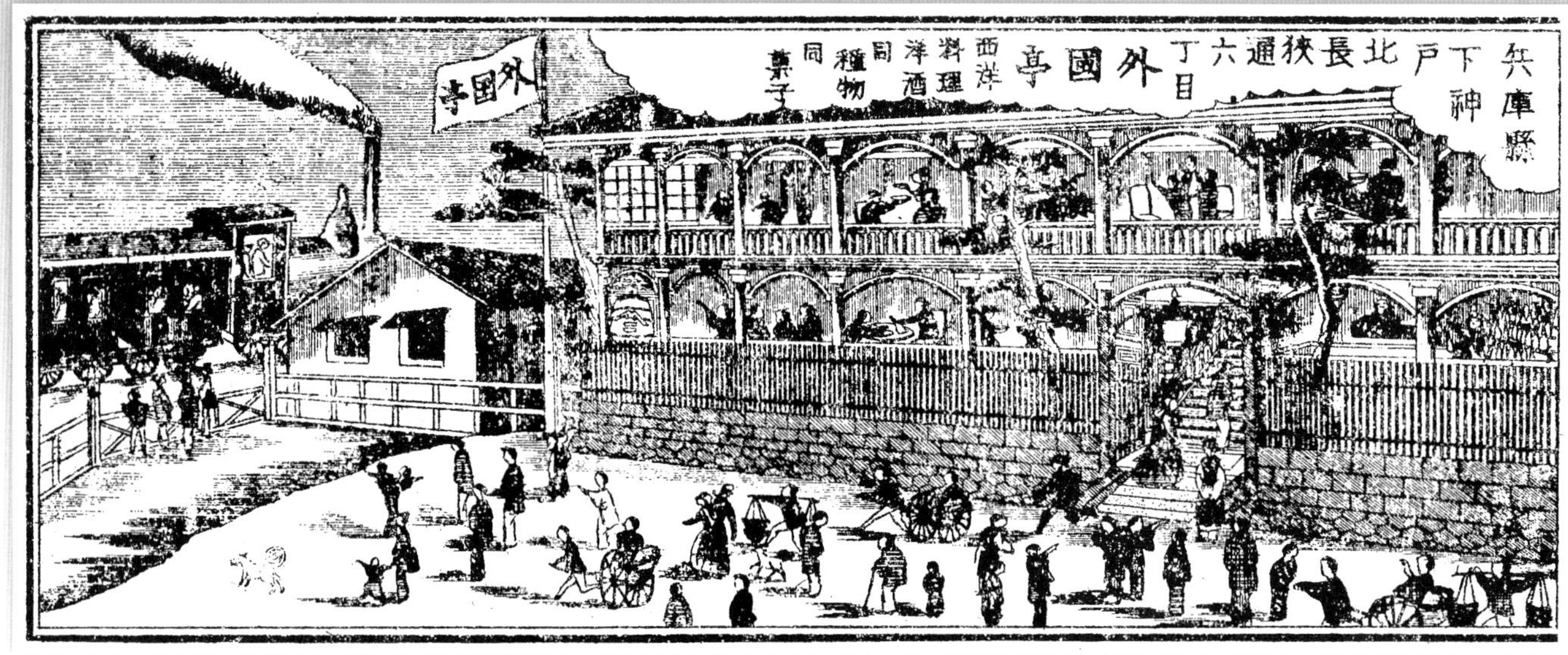

北長狭通６丁目の西洋料理店､外國亭を描く。欧風のテラスを持つ２階建てレストランである。西洋料理、洋酒、西洋種物、西洋菓子を提供していた。種物とは、氷水にシロップ・アズキなどを入れたデザートである。外國亭は鉄道線路沿いにあり、建物のすぐ隣を蒸気機関車が煙を吐いて通っている。鉄道と洋風料理は文明開化を象徴するものでもあった。店内で食事を楽しむ人たちは、西洋料理を味わいながらガラス窓越しに汽車が走るのを眺め、文明開化の恩恵を満喫した。鹿児島出身の湊川神社初代宮司折田年秀も、郷里から友人が船で神戸に来た時や、神主たちとの打ち上げの会食などの際、外國亭を頻繁に利用した。鹿児島から来た人たちには、外國亭の洋食の味、店の雰囲気、そして汽車は格好の土産話になったことであろう。

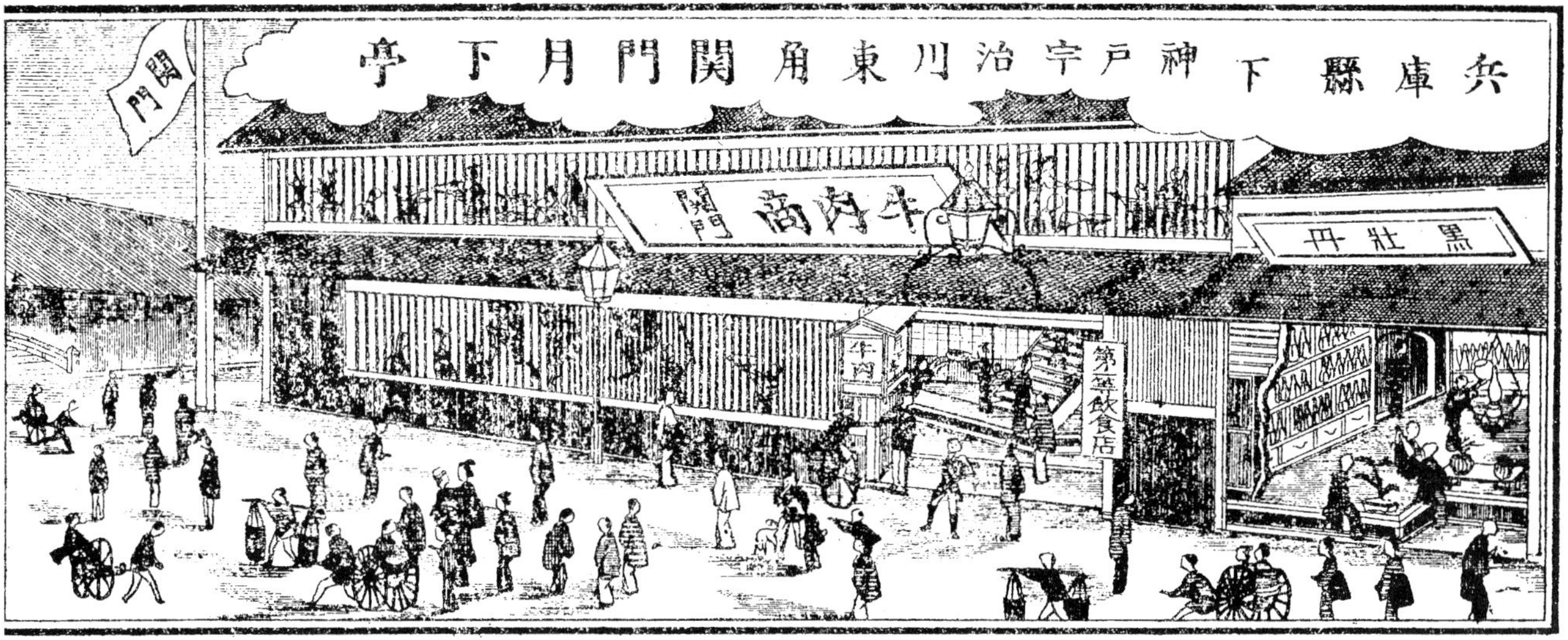

1869（明治２）年に元町通の西入り口付近に開業した牛鍋店、関門月下亭の様子である。宇治川角とあり、左手に橋が見える。牛肉商・関門、第一等飲食店、黒牡丹の看板、行灯看板には「牛肉　月下亭」とある。関門は、幕府が神戸開港で居留地を開設する際に密貿易取り締りのために設けた検問所で、西関門は西国街道の元町通西入り口、東関門は西国街道と生田筋の交差地点にあった。現在元町通６丁目に「明治維新開港当時関門跡」の石碑がビルの壁面に埋め込まれて残っている。幕末に英国に留学した経験がある初代県知事伊藤博文は牛肉が大好物であった。1872（明治５）年、明治天皇が肉食を奨励するため「自ら膳宰に命じて」牛肉を食し、仏教の殺生戒による肉食禁忌が解かれた。月下亭は1886（明治19）年に焼失した。

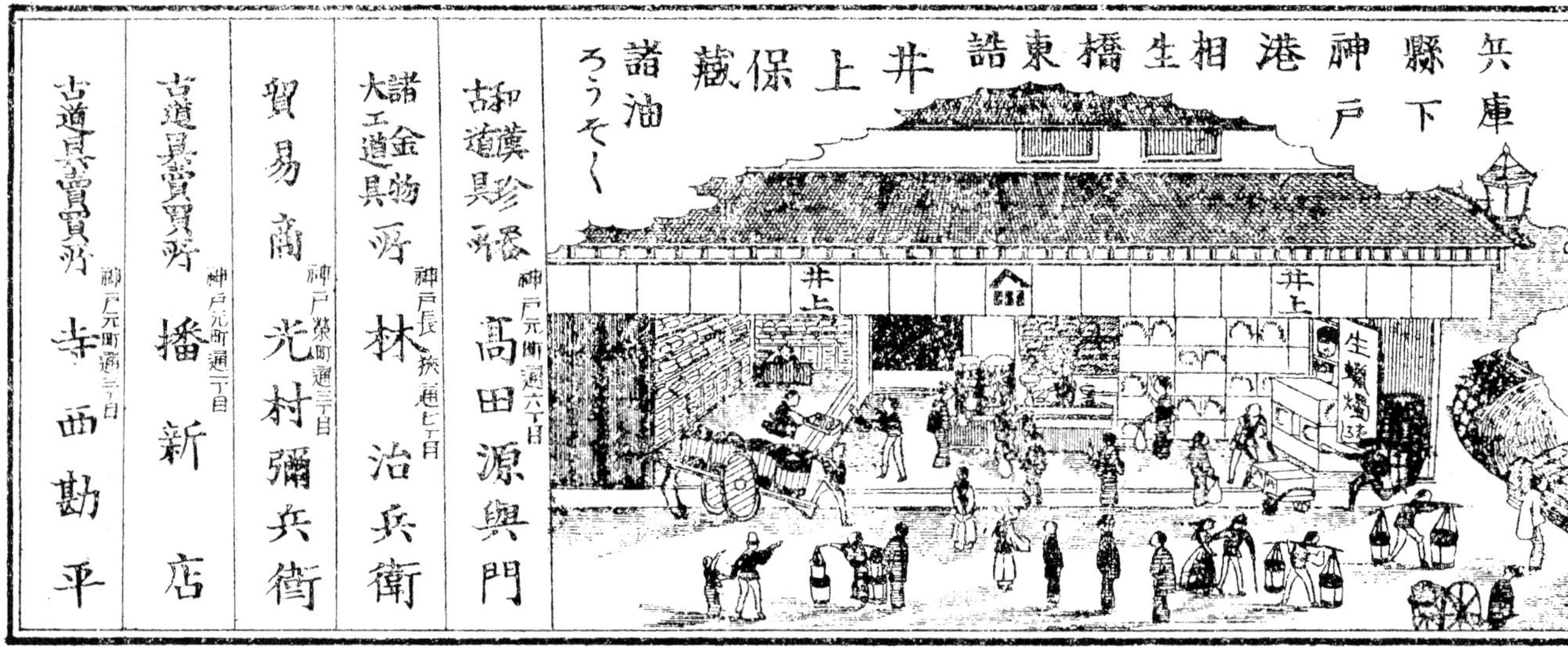

右は相生橋東詰にあった井上保蔵の諸油ろうそく店を描く。「生蝋燭をろし」の看板がある一方、油瓶を持った女性が描かれ、店頭で量り売りもしていた。店の右側には相生橋の欄干が描かれている。左は和漢珍器・古道具所、諸金物・大工道具所、貿易商、古道具売買所の名前を載せる。貿易商の光村彌兵衛は西南戦争の海上輸送に貢献した。神戸は西南戦争で兵站基地となり、海上輸送は、光村と岩崎彌太郎の三菱会社が担った。光村の所有船は旧式の外輪船であったが、６隻すべて軍事輸送に徴用され、復路は新居浜から別子銅山の銅を運んで巨利を得た。古道具売買所、播新店は1881（明治14）年大阪の古道具屋播磨屋が元町通１丁目に開設、後３丁目に移転し、今も書画骨董陶磁専門店として営業している。

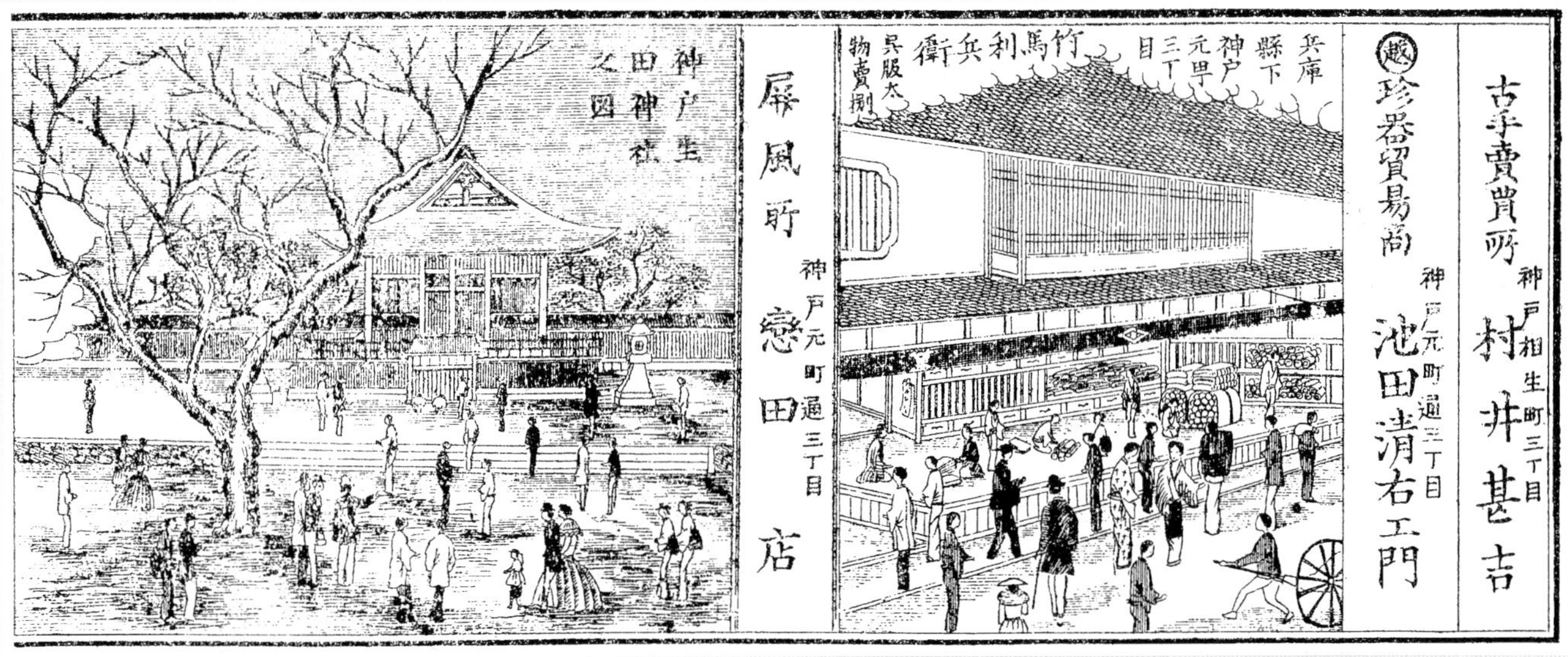

左は生田神社を描く。拝殿の前に座り込んで祈る人、外国人の参拝客も見える。神功皇后の船が武庫の水門で急に進まなくなり、神占いによって稚日女尊《わかひるめのみこと》を活田長峡《いくたながお》に祀ったのが生田神社の始まりとされる。ご神体は新神戸駅北の砂《いさ》子《ご》山山頂に祀られたが、洪水が起き現在地へ移されたと伝えられている。洪水の際、松の木がご神体を守らなかったため、今も生田神社境内には松がなく門松も立てない。1981（昭和56）年、砂子山山頂に生田神社宮司と土地所有者米田稔氏が、生田神社旧鎮座地の石碑を建立した。右側に呉服太物売捌の竹馬利兵衛の店先を描く。ほかに古手売買所、珍器貿易商、屏風所の名前を載せる。屏風所の戀田さくは1871（明治４）年に屏風工場を開設し、外国商館に積極的に売り込み屏風輸出に貢献した。

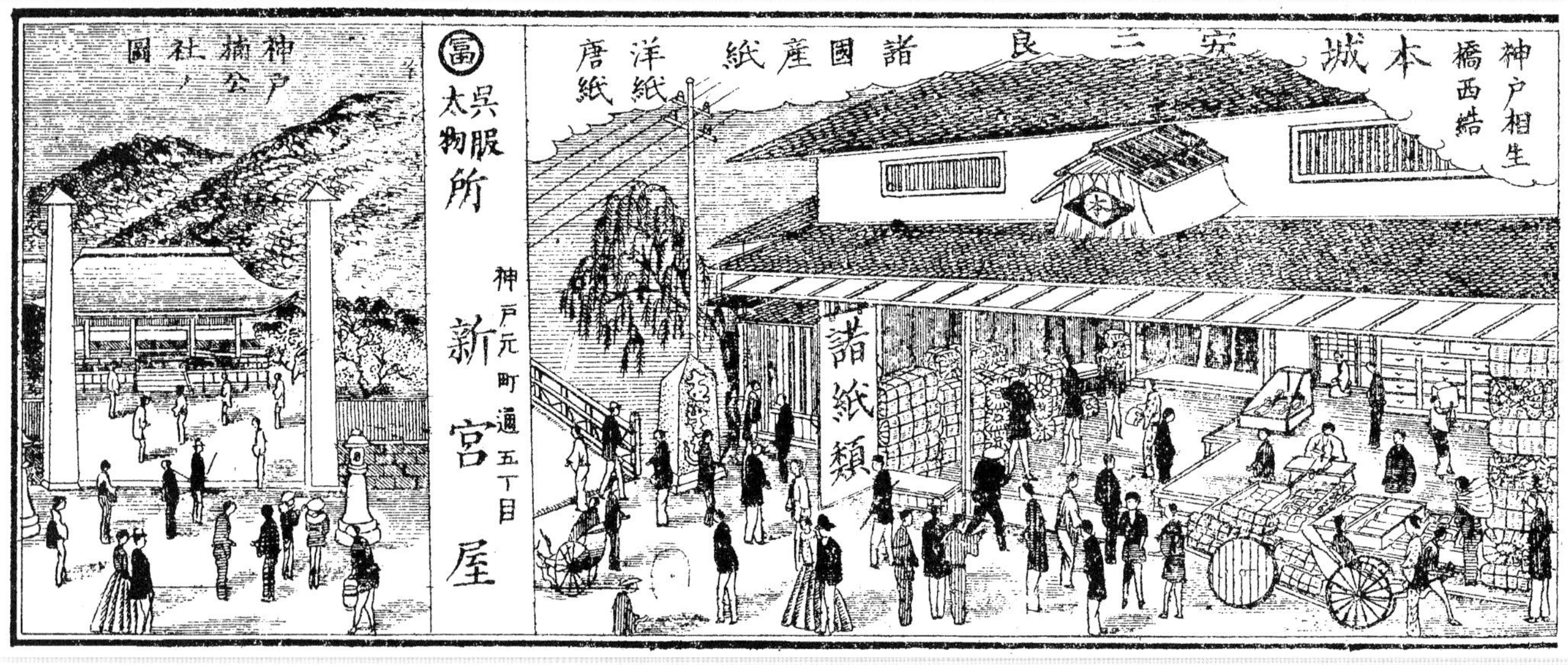

左は湊川神社を描く。主祭神楠木正成の墓は長い間荒れ放題だったが、1692（元禄５）年に徳川光圀が「嗚呼忠臣楠子之墓」と揮毫した碑を奉納し墓地を整備した。以後、この墓は勤王の志士たちが立ち寄る名所となった。1864（元治元）年、島津久光が、湊川に正成を祀る神社の創建を建言した。一方、1867（慶応３）年12月には尾張藩徳川慶勝が楠社の京都創建を近衛忠房を通じて建言し内諾を得た。しかし明治維新後、兵庫裁判所（後、県庁）役人６名が総督東久世通禧を通じて湊川での創建を陳情し認められ、1872（明治５）年５月25日に湊川神社が創建された。別格官幣社第１号である。右は相生橋西詰の諸国産紙、洋紙、唐紙を扱う本城安二良の店頭で、屋号紋は「黒菱形に本」である。相生橋のたもとには立派な石碑が立っている。

楠社前にあった坪井多三良の時計店を描く。御時計処の看板と、水引暖簾《のれん》には西洋時計所坪井本店と染め抜かれている。通りに面した２階に時計をデザインした看板がかかっている。店内の壁には掛け時計が掛けられ、正面には巨大な置時計や天使が時計を支える斬新な置時計、中央には懐中時計など、さまざまな形の時計が置かれている。店の右に湊川神社がある。16世紀、フランシスコ・ザビエル（1507～52）が戦国大名、大内義隆（1507～51）に献上したのが、日本にもたらされた最初の西洋時計という。明治維新後も一般の家庭に時計はなかった。1871（明治４）年、「毎日正午に大砲（空砲）を一発発射する」との太政官達が出された。神戸では正午に東遊園地で「ドン」（空砲）が打たれた。

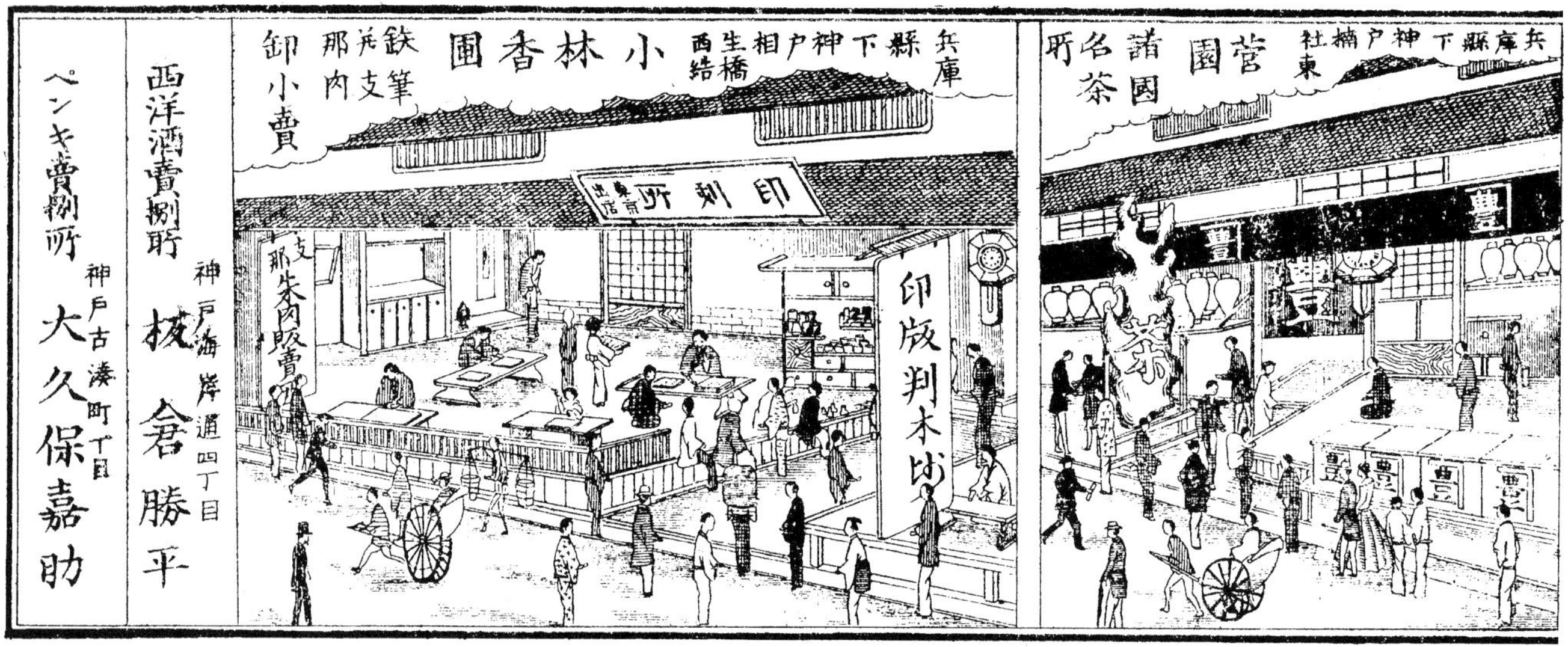

右は楠社東の諸国名茶所、菅園を描く。道路に面して茶の看板がある。屋号紋は「差し金に豊」である。店先には茶が展示されている。明治初年、菅園の菅久次郎は、専崎彌五平から依頼され福原遊郭の開設資金調達に協力をした。中央に鉄筆・支那肉卸小売の小林香圃の店頭を描く。印版判木所、支那朱肉販売の看板に加え、「印刻所東京出店」の看板がある。「東京出店」とあるので、東京にも店舗があることがわかる。店内には机が四つ並べられ、前に人が座っている。職人の作業中だろうか。左には古湊町のペンキ売捌所、大久保嘉助と海岸通４丁目の西洋酒売捌所、板倉勝平の名前を載せる。商社志摩三（47ページ）の入品台帳にもビール、ワイン、ウイスキー等の記載が確認できる。開港から15年、日本にも洋酒が広まっていた。

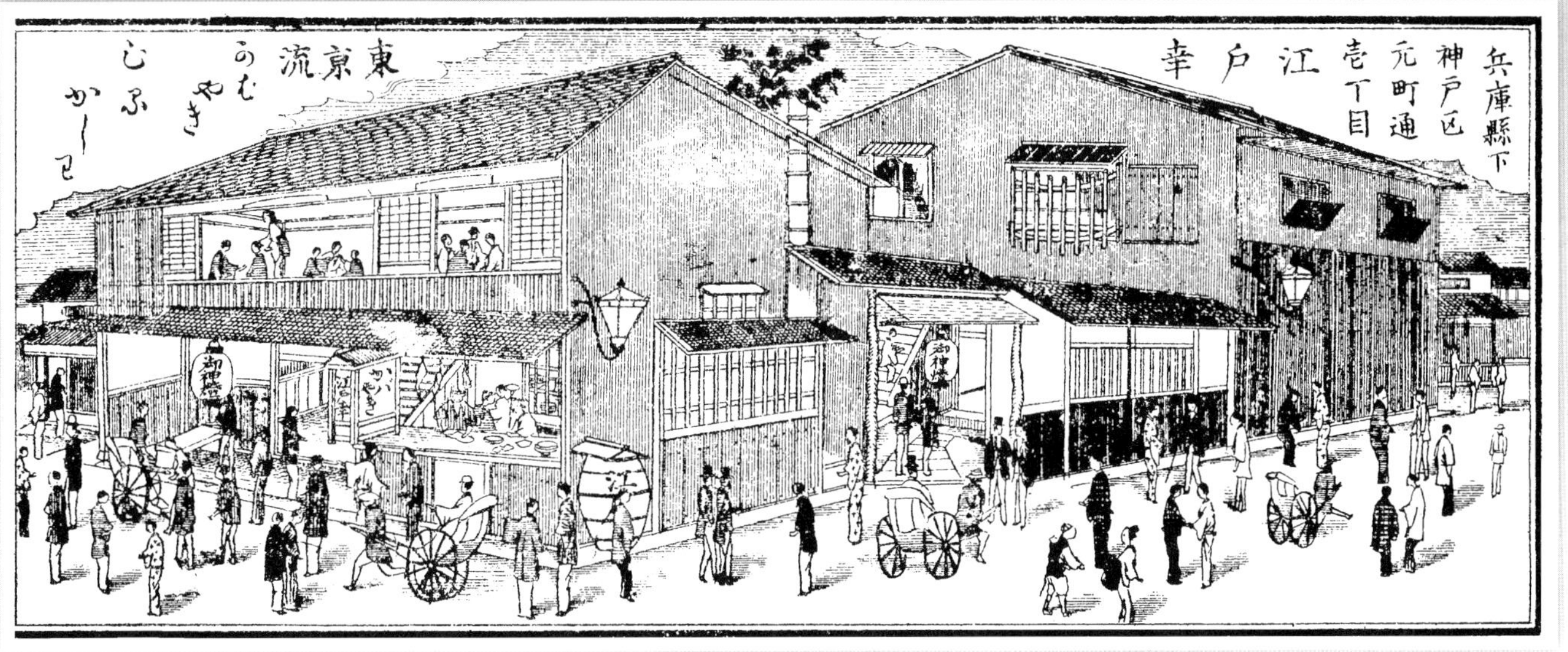

元町通１丁目の料理屋江戸幸の店頭を描く。1868（明治元）年桝本嘉一郎が開業したという。「東京流かはやきひるかしわ」とあり、ひるはアヒルの異称で、ひるかしわはアヒルの肉である。２階建ての立派な料理屋で、入り口が３カ所あり、中央入り口には御神燈提灯と、かば焼き江戸幸の行灯看板があり、店先でウナギを焼いている。右の玄関にも御神燈提灯があり、２階へ上がる客がいる。左の玄関からも客が入室しつつある。東京流とあるので、関東風の料理屋である。関東ではウナギを背開きにして白焼きした後、蒸して再び焼くため、ふわりと軟らかいのが特徴である。関西では小ぶりのウナギを腹から開いて蒸さずに焼くため、脂ののったパリッとした香ばしさを楽しめる。江戸幸は福原にも店を出している（76、77ページ）。

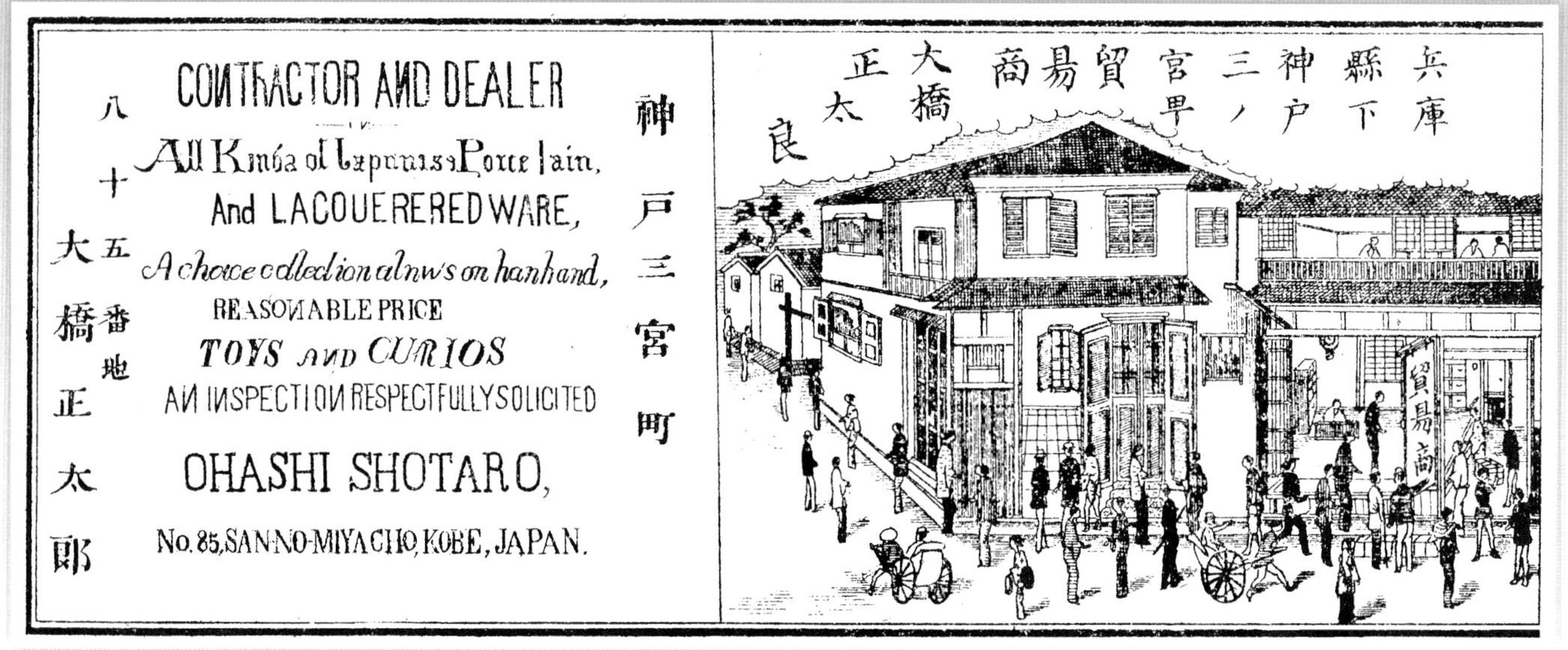

三宮町85番地の貿易商、大橋正太良の店頭である。ページの半分に英文の宣伝文句を入れ「請負商、商人。諸磁器と漆器、玩具と珍器」とある。綴りが間違っているのはご愛敬である。英文で宣伝を入れたのは、当時の貿易業務が外国商館に独占されていたことと無縁ではないだろう。対等に交易するためには人材育成が急務であり、1898（明治31）年の神戸開港30周年記念式典で高等商業学校設置要望が出された。官立第一高商（現・一橋大学）に次ぐ第二高商の関西設置が決まったとき、神戸と大阪が熾烈な誘致競争を展開、国会投票の結果、70対71の１票差で神戸に決まり、1902（明治35）年、神戸高商（神戸大学の前身）が設立された。神戸高商から日本を代表する実業家、出光佐三、高畑誠一、伊藤忠兵衛らが巣立っていった。

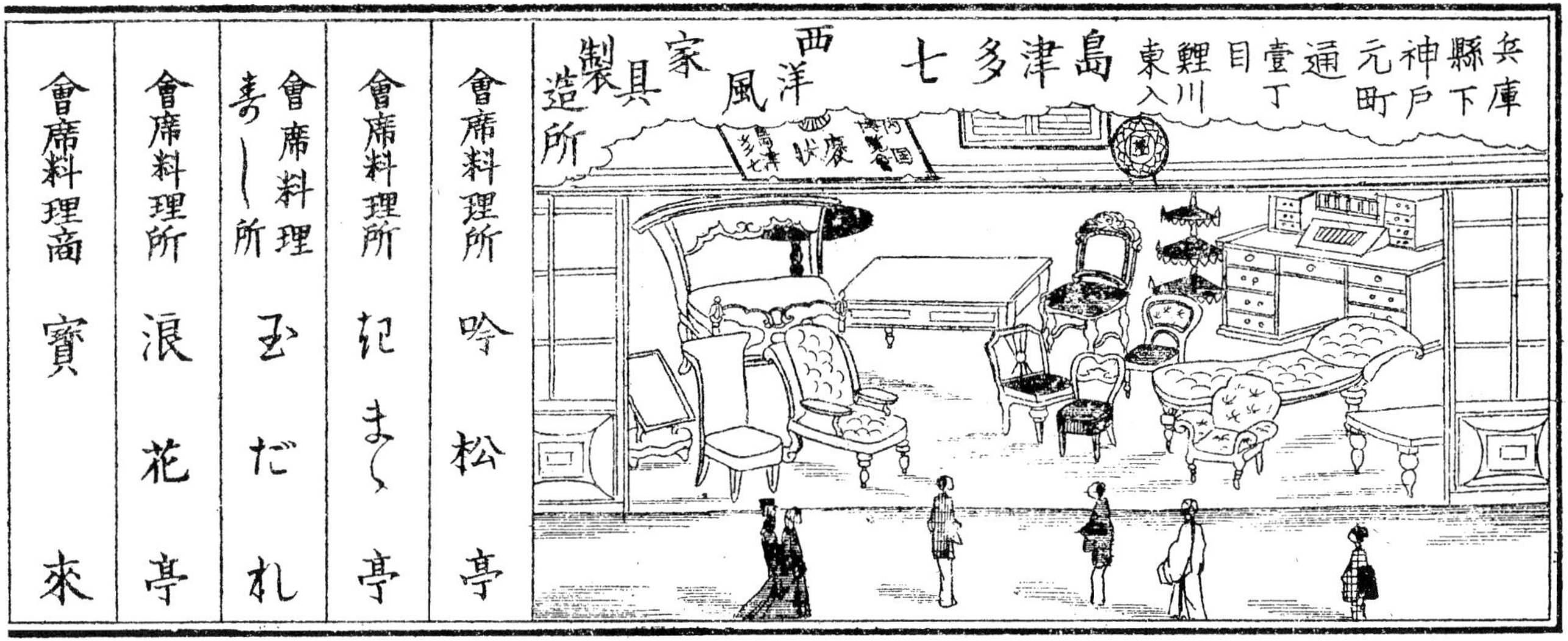

右は元町通１丁目、鯉川東入、島津多七の西洋風家具製造所である。店頭には洋風の引き出し付きの大型机、大小さまざまないす、ソファ、ベッド、テーブル、鏡台等が並べられている。店内には内国博覧会の褒状を展示している。神戸では、居留地、雑居地、海岸通の華僑商館等で洋家具の需要があり、洋家具の発祥地であるといわれる（15ページ）。ともに西洋人、中国人が客として描かれているが、島津の店の方が広く描かれている。上品で重厚、頑丈な神戸家具の伝統は、現在まで引き継がれている。左は会席料理所の名前を５軒載せる。吟松亭、きまゝ亭、玉だれ、浪花亭、寶來の名前が粋である。住所はないが、1898（明治31）年「日本全国商工人名録」によれば「浪花亭」は田頭きみ経営で元町７丁目となっている。

相生橋東詰、神社仏閣の御簾《みす》・すだれを扱う平田茂兵衛の店頭を描く。広い店内には、御簾、すだれが立てかけられている。相生橋たもとにある洋館は1879（明治12）年設置の神戸警察署だろうか。このページは相生橋西詰のこうもり傘店と、鉄道トンネルをはさんだ見開きの構図となっている。平田茂兵衛店の左手には相生橋へ上る階段がある。その下を、煙を吐く蒸気機関車が走り抜けている。1874（明治７）年開通した鉄道線路は、元町通から多聞通へ通じる西国街道を横断した。このため歩行者用の跨線橋相生橋が建設された。幅5.5メートルの階段式木造陸橋で側壁は煉瓦造りである。日本初の立体交差である。車のための踏切を別に設けた。跨線橋は、1931（昭和６）年鉄道の高架化によってなくなった。

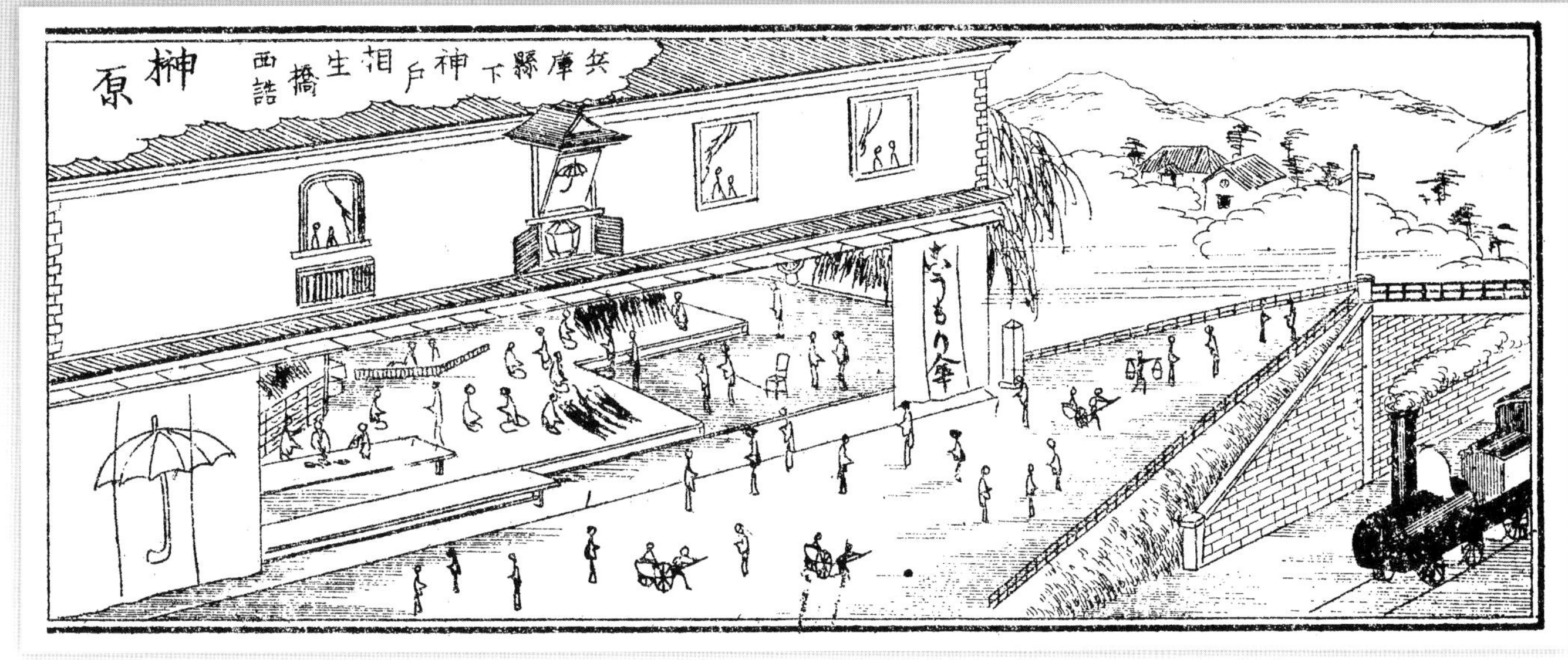

相生橋西詰のこうもり傘榊原の店頭を描く。洋傘が普及するまで、日本人が使っていた傘は細く切った竹の芯に油紙を張り付けた唐笠であった。輸入された洋風のこうもり傘は文明開化のシンボルでもあった。通路沿いに、こうもり傘の柄をモチーフにした大きな暖簾《のれん》がかかっていて、店内にはこうもり傘が並べられている。店先にはいすも置かれ、商談を待ったり休憩したりできる。こうもり傘は多聞通２丁目にあった西洋小間物店の近藤鹿之助店（23ページ）でも扱っているが、榊原店は、洋館風で広く暖簾も大きく、専門店だったようである。店のすぐ前に跨線橋相生橋があり、「川もないのに橋がある」と神戸名所になったから、鉄道と跨線橋が集客役となって、こうもり傘もよく売れたことであろう。

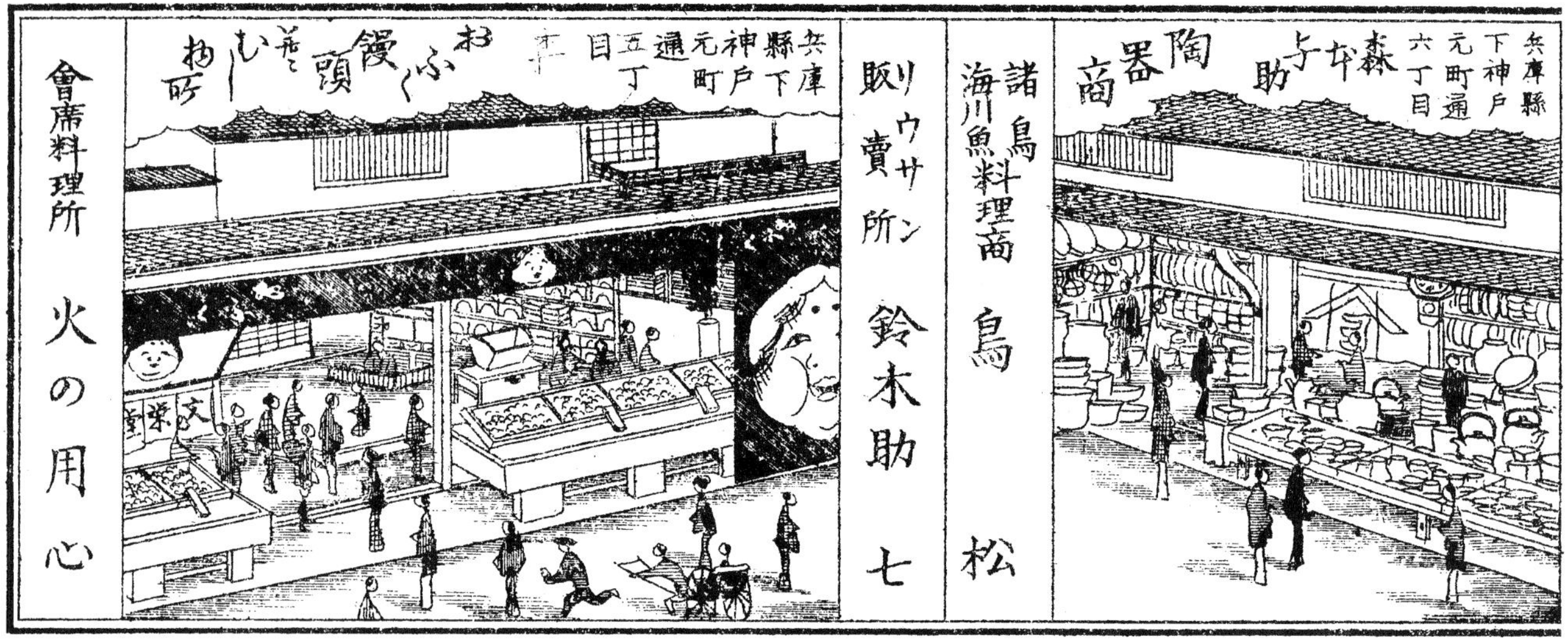

右は元町通６丁目、陶器商の森本与助の店を描く。店頭に多くの陶器が並んでいる。屋号紋は「山にヨ」である。左は元町通５丁目、お福饅頭・蒸物所の文栄堂の店頭である。お多福の大きな暖簾《のれん》がかかっていて、文栄堂と書かれた暖簾も見える。店頭には製品が並べられ、店内には饅頭製造に使用するとみられる機器もある。中央に諸鳥海川魚料理商の鳥松、「リウサン販売所」鈴木助七、左端に会席料理所の火の用心の名前を掲載するが、いずれも住所がない。諸鳥海川魚料理商は、食通相手の専門店であろうか。リウサンとは硫酸であろう。国内最初の硫酸製造工場は、1872（明治５）年に大阪造幣局に開設された。1898（明治31）年「日本全国商工人名録」によれば「火の用心」は高橋儀助が経営していて、所在は元町２丁目とある。

元町通２丁目、御菓子所の山本三四郎の店頭である。練羊羹、加須天以羅（カステイラ）の看板がある。軒下の暖簾には、祥瑞堂と書かれている。店内には大きな火鉢が置かれ、お菓子保存展示箱があり、多くの菓子が並べられている。説明文には、「神戸名所図入りせんべい色々」とあって、観光客向けの神戸名所図の入った煎餅が作られていたことが分かる。神戸名物に明治初期に考案された瓦煎餅があり、菊水吉助の店（45ページ）や1873（明治６）年松井佐助が創業したという亀井堂総本店などが知られる。名所の焼き印を押した商品もあるが、1882（明治15）年当時、類似の商品が人気を集めていたのである。『豪商神兵 湊の魁』には、神戸の観光名所として、神戸海岸通之図をはじめ16カ所が絵入りで紹介されている。

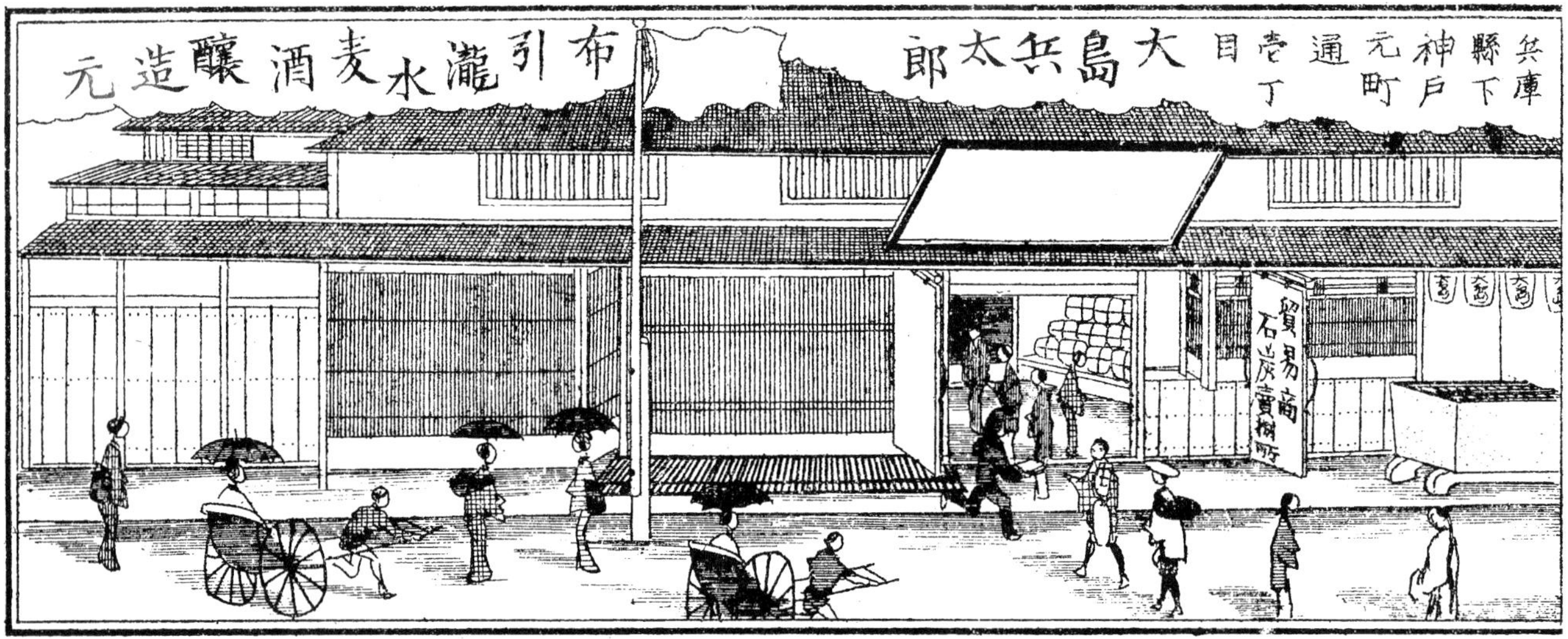

元町通１丁目、布引瀧水麦酒醸造元、大島兵太郎の店である。布引の滝の清冽な水を使ったビールという。道路沿いに、貿易商、石炭売捌所の看板があり貿易と石炭販売業も兼ねていた。神戸の雑居地では「隣人は外国人」であったので、人々は外国人の生活文化、食文化をすんなりと取り入れた。ビールもその一つである。『豪商神兵 湊の魁』には、もう１軒ビール製造業が紹介されている。下山手通３丁目のパンビール製造所である（16ページ）。ビールの需要があれば、ビールを作る技術者が必要になる。1878（明治11）年１月１日、神戸の英字新聞「The Hiogo News」に、ドイツのライン川沿いの町ヴォルムスのビール職人養成学校の生徒募集広告が出た。英文広告なので外国商館主向けに、学校の存在を宣伝したのであろう。

多聞通、楠社東にあった篠田鉄次郎の井筒屋の店頭である。２階には「いづ太」と書かれた大きな横看板が掛けられ、窓には提灯がぶら下がり、飲食をしている人たちの姿が見える。屋号紋は「井桁に太」である。井筒屋の大暖簾《のれん》があり、茶わん蒸し、せいろうそば等と書かれた行灯看板もある。楠社前東にあり湊川神社への参拝客も対象とした料理屋である。1872（明治５）年に創建された湊川神社は、生田神社、長田神社と並ぶ神戸三大神社の一つであるが、歴史は格段に新しい。楠木正成信仰に加え、２年後の1874（明治７）年に神社の南に神戸駅が開業したことで賑わった。湊川神社初代宮司折田年秀の日記には、神社境内に売店、娯楽施設等が建ち並ぶ様子が記録されている。この日記は明治期の神戸の貴重な記録である。

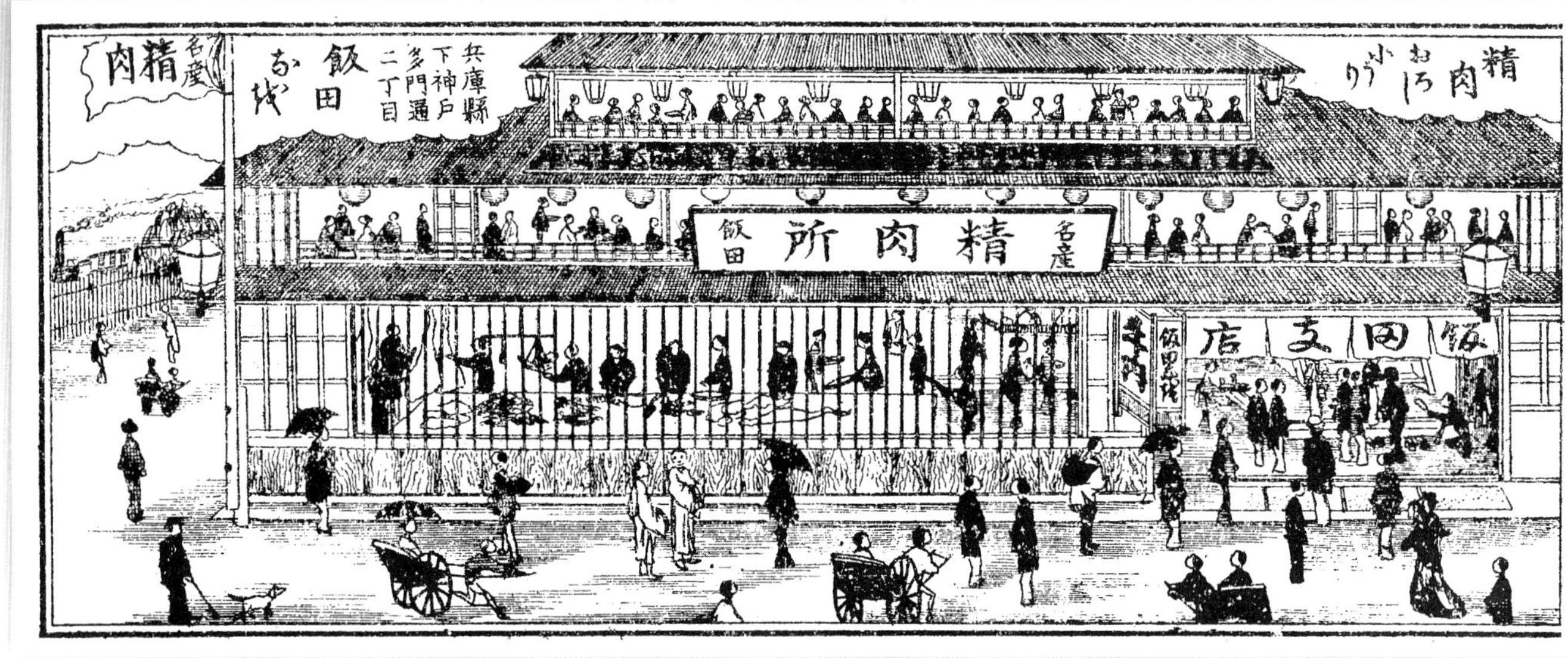

多聞通２丁目にあった飯田なをの精肉卸小売店である。暖簾に「飯田支店」とあって、本店は別にある。３階建ての牛鍋店の１階の調理場では牛肉の塊が吊るされていて、牛肉をさばいている人が見える。牛肉はさらに小さく刻まれ、器に盛られ仲居が運んでいる。牛の解体から調理に向かうまで、流れ作業のように行い、これを通行人に見せている。２、３階では宴会たけなわである。1865（慶応元）年、英米仏蘭の軍艦９隻が兵庫沖に停泊、外国人が数頭の牛を購入して船内で屠殺して食べた。それからわずか20年足らずの間の肉食の普及ぶりは目覚ましい。飯田なをは、旧生田川東岸に牛馬問屋を持っていた（172ページ）。ここで仕入れた牛を小野浜の屠殺場で処理し、店に運んで卸小売をしていたのである。

東川崎町の鍛冶製造所、今市與三松の工場である。広い敷地内に２棟の建物がある。工場の３本の煙突が煙を吐き出している。庭には金属製の板状のものが３枚あり、２枚にはリベットが打たれている。もう１枚は作業中である。鉄製桶状のタンクが３基並べられている。金属製の樽状の物体の両端に羽根のようなものがついている。手前の太い煙突の下で、焼けた鉄を取り出している人がいる。工場内では鉄板にリベット打ちの作業中で、ハンマーでたたいている。左側の工場と塀で仕切られた建物の中では、商談中のように見える人々がいる。事務所だろう。通路に面した塀沿いの門からも、事務所に入ることができる。旗竿には製造所の屋号紋「差し金にイ」が染め抜かれた旗が翻っている。

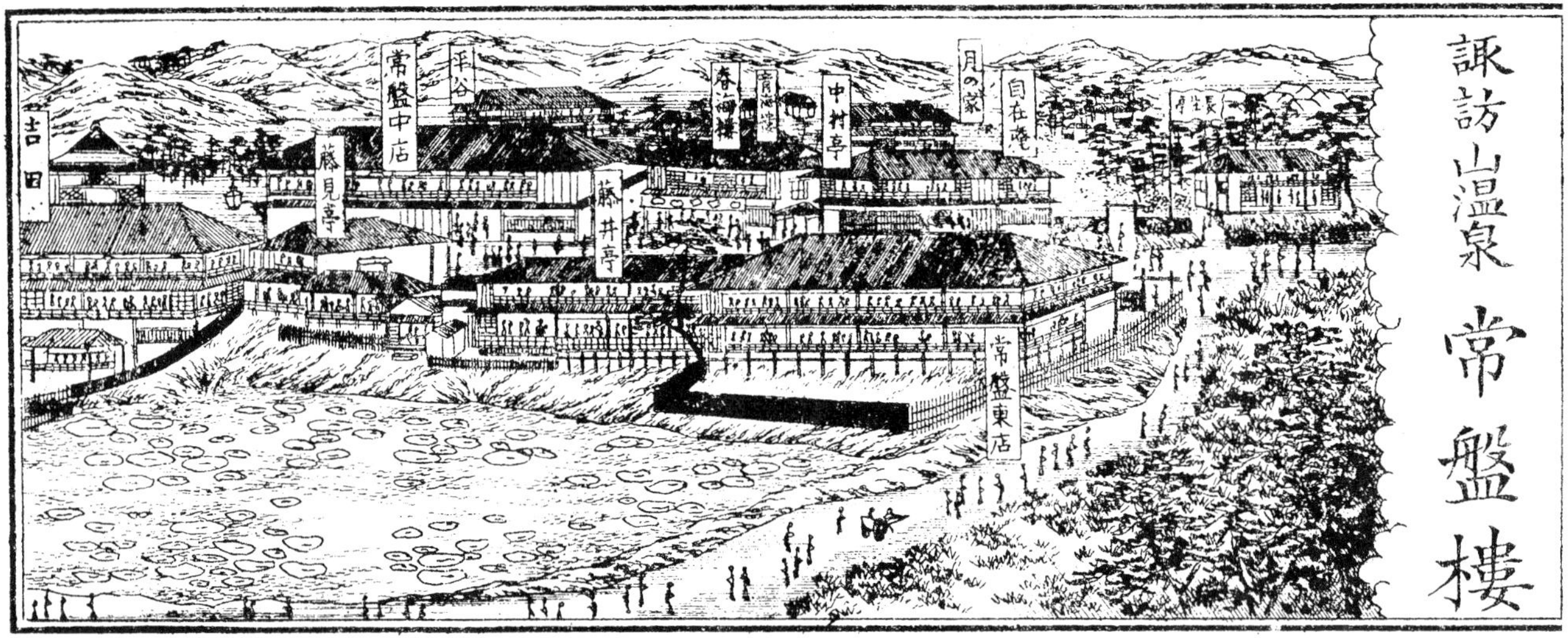

見開きで諏訪山温泉の遠景である。山全体に料亭が建ち並ぶ。西山頂に前田又吉が経営する常盤楼がある。東に向かって、福常盤、西川亭、山本、吉田、藤見亭、常盤中店、平谷、藤井亭、春海楼、青梅楼、中村亭、月の家、自在庵、長生亭、常盤東店が並んでいる。諏訪山はもともと中宮、花隈、宇治野、北野、二茶屋村の共有地であった。1871（明治４）年頃、小野組の手に移り小野組の破産後に官有地となった。1873（明治６）年、兵庫県が諏訪神社境内3000坪を公園に指定した。麓で鉱泉が発見され、前田又吉は県官関戸由義から土地を借り、元三田藩主九鬼隆義から資金援助を受け、それまで花隈で経営していた常盤花壇を諏訪山に移した。左ページの「温泉」の横にある石碑は前田又吉の功績を記載したものである（79、122、140ページ）。

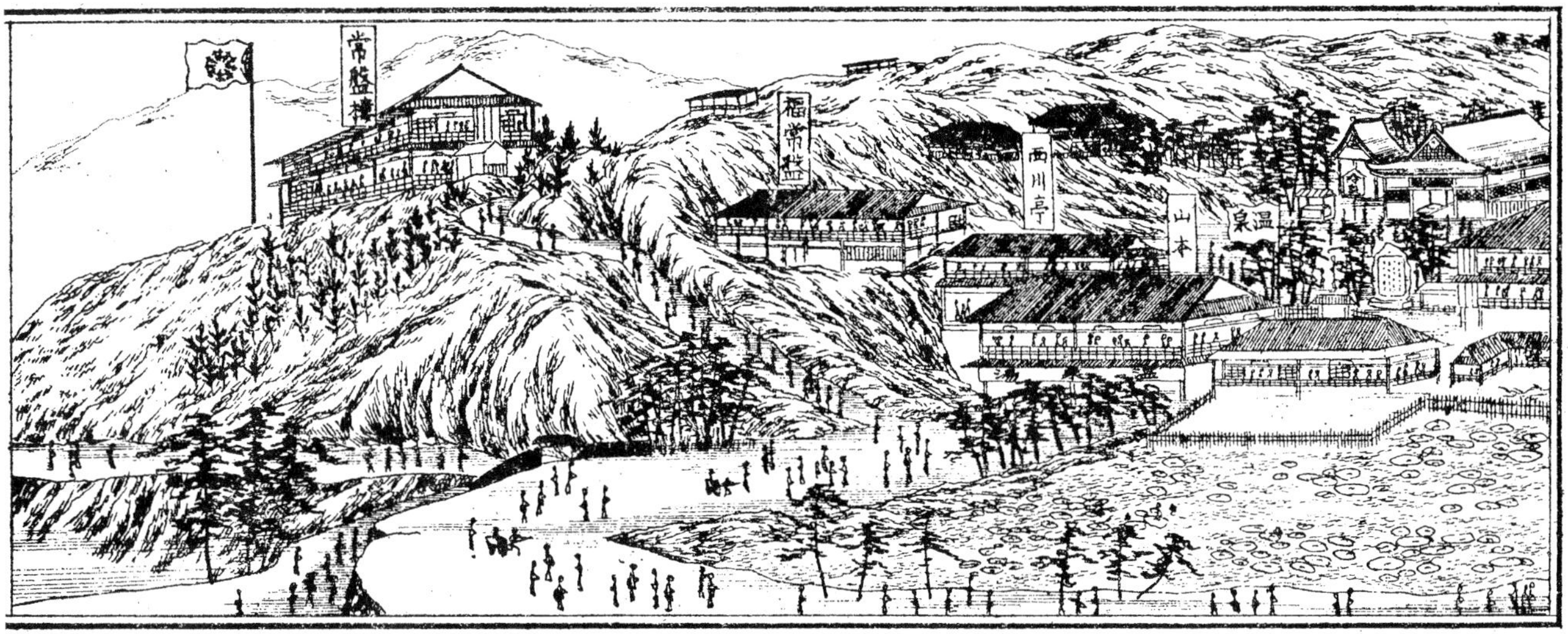

1874（明治７）年12月９日、諏訪山でフランス観測隊が金星の太陽面通過を観測した。後に金星台と呼ばれるこの高台の観測記念碑には「仏国派遣人員 長官星学士ジ・ジャンサン、付属測検 ドラクルワ、同 清水誠」「兵庫県令神田孝平君在任」と刻まれている。この日、ジャンサンは本隊を置いた長崎で観測した。清水は写真撮影に成功した。清水は1870（明治３）年に金沢藩派遣フランス留学生になり、翌年廃藩置県で文部省留学生になった。パリ工芸大学で学んだ清水は、同年、金星測検員に採用された。清水は日本のマッチ工業の創始者である。学者県令神田には訳書『星学図説』もある。1891（明治24）年５月９日、ロシア帝国ニコライ皇太子は、ここで林董県知事から神戸の説明を受け眼下の景色に目を見張った。

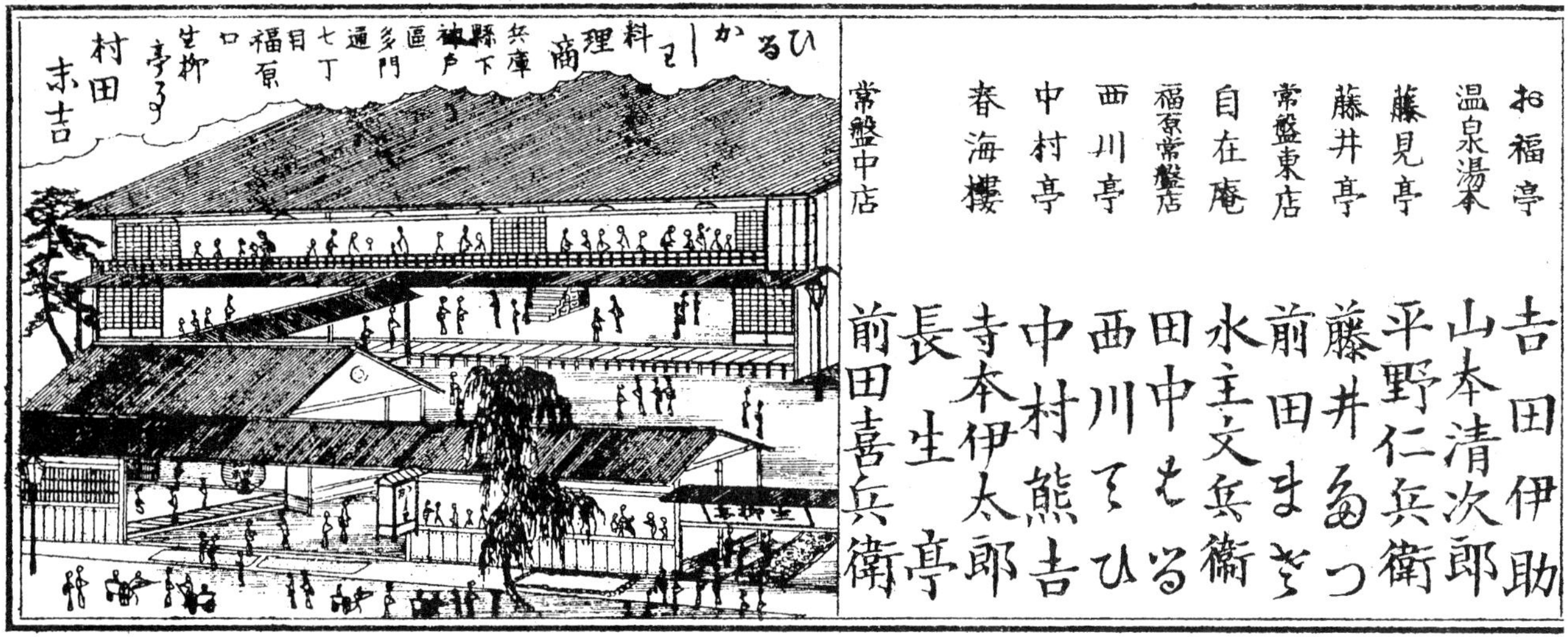

右は諏訪山の料亭が名を連ねている。お福亭 吉田伊助、温泉湯本 山本清次郎、藤見亭 平野仁兵衛、藤井亭 藤井たつ、常盤東店 前田まさ、自在庵 水主文兵衛、福原常盤店 田中はる、西川亭 西川てひ、中村亭 中村熊吉、春海楼 寺本伊太郎、長生亭、常盤中店 前田喜兵衛である。左は多聞通７丁目、福原口の生柳亭こと村田末吉が経営する「ひるかしわ」（57ページ）の店である。玄関の手前に大きな柳の木が植わっている。通りに面して「生柳亭」の看板と、「かしわ」と書いた行燈がある。玄関から入ったところに帳場とおぼしき建物があり、そこから奥へ、渡り廊下を渡ると、広い縁側を持つ木造２階建ての豪壮な料亭がある。宴会をする人の姿が見え、料亭のざわめきが伝わってくる。

貸席業　神戸福原　青柳楼
同　同町　澤山楼
同　同町　勢湯楼
同　同町　松浦楼
同　同町　寶勢楼
同　同町　いろは楼
同　同町　八幡楼
同　同町　勢徳楼
同　同町　永保楼
同　同町　愉快楼
貸席業　神戸橘通四丁目　松月楼

福原の貸席業11軒の名前を載せる。青柳楼、澤山楼、勢湯楼、松浦楼、寶勢楼、いろは楼、八幡楼、勢徳楼、永保楼、愉快楼、松月楼が名を連ねている。貸席業は「料金を取って貸す座敷。またはそれを業としている家」である。芸娼妓を挙げて遊興する遊郭である。

《福原遊郭ヒストリー１》開港した神戸に世界中と日本中から人々が集まってきた。人が集まれば娯楽施設が必要になる。劇場を出願したのは布引重吉という人で、布引座を作った。1868（慶応４）年２月20日、遊郭設置が出願された。出願者10名の総代は藤田泰三である。３月１日に現在の東川崎町で遊郭整備に着手し、４月下旬に完成、６月20日に開業した。10月25日の『もしほ草』23編に福原の賑わいが記述されている。

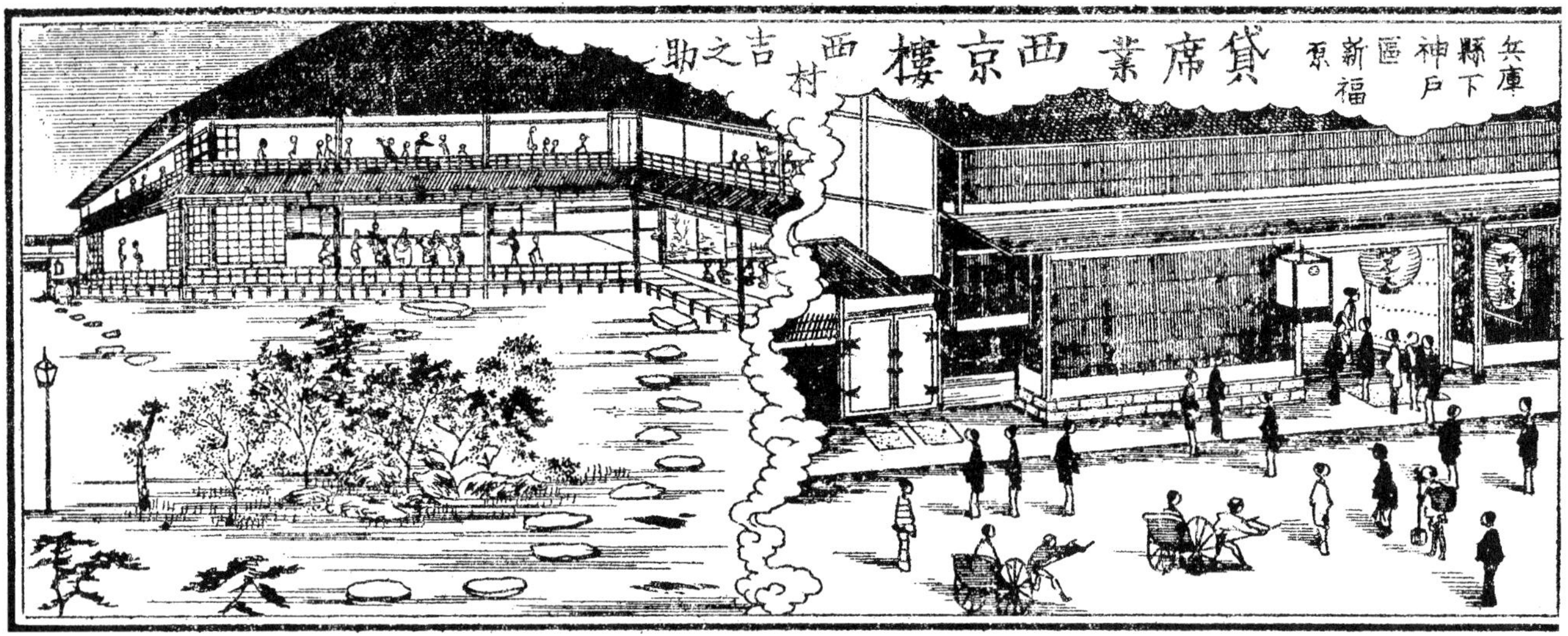

貸席業、西村吉之助の西京楼である。立派な建物が２棟ある。右の建物が玄関で、左の２階建ての建物では宴会をしている人々が見える。建物の前には整備が行き届いた庭園がある。

《福原遊郭ヒストリー２》最初に福原遊郭が作られたのは、宇治川西岸の浜手近く、現在のハーバーランドの一部であった。柵矢来に囲まれた遊郭（3200坪）は、福原遷都にちなみ福原と名付けられた。福原は、東京の吉原遊郭をモデルとし、吉原事情に精通した人を招いて顧問にした。宇治川沿いに大門を設け、傍らに遊郭全体を管理する事務所を置いた。遊郭内は車馬の通行を禁止した。印法被の勇ましい扮装の夜警が鉄棒を持って郭内を警備した。外国人も客で、南京茶屋という中国人専門の店もできた。

貸席業、長谷川九一郎の店である。御神燈と長谷川と書かれた大きな提灯がある。福原には、遊郭全体を仕切る正副の取締役という役職があり、長谷川が、明治36年～37年と、41年から43年まで、正取締役に就任している。1862（文久２）年に長崎で生まれた長谷川は、1868（明治元）年に神戸に移住してきた。湊東区会議員を務めたこともあり資産家として知られている。

《福原遊郭ヒストリー３》福原遊郭は大変繁盛した。1870（明治３）年になって神戸—大阪間に鉄道を敷設することが決まった。６月、民部省の役人が外国人とともに来神し実地踏査した。1871（明治４）年、遊郭が神戸駅用地になったため、福原遊郭は移転を命じられた。用地買収にとりかかったとき、高潮で福原が破壊されたため、駅の位置は相生町に変更された。

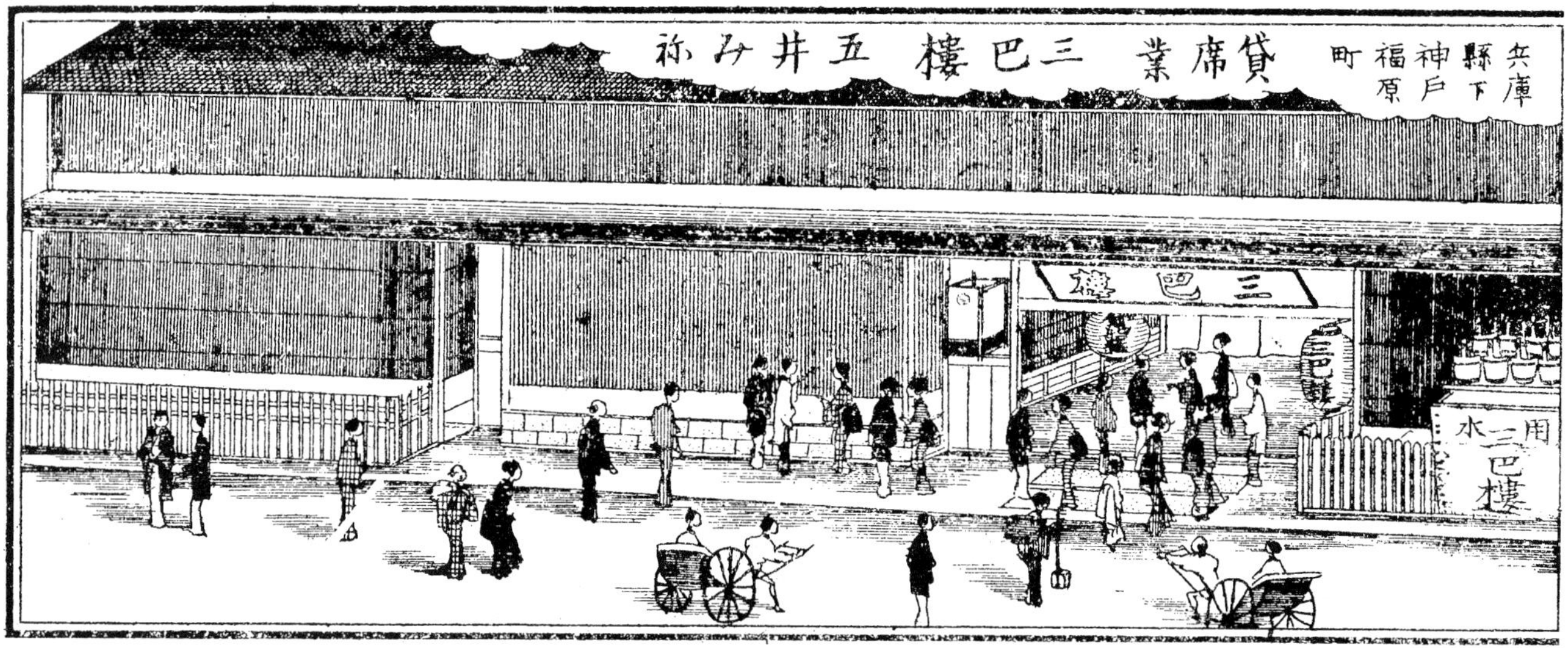

貸席業、五井みねの三巴楼である。三巴楼の看板と提灯が掛かっている。道路沿いの防火用水には、「用水 三巴楼」と書かれている。今出在家町にも系列店がある（107ページ）。

《福原遊郭ヒストリー４》「湊川堤防の東、西国街道の北数町離れた荒涼の地」が福原移転の代替地となった。整備費は、各楼主が共同で貿易五厘金から3000円を借り入れて充当した。鉄道局は、地主に、新福原町の地代代金及び麦作手当、福原住民に家屋移転料、各妓楼の移転料、借家人への立ち退き料として、合計２万6156円余を支払った。鉄道局は旧福原の土地１万5827坪余を取得した。開業後２年余りでの移転である。金刀比羅橋の東詰、湊川土手下の田の中に新たに、妓楼45軒、娼妓340～350名の花街が出現した。名称は新福原に決まった。

貸席業、勝部市助の戎楼である。玄関に戎楼の大提灯と暖簾がある。

《福原遊郭ヒストリー５》新福原にも大門が建ち、見返り柳も植えられて郭の風情を整え、旧福原よりもさらに華麗なものとなった。新福原も繁盛した。ところが、1872（明治５）年11月、突然、遊女解放令が発布された。背後には、ペルー船マリアルーズ号事件裁判がある。この年の７月10日、ペルー船マリアルーズ号が中国人苦力（クーリー）230名を乗せ、横浜に修理のため寄港したとき、苦力の一人が逃亡してイギリス軍艦に救助を求めた。通報に基づき、神奈川県令が奴隷売買事件として裁判をし、苦力の釈放と本国送還を決定した。この事件裁判で日本の芸娼妓売買が問題化し、解放令が出されたのである。解放令で新福原は一時寂れた。

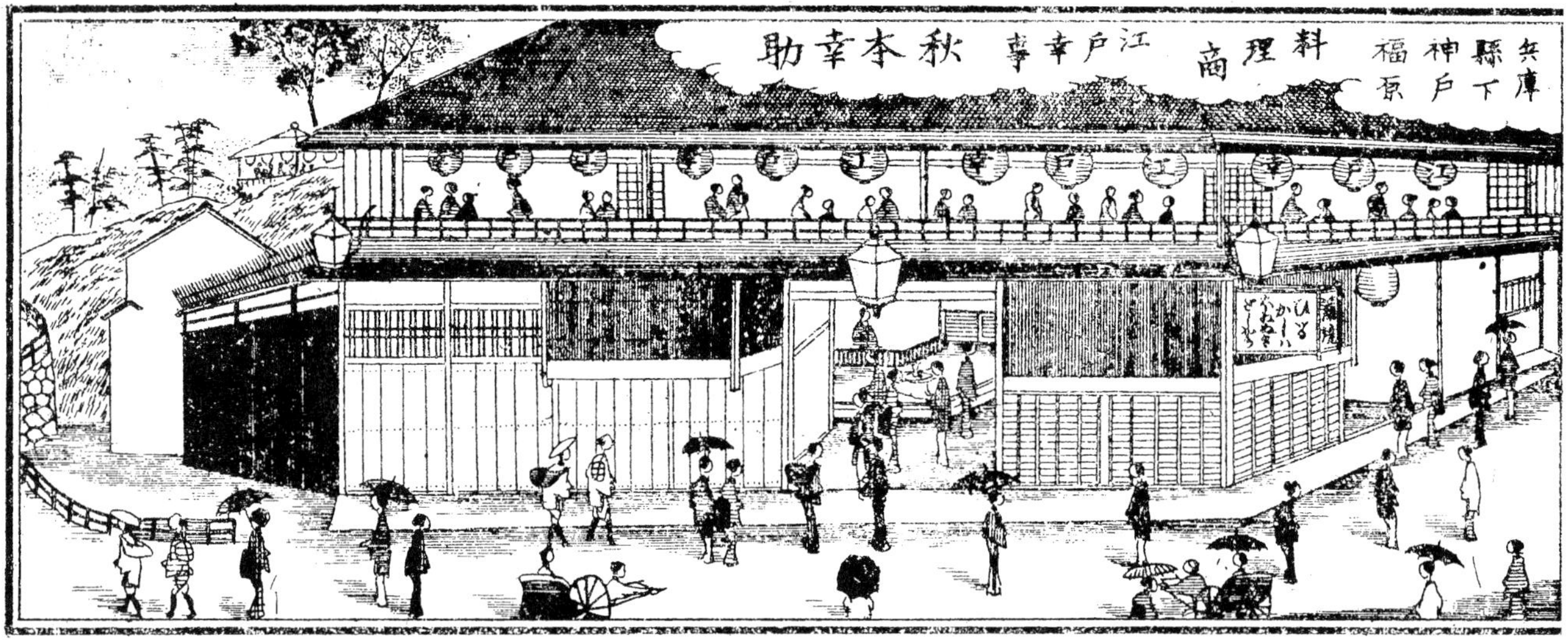

福原にあった江戸幸こと秋本幸助の支店である。店は角地にあり、入り口が二つ、角には蒲焼、ひるかしわ、骨抜きドジョウ、とある行灯看板が見える。江戸幸は元町通1丁目や、多聞通が旧湊川（現・新開地本通）を渡る湊川新橋のたもとに支店があった（57、77ページ）。

《福原遊郭ヒストリー6》遊女解放令の3カ月後の1873（明治6）年1月1日、貸席営業許可が出され遊郭再興が認められた。1877（明治10）年2月5日、神戸—京都間の鉄道開通式典が、天皇臨御のもと神戸駅で盛大に開催された。10日後、西南戦争が勃発、東川崎町に運輸局が設置され、鉄道は軍需輸送に使われた。軍艦と民間の汽船が神戸と九州の間を頻繁に往復し、兵員資材を運んだ。神戸には軍勢があふれ、新福原遊郭は再び活気づいた。

湊川堤防を描く。手前が神戸市中、新橋の先が兵庫市中である。橋のたもとに江戸幸支店があり、左手下流の湊橋の先は海である。湊川は川床６メートル超の天井川で兵庫と神戸の交通を阻害していた。兵庫と神戸は交流がなく、人情・風俗・嗜好・習慣まで異なっていた。1889（明治22）年の第１回神戸市長選挙でも候補者で対立したが、最終的には一本化された。版画は堤防の高さを表現している。条約上の開港場は兵庫だったが開港したのは神戸であり、両者は互いに交流しようとしなかった。1877（明治10）年２月、兵庫と神戸の有力者が湊川堤防に立寄り施設を建設し、天皇を迎えることを企図した。２月５日、天皇は鉄道開通式典の後、そのまま京都へ向かった。名代として伊藤博文が施設を訪問し、扁額に「偕楽亭」と揮毫した。

豪商神兵　湊の魁

旧湊川以西の部

一八六八（明治元）年、神戸・二茶屋・走水の三カ村が合併して神戸町となり、一八七二（明治五）年、神戸町へ花熊・宇治野・中宮・北野・生田宮の各村が編入された。兵庫と神戸の間の民家のないところに街路が造成され、同年、新福原町・相生町・多門（聞）通・上橋通・橋通・中町通・古湊通が命名された。神戸町の街路整備も進み一八七四（明治七）年、元町通・栄町通・海岸通・南長狭通・山本通・上山手通・中山手通・下山手通などが生まれた。一八七五（明治八）年には北長狭通も登場する。さらに一八七九（明治十二）年、兵庫、神戸と中間の坂本村を合わせて神戸区が発足した。『豪商神兵　湊の魁』が対象にする神戸区とはこうして生まれた。一八八九（明治二十二）年、市政及町村制の施行により神戸区・荒田村・葺合村が合併して神戸市が発足した。

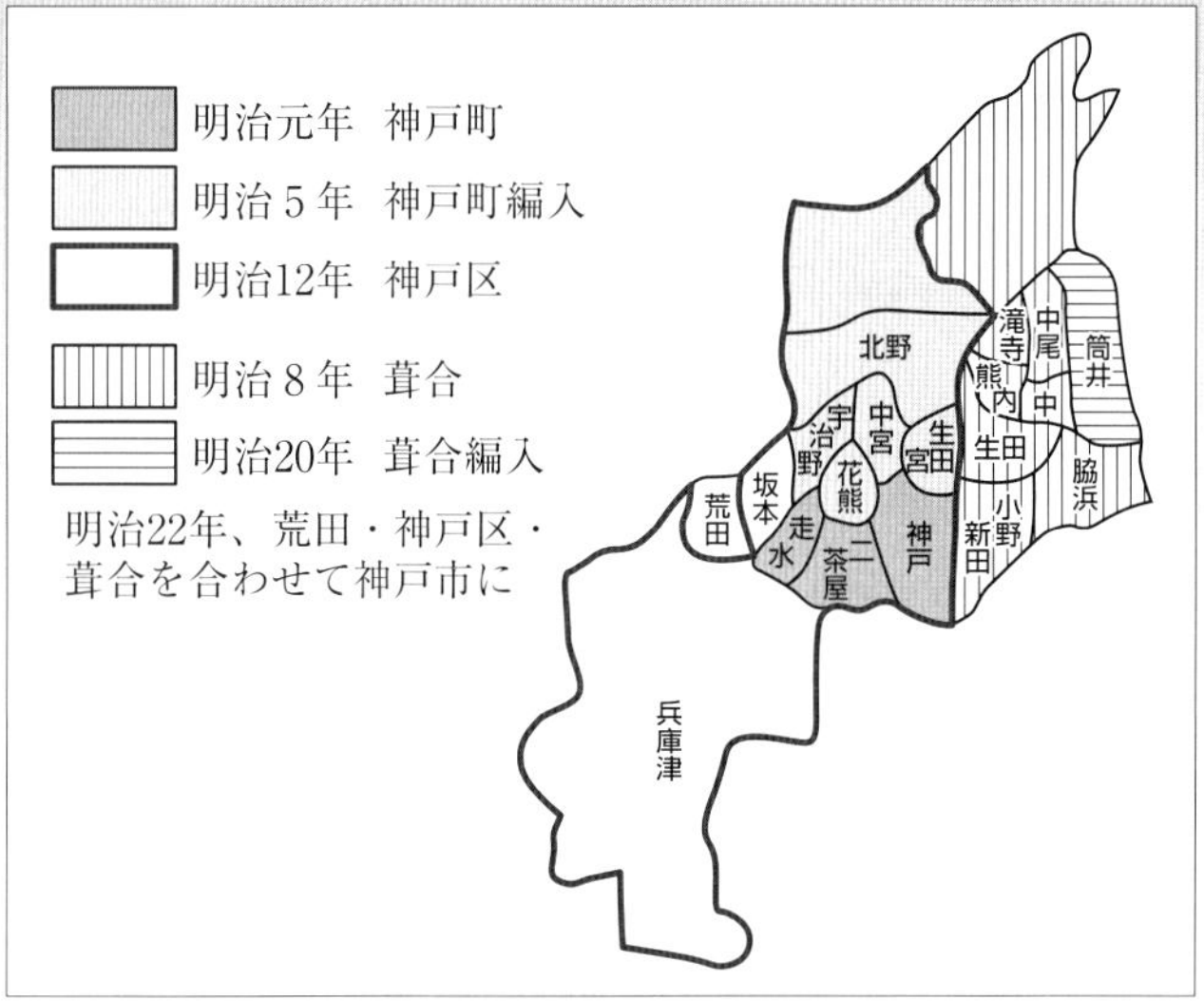

常盤花壇は、1868（明治元）年、花隈に前田又吉が設けた料亭で、1873（明治６）年鉱泉が出た諏訪山に移し常盤楼と名付け、本書にも常盤東店、常盤中店、福原常盤店が描かれている（68〜70ページ）。1897（明治30）年発行の『神戸名勝案内記』に「東中西の三店に分れ其他一力、吉田、伊村、常盤舎支店等数軒あり」と記載され、『神戸開港三十年史』には宇治川にも常盤楼があったと記されている。また湊町にも常盤楼があり（122ページ）。常盤花壇とも称した。前田又吉の功績は、1882（明治15）年、書家の巖谷一六が「又吉泉記」を書き石碑とし（68ページ）、死後の1893（明治26）年、交流が深かった伊藤博文が発起人となって銅像を建立した。その台座は現在、京都ホテルに引き取られ現存している。

右に荒物商の小川又兵衛の店を描き、左に4人の名前を載せる。又兵衛の屋号紋は「丸に又」。荒物とは、ザルやほうきやちり取りなど、家庭で使う雑貨類をさす。しかし小川又兵衛商店では、台所用品だけでなく、慶事での進物や贈答品に添える飾りの熨斗《のし》、扇子も扱っていた。画面右端には、巨大な熨斗の看板が掲げられ、ほぼ中央には大きな扇子が広げて飾ってある。また画面左端にはゑのぐの看板が出ていて、絵の具まで取扱商品は幅広かった。共助万人社の社長、生駒治左衛門は、戸長を務め、1884（明治17）年には神戸区選出の県会議員にも選ばれた。洋薬商の木村洪哉が屋号紋にアルファベットのKを使っているのが珍しく、開港場らしい。木村は1880（明治13）年黒田仁兵衛（90ページ）らと薬学教育の親愛社を作った。

右に西出町にあった樋上權兵衛の風帆売船製造所の風景と、左に４人の名前を載せる。風帆船は洋式の帆船で帆前船《ほまえせん》ともいった。樋上權兵衛の先祖は1801（寛政13）年に、兵庫津の廻船問屋・高田屋嘉兵衛の居宅を譲り受けて太物問屋から廻船問屋に転身したとされ、さらに1877（明治10）年に西出町に造船所を新設した。しかし1862（文久２）年の「商家繁栄歳中日用記」には船大工として川崎町に「樋権」が見えるから、江戸時代から造船に関係していたのだろう。また４人の商人のうち、保命酒商の正眞屋は、正直屋の誤り。中世から続く棰井家で「商家繁栄歳中日用記」でも保命酒を商っている。正直屋弥右衛門は江戸時代を通じて兵庫津の三方のうちの一つ、岡方の名主をしている。

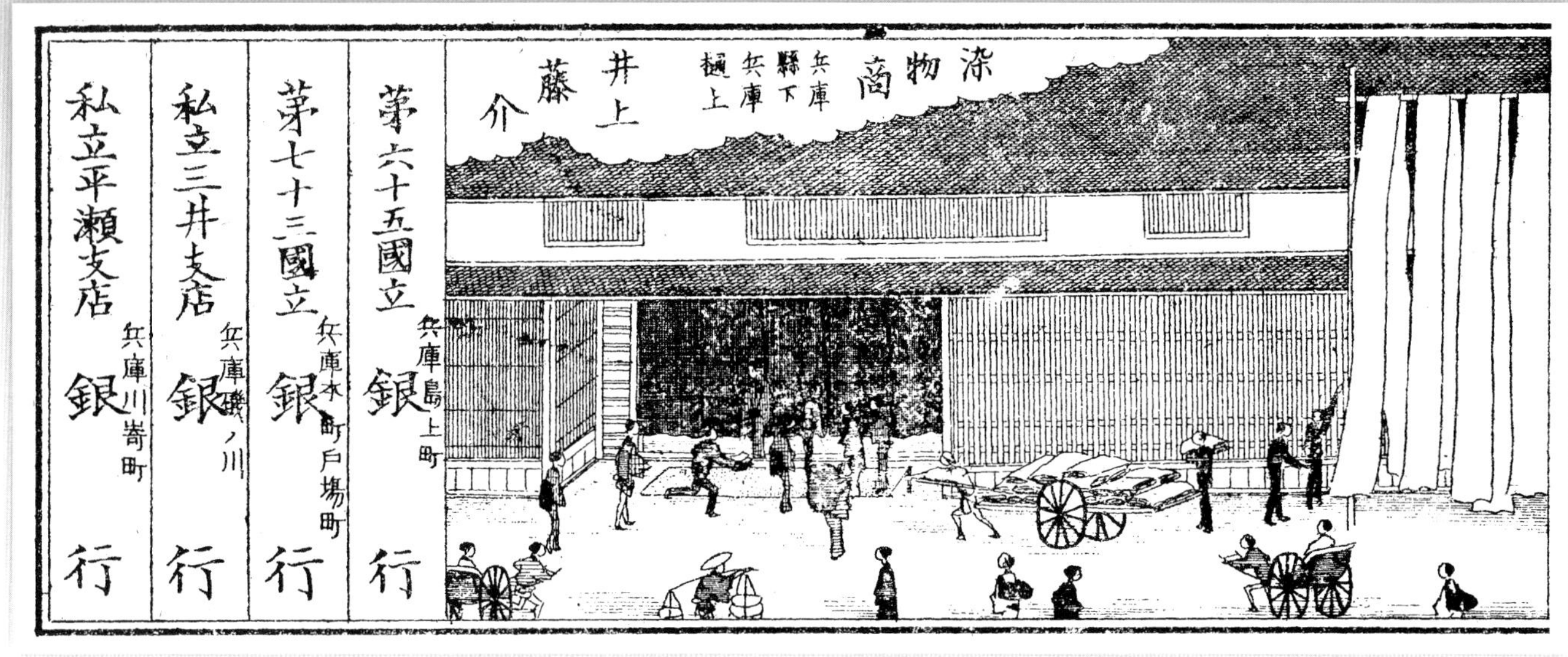

右に染物商井上藤介の店頭を描き左に銀行4行を載せる。染物商の看板は出ていないが、右端の干された大きな反物が目印である。所在地の「兵庫樋上」の現在地は未詳だが、旧湊川の樋の上手が語源と思われ、西出町樋上という地名も見える（131ページ）。第七十三国立銀行は1878（明治11）年に兵庫出在家町で創立を出願したが（27ページ）、1882（明治15）年には戸場町にあったことが分かる。第六十五国立銀行も1878（明治11）年設立、昭和３（1928）年に神戸岡崎銀行（現・三井住友銀行）に買収された。私立三井銀行は1876（明治９）年設立の日本最初の私立銀行である。私立平瀬銀行は第三十二国立銀行の平瀬亀之輔の一族、平瀬保兵衛の兵庫出店だろうか。平瀬亀之輔は大阪の豪商千草屋７代目で日本火災保険社長などを務めた。

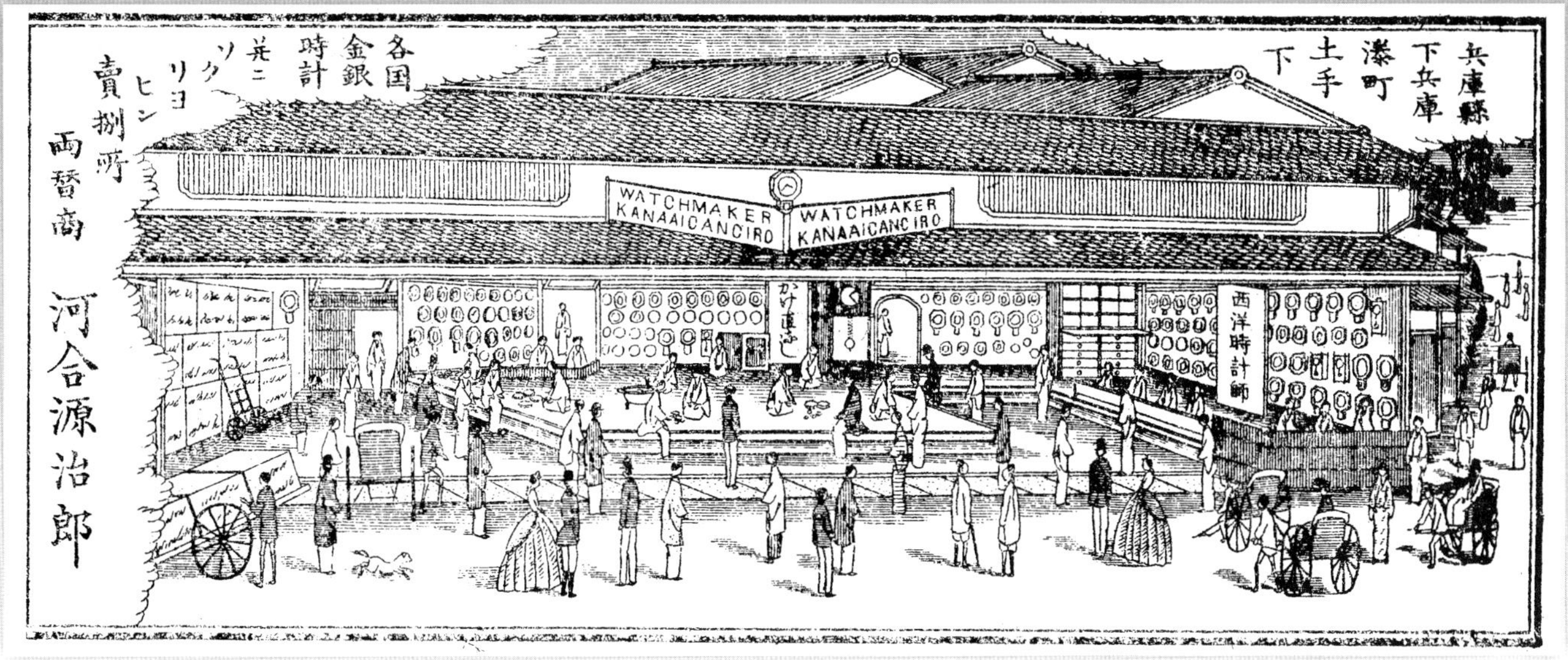

西洋時計師の河合源治郎の店頭のみを描く。近世初頭、南蛮貿易によって日本に西洋時計がもたらされた。日本に現存する最古の西洋時計は、1611（慶長16）年に徳川家康へスペイン国王フェリペ２世から贈られたものである。日本は季節により一刻の長さが異なる不定時法を採用しており、南蛮時計をそのまま用いることはできなかったが、日本人は西洋時計のメカニズムを解析し和時計を作り上げた。明治政府の改暦によって和時計は西洋時計に切り替えられた。構造が異なり、和時計師から西洋時計師への転身は簡単ではなかったが、河合源治郎は西洋時計師を名乗り、英語の看板はウオッチメーカーとなっている。ただ河合を「KANAAI」と誤って表記している。また両替商を兼務し測量品も一緒に扱っているのは興味深い。

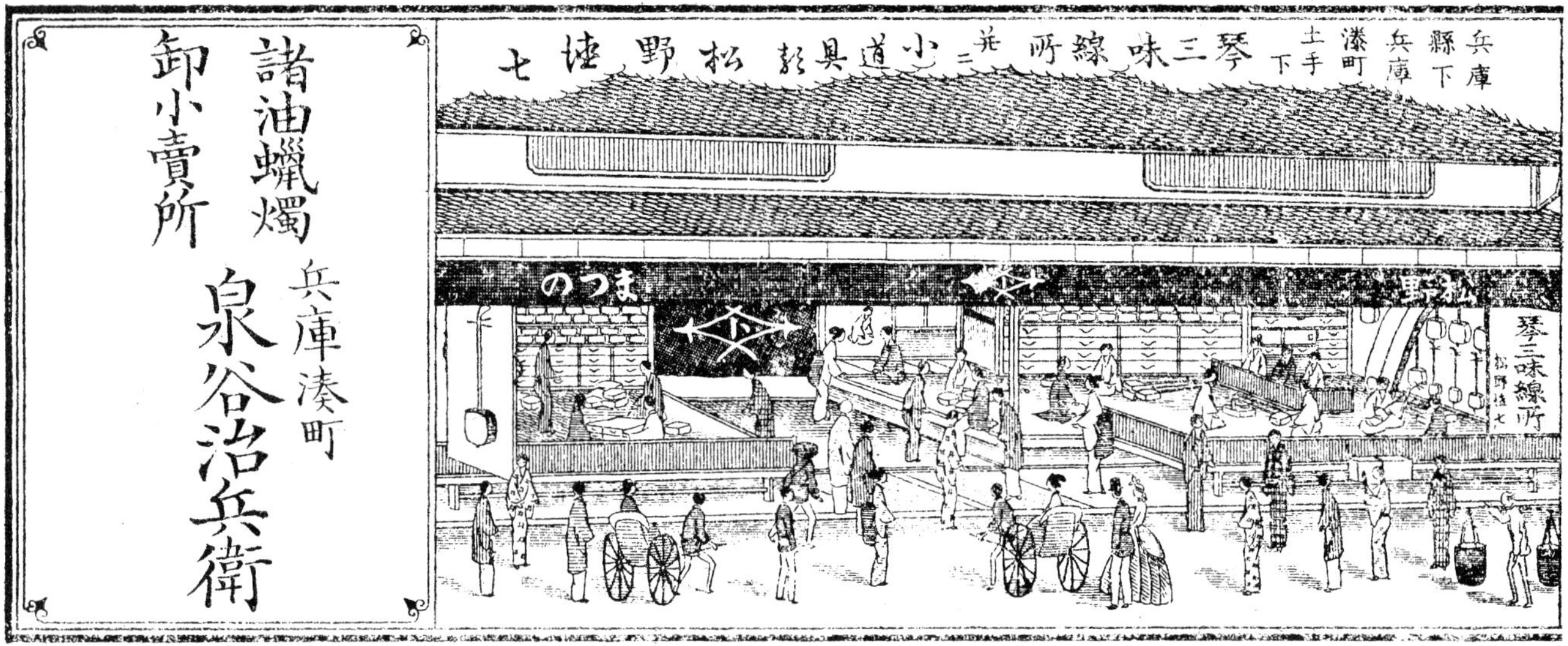

右に松野徳七の琴三味線所の店先を描く。所在地は湊町土手下。旧湊川は天井川になっていて、江戸時代の「摂津名所図会」でも階段を上って堤防を越え、ほとんど水のない河川敷を徒渉《かちわた》りしている旅人を描いている。湊町の中でも旧湊川のすぐ堤防下に店を構えていたのだろう。店の右手前では女性が三味線を弾いている。調弦をしているのか、あるいは音を聞かせて客引きの役目を果たしているのだろうか。奥の壁面には三味線がずらりつり下げられ、一番奥には琴が立てかけてある。左端には三味線を描いた巨大な看板がぶら下げてある。左には諸油ろうそくの卸しと小売りの両方を商う泉谷治兵衛の名前が掲載されている。油は油桶に入れて売り歩くことも多く、こうした行商人に卸したほか、消費者が直接来店しても販売したのだろう。

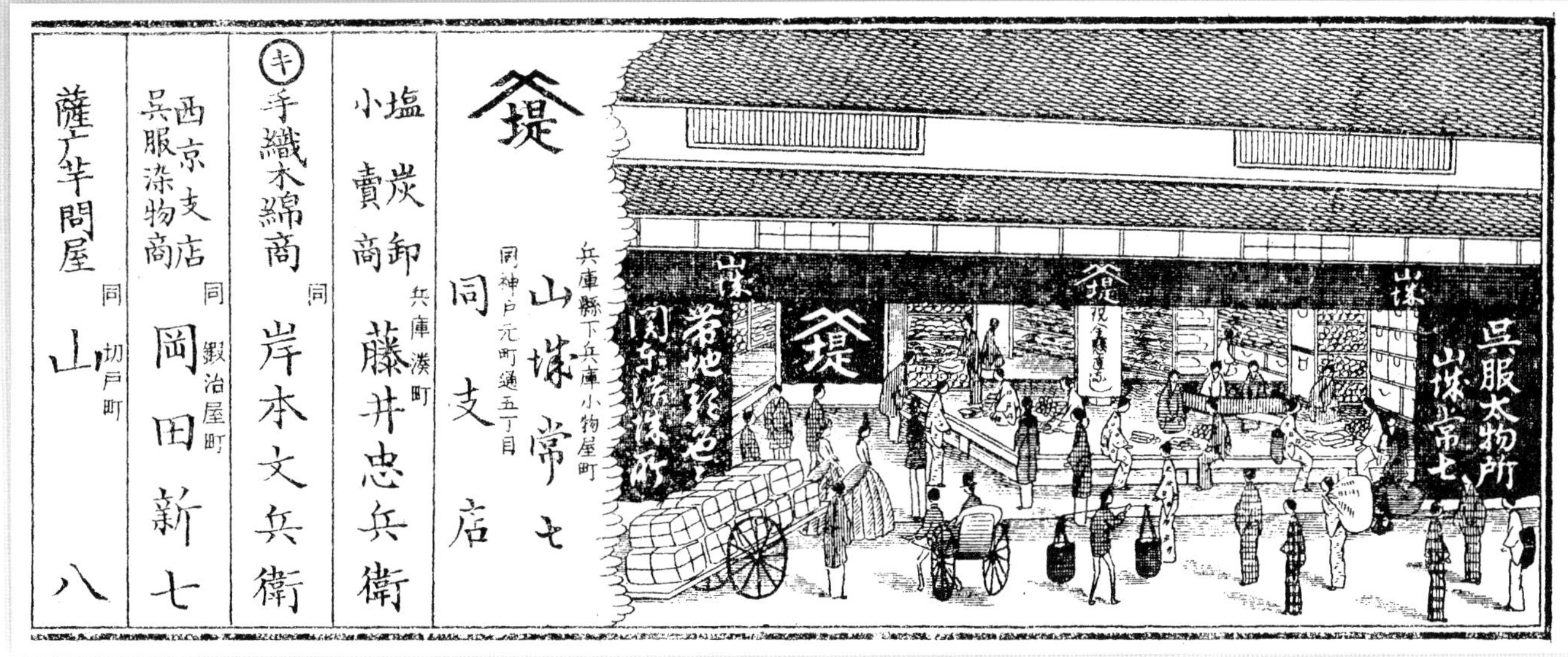

右に呉服太物所の山城常七の店舗を描く。山城常七は小物屋町に本店を持ち、元町通５丁目に支店を設けた。開港でハイカラ文化に関心が移る中、兵庫の中心にあった呉服商が元町通に支店を構えたのである。山城常七は1892（明治25）年には兵庫共済株式会社の役員を務めた。兵庫共済株式会社は、1890（明治23）年和田岬に設けられた私営遊園地「和楽園」を経営した。洋風３階建て、中央に高楼「眺望閣」を持ち、生け簀、魚釣場、商品陳列場、ビリヤード場、子供の遊技場、茶店や休憩所などもあった。1895（明治28）年に京都での内国博覧会に協賛し神戸市が和田岬水族館を設け、払い下げたが、交通が不便で1900（明治33）年に湊川神社に移された。左に塩炭卸小売商、手織木綿商、京都の呉服染物商、薩摩芋問屋の名前を載せる。

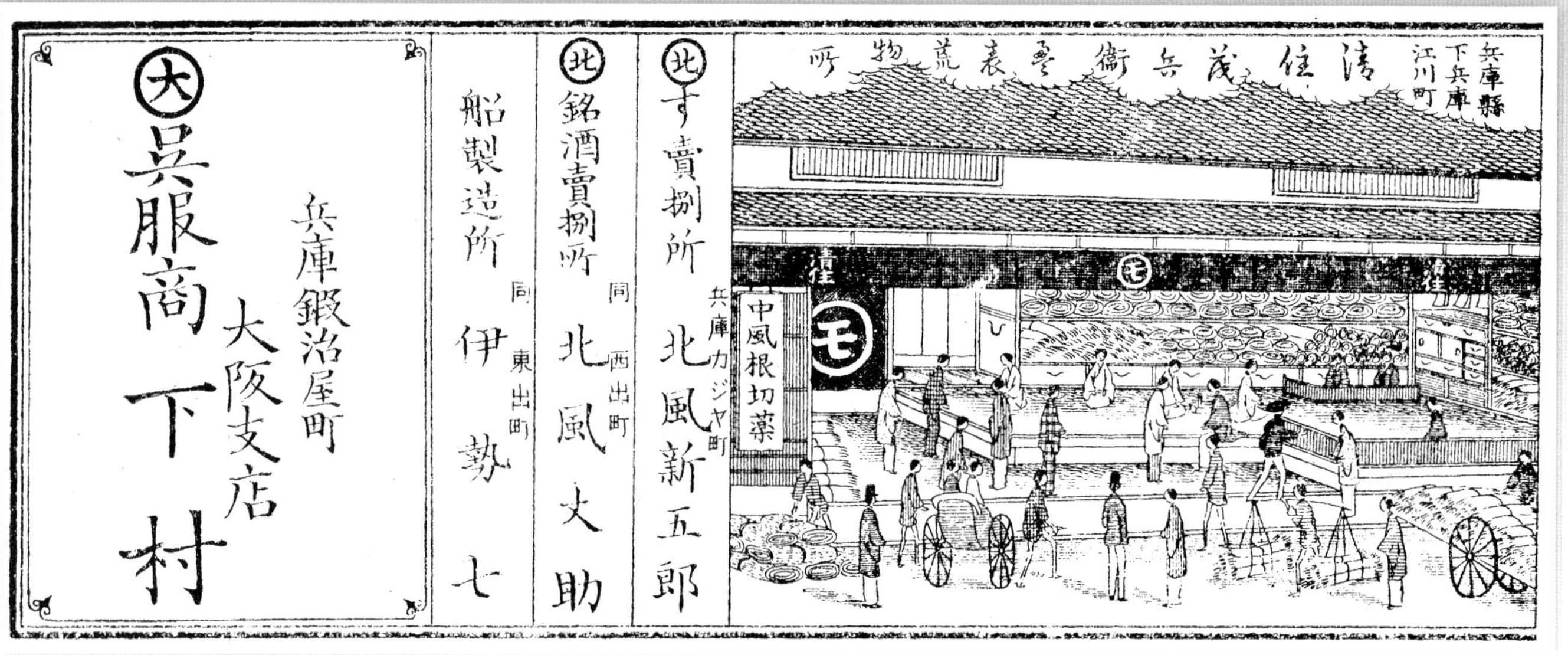

右は清住茂兵衛の店頭で、屋号紋は「丸にモ」。店先には畳表の製品に並んで、原材料のイグサが収められており、畳屋に原材料を直接納入したのだろうか。画面の左端に中風根切薬の看板がある。中風は脳血管障害の後遺症として見られる半身不随、言語障害などを指すが、根切薬を畳表と一緒に販売している。左に「呉服商下村」とあるのは、大丸神戸店の前身である。大丸は1717（享保２）年、下村彦右衛門正啓が京都伏見で古着商、大文字屋を開業し、神戸には、1908（明治41）年元町通４丁目に大丸呉服店神戸出張所を設けた。しかし実は1819（文政２）年から下村家は鍛冶屋町に呉服の外商中心の支店を出し「丸に大」の屋号紋も使っていた。北風丈助は1868（明治元）年に発足した住民による警察組織兵庫隊の小隊長を務めている。

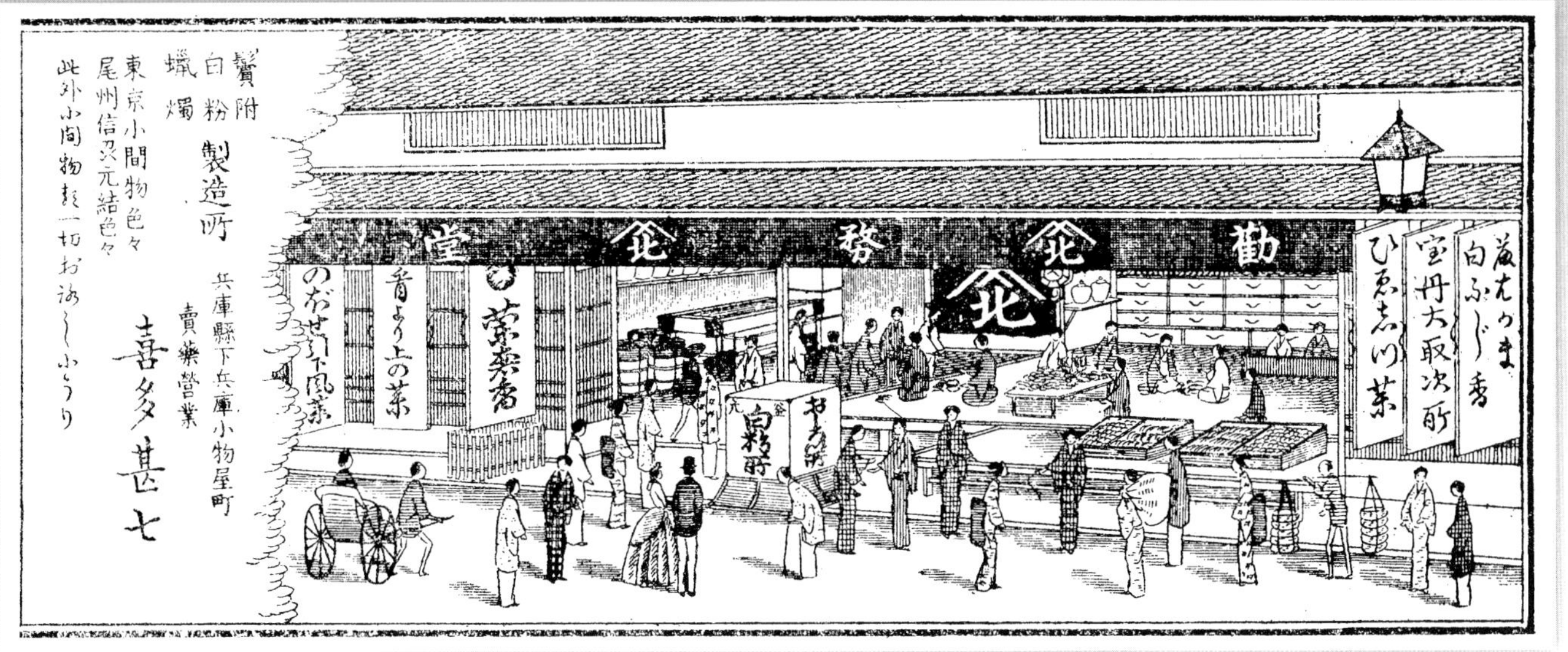

小物屋町にあった売薬業、喜多甚七の店頭で、屋号は観務堂。看板によれば、更年期障害の「のぼせ」引きおろし薬や、守田治兵衛が1862（文久２）年オランダ人医学者の処方からヒントを得て発売したコレラ予防薬・宝丹の取次所である。右端の看板の「ひゑしつ薬」は梅毒の治療薬である。梅毒はヨーロッパから中国や琉球を経由して日本に入ったので「唐瘡《とうそう》」「琉球瘡」とか、「ひえ」「ひつ」とも呼ばれた。薬のほか鬢附油・白粉など化粧品やろうそくの製造も行う。蘭の花と麝香《じゃこう》鹿から取った蘭奢香《らんじゃこう》の看板も大きい。店頭の中央には「釜元白粉所　おしろい所」という文字が大書された行灯看板が目を引く。東京の小間物、髪の髻《もとどり》を結び束ねる尾張や信濃産の元結など、小間物も扱う卸小売商であった。

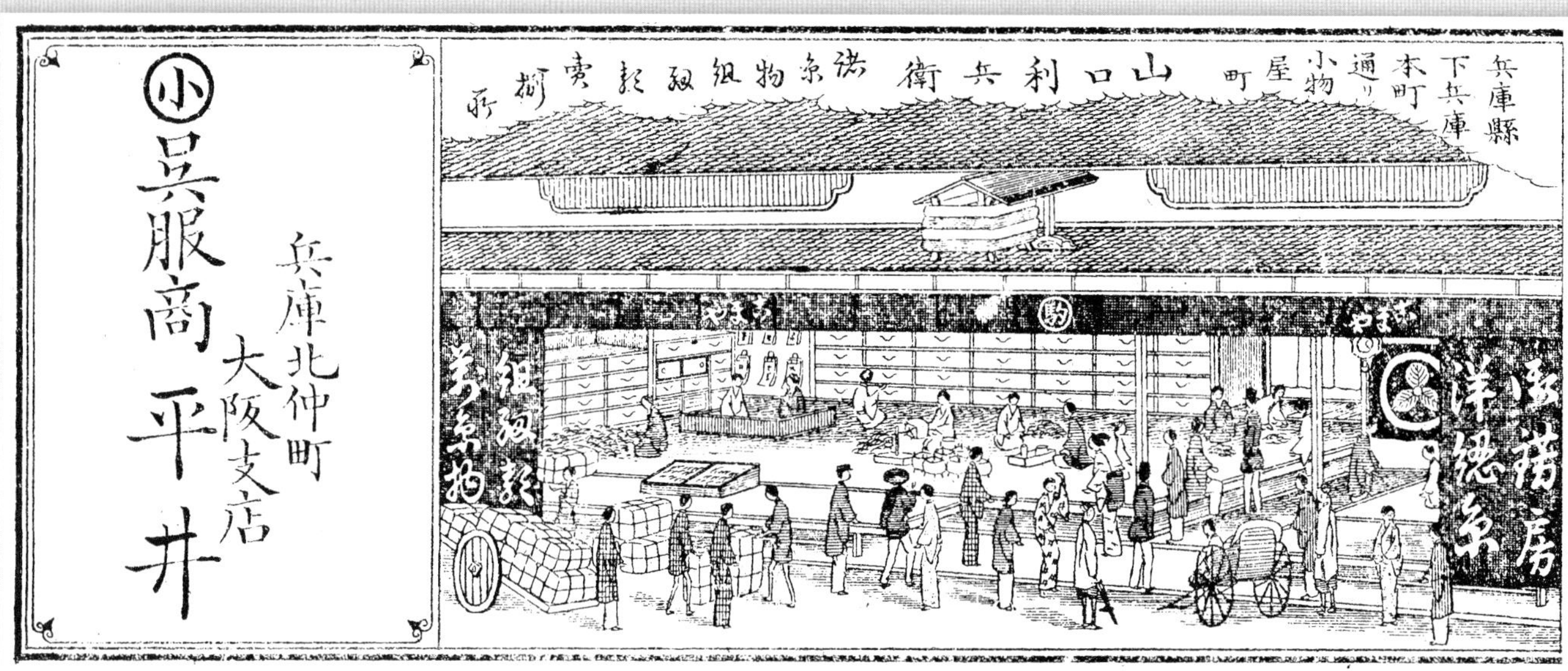

右に山口利兵衛の店頭を描く。糸物は織物で、ほかに組紐類、飾り房、西洋かせ糸などを扱う。屋号は「こまや」、屋号紋は「丸に駒」なので、駒屋利兵衛である。左に呉服商平井の広告があるが、大阪の小橋屋《おばしや》のことである。1820（文政3）年の「商人買物独案内」や、1846（弘化3）年の「大阪商工銘家集」によれば、三井越後屋（三越）、大丸、岩城升屋、平井小橋屋が大坂を代表する4大呉服商。江戸時代後期の「浪華名所独案内地図」にある「丸に小」の屋号紋が小橋屋である。小橋屋は、坐摩神社前の通りにあった古着商から身を起こし、宝暦年間（1751～64）に南御堂南側に出店した。1925（大正14）年、鉄筋コンクリート造り5階建ての小橋屋呉服店神戸支店ビルが建設され、現在登録有形文化財、松尾ビルとして現存する。

1819（文政２）年創業の蒲鉾店三笠屋太兵衛の店頭である。「別製 細工蒲鉾 御好次第」の看板が掛かり、付加価値にこだわっている。店の土間には大きな井戸がある。店頭では二人がかりで大きな石臼で魚をすりつぶす作業を公開している。右手では机を挟んで多くの人が向き合っている。すぐ横には大きな臼があるから、すり潰した魚を整形しているのだろうか。左手奥には水槽があり、生魚を客に見せている。同社は材料をハモにこだわり、蒸したのちに焼き色を付ける製法ではなく、生から焼き上げる焼き通しと呼ばれる製法で、１枚ずつ手造りで仕上げる。阪神・淡路大震災で工場が全壊したものの、2000（平成12）年に同じ場所で新工場と社屋を再建した。『豪商神兵 湊の魁』記載の店舗のうち数少ない現存企業である。

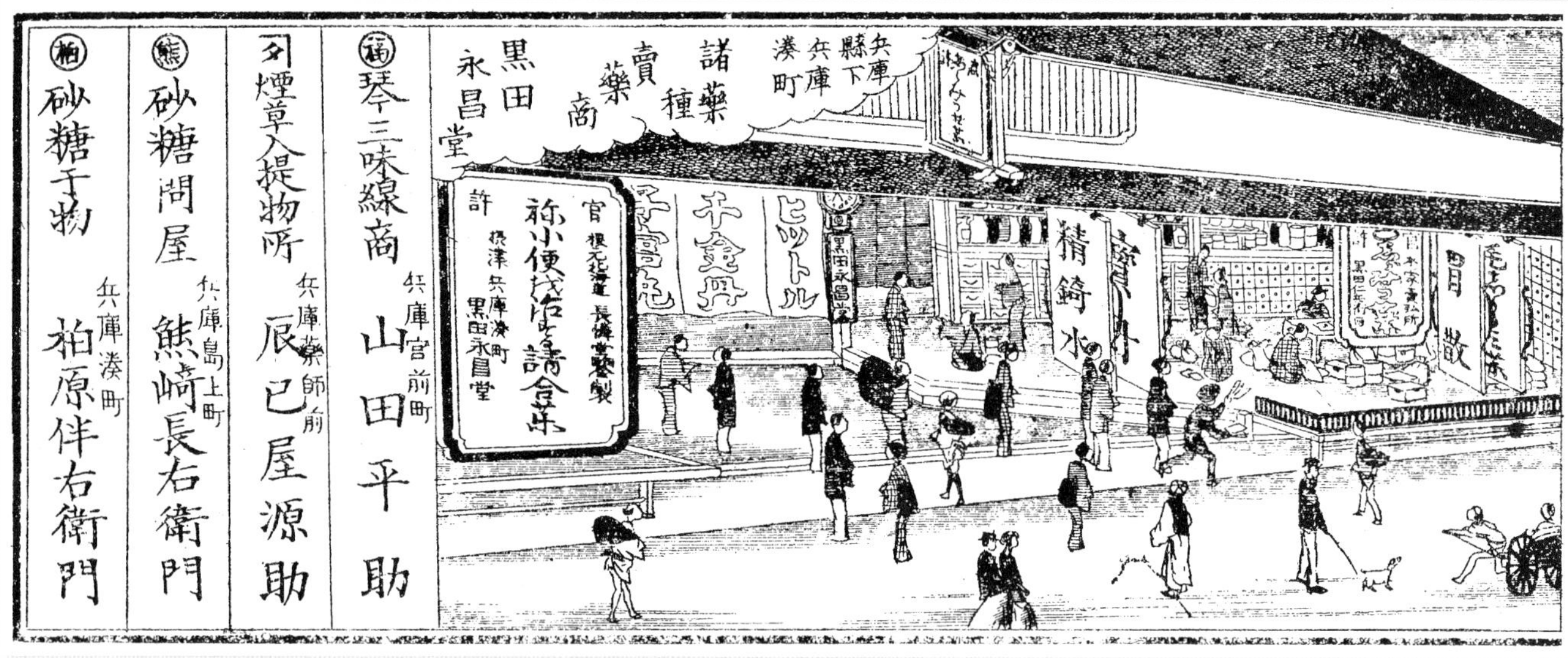

諸薬種売薬商の黒田永昌堂の店頭で、看板に黒田仁兵衛の名前が見える。左端には「官許根元北海道」の寝小便を直す薬の看板。北海道には北方系薬草約250種があるという。子宮丸は末野権之輔が1877（明治10）年唐物町（大阪市東区）で創業した売薬本舗「末野八木堂」の商品で、同社は昭和貿易株式会社として存続。千金丹は肥前売薬の主要品目の一つで、朝鮮から対馬藩へ伝わったという。食傷、霍乱、溜飲、痰飲、舟車酒酔い、頭痛、胸痛などに効用がある。精錡水は我国初の西洋目薬。岸田吟香が1864（元治元）年に目を病み、ヘボン博士の治療を受けて助手となり、日本初の英和・和英辞典『和英語林集成』の出版を手伝いながら、1866（慶応２）年ヘボン博士から伝授された精錡水の販売を横浜で始めた。左に４人の名前を載せる。

船具商、大松藤右衛門の店頭である。屋号紋は「山にト」である。大松藤右衛門は、1890（明治23）年９月16日、和歌山県東牟婁郡大島村（現・串本町）沖でオスマン帝国のフリゲート艦エルトゥールル号が台風により遭難、約500 人の乗組員が死亡、69人が生還した海難で献身的にかかわった。海難における国と地方の連携、日本赤十字社や外国人に対する義援金活動の先例となった。海底に沈んだ遺品を引き上げるボランティア活動も展開され、ドック会社を経営していた大松藤右衛門が無償で引き揚げをすることを申し出て、大島村へ赴いたことが新聞報道で知られる。1891（明治24）年に現地に慰霊碑も建立され、碑文に大松藤右衛門の活躍も刻まれている。大松藤右衛門は1892（明治25）年に神戸市議に当選したが翌年死亡した。

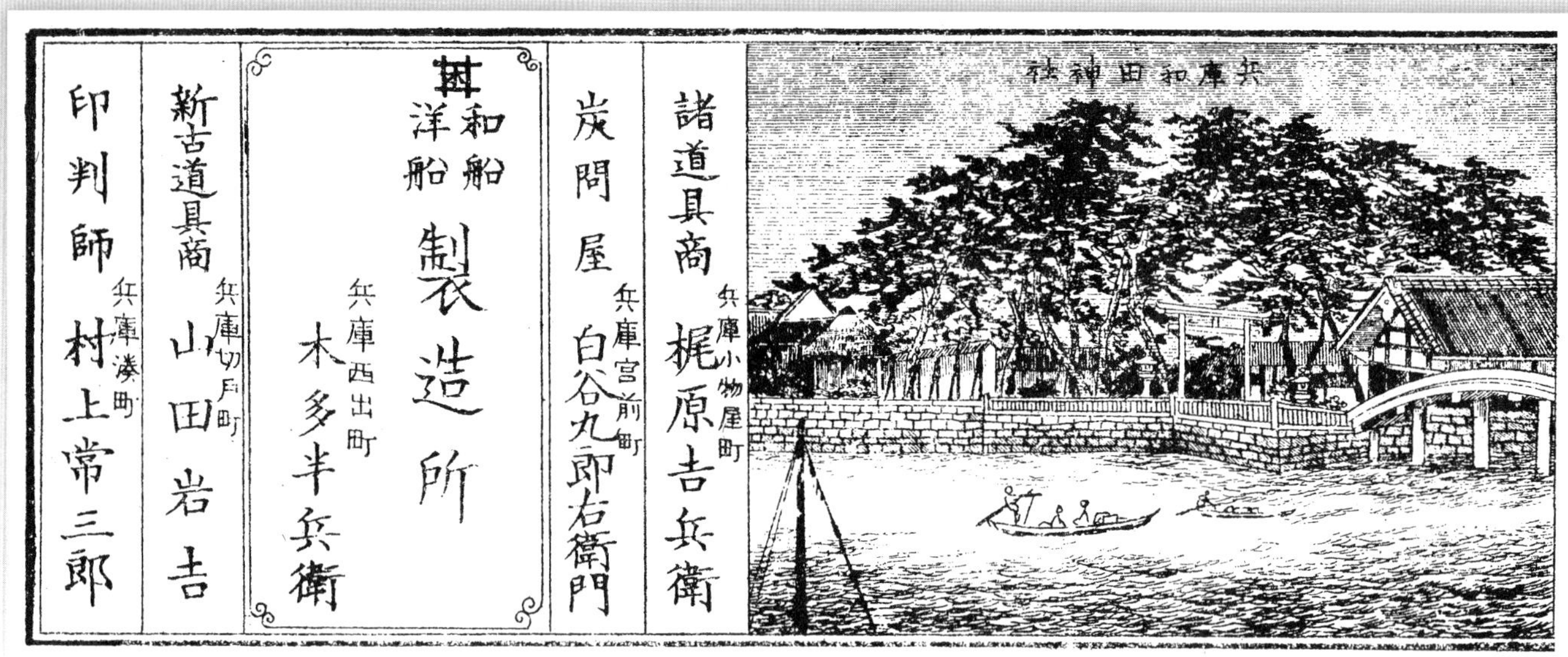

和田神社は、現在は和田宮通にあるが、1893（明治26）年に三菱造船所の工場建設が決まり1902（明治35）年にかけて移転したもので、貴重な移転前の景観である。1796（寛政８）年の「摂津名所図会」や明治時代の「兵庫和田御崎和田神社全図」（神戸市立中央図書館蔵）などの史料もあるが、いずれも神社の北側からの構図で、ここに描かれている南側の構図は珍しい。「兵庫和田御崎和田神社全図」と比べながら、この銅版画を見ると、太鼓橋の奥に見えるのは絵馬堂である。銅版画には鳥居の前に石灯籠が描かれているが、「兵庫和田御崎和田神社全図」には描かれていないのも大きな違いである。左端に兵庫湊町の村上常三郎という印判師の名前があるが、「摂州須磨浦一ノ谷真景細見」の木工師、兵庫の村上荘七郎の関係者だろうか。

川西善右衛門は、江戸時代以来の北前船の問屋で、屋号淡路屋で知られる。屋号紋は「山に上」である。雑穀・海産物問屋も営んでいた。描かれている店頭は店先で客が忙しげに商談し、荷車や馬で次々と荷物が運び込まれ、蔵に収められている。主要商品は、砂糖・昆布・四十物《あいもの》・乾物・雑穀で、四十物とは「相物・間物・合物」と書き、サンマやアジの開き、カマス、カレイ、ゆがいたイカ、キスの浜焼きなどの干物をさす。鮮魚と塩漬け加工品の間で、四十種類ほどあり四十物という文字を宛てたという。神戸の生んだ版画家、川西英（1894～1965）の実家としても有名である。川西英は商家の賑やかな雰囲気の中で育ち家業の傍ら版画制作を行い兵庫県文化賞、神戸新聞平和賞を受賞。外国人や文物に触れ感性を磨いたともいえる。

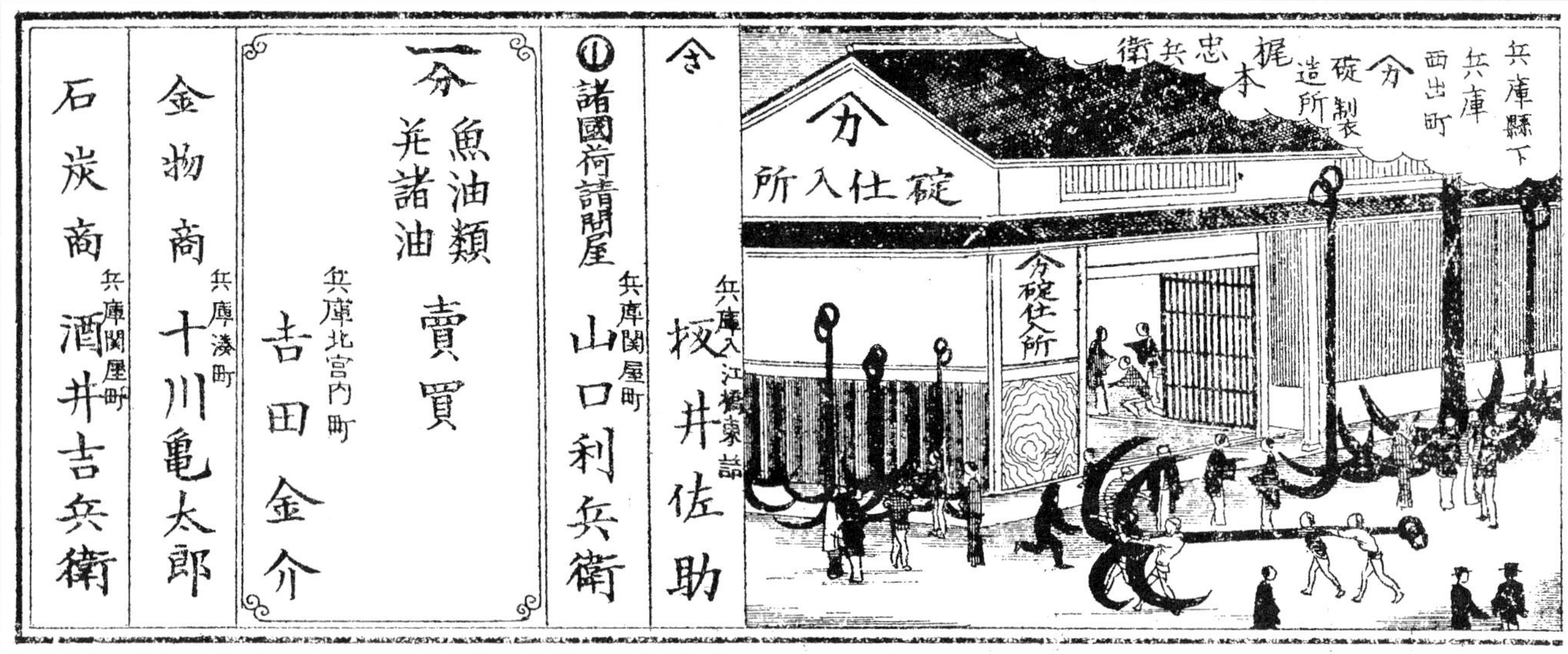

碇《いかり》製造所の梶本忠兵衛の店を描く。碇の製造販売だけで業が成り立つほど、この時点で造船や船の修理が盛んだったことがうかがえる。屋号紋は「山にカ」である。右側には二階にまで届く大きな碇が立てられており、店の前は三人がかりで碇を運んでいる。碇といえば、ライトアップされた錨山が市民に親しまれている。1903（明治36）年訓練を終えた連合艦隊が神戸港に集結し、明治天皇が神戸港で観艦式を行った。このとき、市民が提灯行列を行い、小学生らが美濃紙国旗で60間（109メートル）の錨を無名の山の中腹に飾ったことから錨山と呼ばれるようになった。左に５人の名前を載せるが、山口利兵衛は、江戸時代には屋号山屋で諸問屋や材木商なども務めた家が史料に登場する。その子孫だろうか。

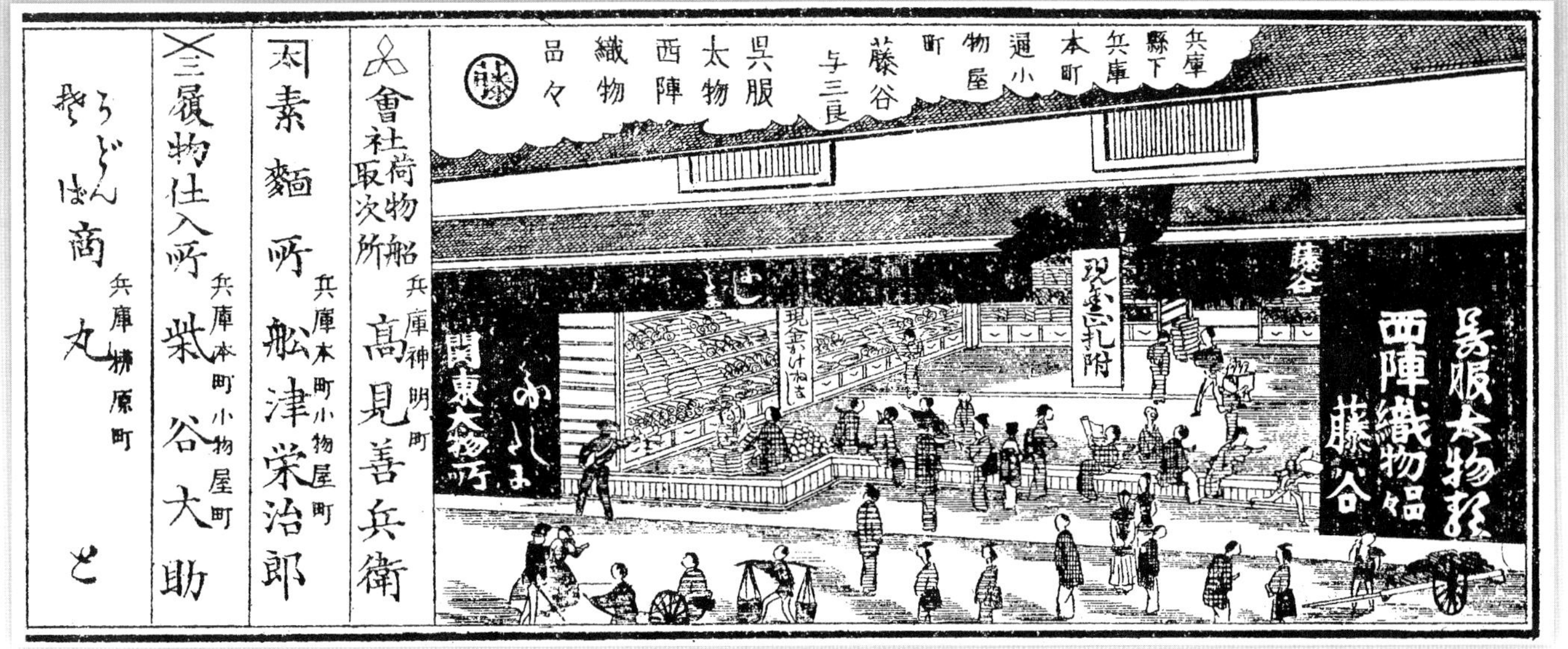

当時兵庫の中心地にあった小物屋町の呉服店、藤谷与三良の店頭である。屋号紋は「丸に藤」である。呉服太物類、西陣織物品々などの看板に並んで「現金正札附」「現金かけねなし」の札が下がる。「現金掛け値なし」の商法を始めたのは、1673（延宝元）年、江戸に呉服店を開いた越後屋（のちの三越）三井高利である。それまで呉服は定価がなく客との駆け引きで値段が決まる仕組みで、支払いも盆暮れに支払う方法で、一見客には売らない商法だった。三井高利はこれを改め薄利多売を目指したのである。それまでの商慣行と異なることから同業者から迫害を受けたが、やや遅れて大丸百貨店の祖となる下村彦右衛門（86ページ）も三井高利の商法を真似て成功した。兵庫津でも普及した商法だったのだろう。左に４人の名前を載せる。

尺度《さし》とは長さを測るものさしで、兵庫製・堺製・大阪製・三木製を扱っている。店頭左手には直角に曲がった曲尺《かねじゃく》が大量に置かれている。曲尺は大工などが使う金属製のものさしで、金物や大工道具の特産地だった三木や堺で生産された。升は、今は岐阜県大垣市が産地として有名だが、兵庫製・大阪製・堺製・和歌山製・尾張製・埼玉製を上げている。和歌山や尾張は木工の産地だからである。はかりは兵庫製・大阪製・堺製の製品を扱っている。店内の右手奥の壁面には棹秤や分銅が棚にびっしり並んでいて、宮下宗右衛門商店の主力商品だと分かる。その奥に長い棒のようなものが描かれるが、大型の棒ばかりだろう。酒屋・米屋開業諸道具類も扱っていて、大量の米の計量をする酒造家と取引が多く、周辺商品も扱ったのだろう。

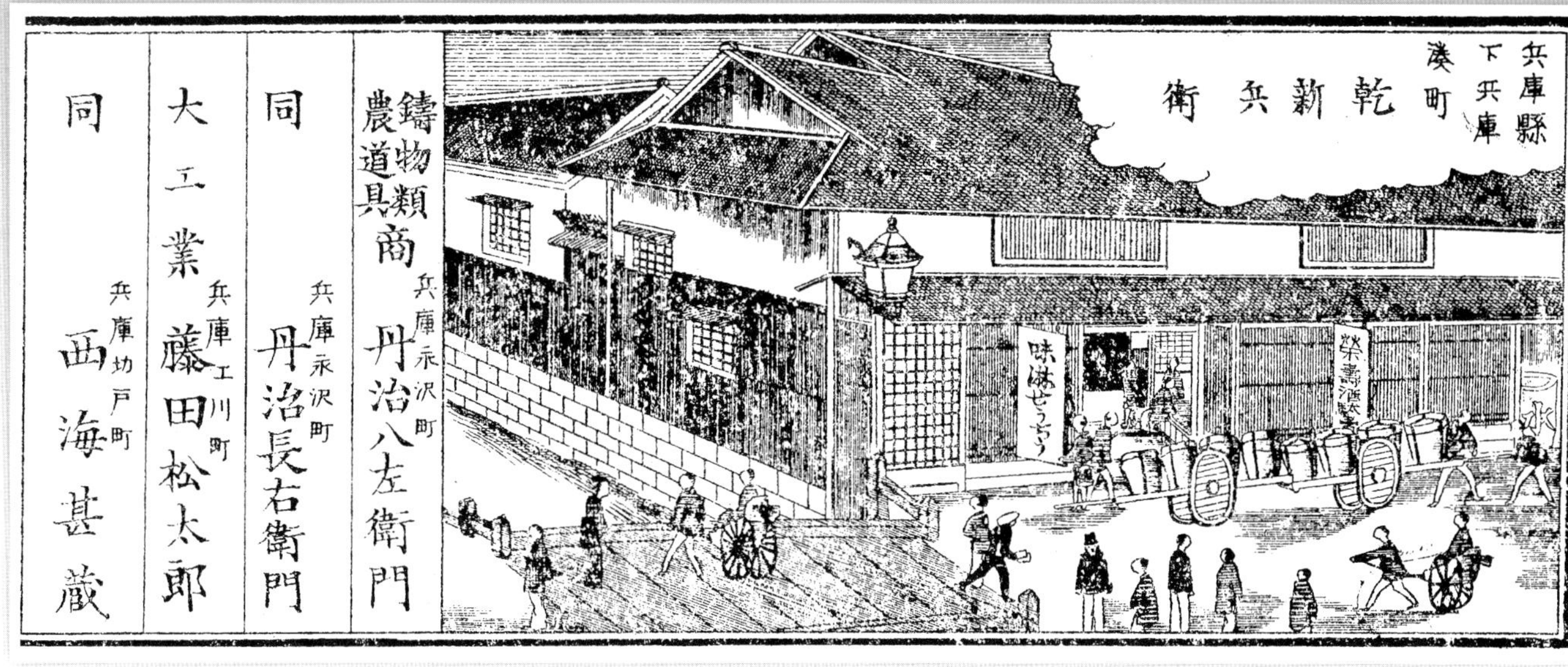

海運業で成功した乾新兵衛（1862～1934）は、北野村の前田甚兵衛家に生まれ幼名は鹿蔵。12歳で兵庫湊町の酒造・味醂醸造業の乾家に奉公に入り、いったん店を出て様々な職業を経て約10年後に戻り、未亡人ヨソの養子になり三代目新兵衛を襲名した。酒造業の傍ら海運業に進出。1908（明治41）年に乾合名会社を創立して第１次世界大戦の好景気で成功、「神戸海運五人男」と呼ばれた。明治信託株式会社社長も兼ねた。ここに描かれる乾新兵衛家は先代の時代の店の景観である。店頭に「味淋せうちう（焼酎）」、右手には「榮壽」という酒駄売り（138ページ）の看板が見える。左に４人の名前が見えるが、そのうち鋳物類農道具商の丹治長右衛門、丹治八左衛門は江戸時代から続く商人で、屋号は金屋。長右衛門家は町年寄も務める家柄だった。

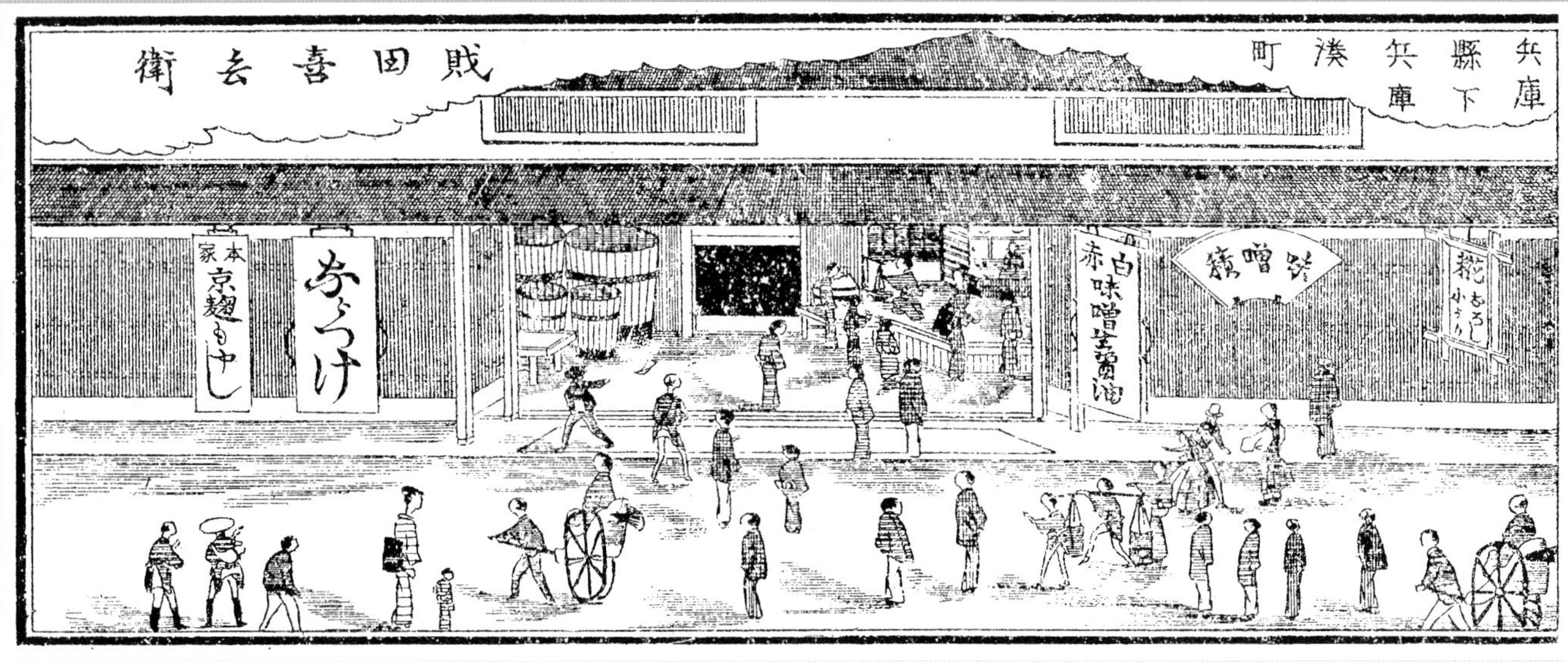

味噌、糀《こうじ》（麹）などを製造販売する財田喜兵衛の店頭である。店の奥には巨大な桶が置かれ味噌や生醤油を醸造していた。「白赤味噌　生醤油」「糀（麹）おろし　こうり」「ならつけ」の看板に並んで「本家　京麹もやし」と、聞き慣れない看板が見える。味噌や醤油、日本酒に麹菌は不可欠で、戦前までは醸造家に麹菌を売る種麹屋という商売があり、業界で「もやし屋」と呼んだ。味噌や麹や奈良漬などの商品だけでなく、種麹も売るという業態だったことがうかがえる。生醤油は、もろみを搾った後に火入れせずろ過のみを行った醤油で「なましょうゆ」と呼び、料理業界の用語「きじょうゆ」とは別なものである。財田喜兵衛は江戸時代から湊町で商売をしており、錺屋《かざりや》喜兵衛の名前で営業していた。

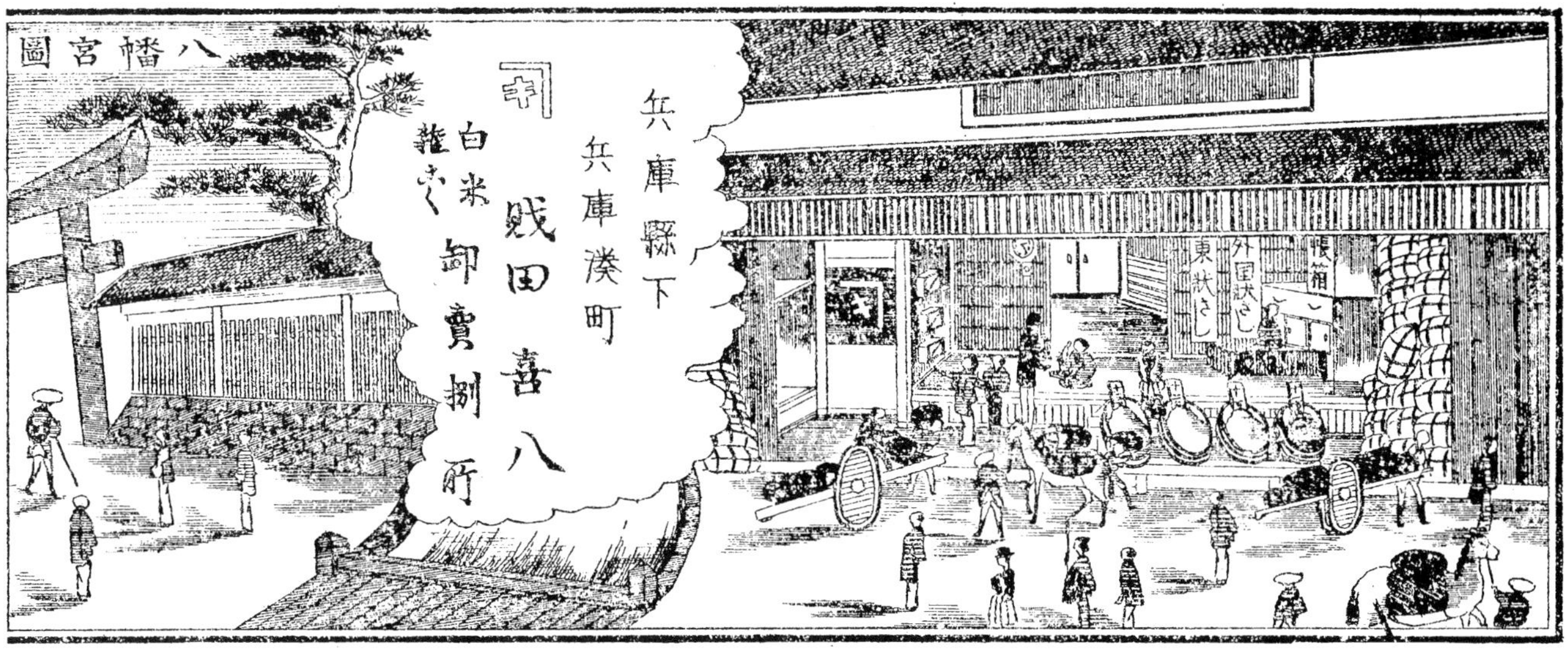

　白米・雑穀を扱う財田喜八の店頭である。屋号紋は「差し金にキ」。店頭にはたらいのようなものが斜めに立てかけられている。各地の米や雑穀の見本が並べられているのだろうか。俵を背負った馬、荷物を山積みにした大八車が２台、店先に横付けされている。店の奥には「外国状さし」「東状さし」の看板が見える。江戸時代は、米の商いは相場が命で、どこで高騰しどこで下落しているか、その情報を早くつかむことが重要で、海外や関東からの情報が豊富にきていることの証である。左に描かれている八幡宮は、湊口の惣門をくぐってすぐにある湊八幡神社である。尼崎藩の兵庫奉行の支援で社殿を改築したという。西国街道の兵庫津への北からの入口で、迷い子を探す張り紙をする迷子のしるべ石がある。戦災で破損したが修復した。

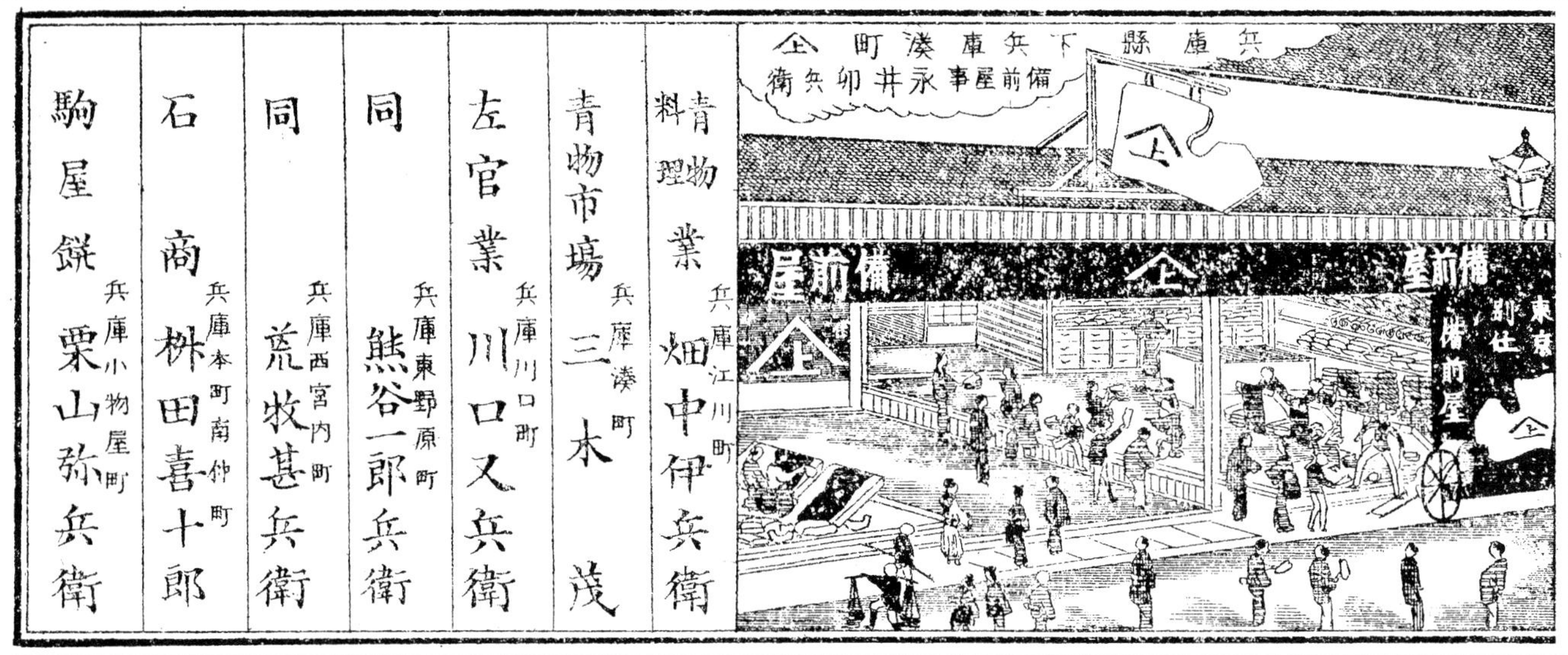

備前屋こと永井卯兵衛の店頭である。業種は書かれていないが、店頭の看板に「東京別仕」とあり、店の右奥には反物のようなものが描かれ、斜めの台の上で作業をする人が描かれているから、呉服屋だろうか。屋号紋は「山に上」。ほか7人の人物名が掲載されている。畑中伊兵衛の青物料理業は、野菜を売りつつその場で食事もできるという業態だろうか。また川口又兵衛の兵庫川口町は、三川口町か川崎町の誤りだろうか。また熊谷一郎兵衛は東野原町となっているが、東柳原町に熊屋市郎兵衛なる人物が居住していた史料があり、東柳原町の誤りではないだろうか。小物屋町の栗山弥兵衛の業種には「駒屋餅」と書かれていて、餅を商う駒屋弥兵衛だろう。「岡方文書」に小物屋町に駒屋弥兵衛の名前が見える。

西宮内町にあった北海産物・昆布類・四十物《あいもの》類・諸品売捌問屋の藤井半七の店頭である。「平半事」と注釈がついていて、店には「山に平」を染め抜いた暖簾がかかっている。「岡方文書」によると西宮内町には江戸時代には平野屋という屋号の商家が何軒か登場することから、その一統だろう。ただ、兵庫津を代表する商家を掲げた1861（文久元）年の「兵庫市中諸名家独案内」や1862年の「商家繁栄歳中日用記」には登場しないから、トップクラスの問屋だったわけではない。それでも店構えは立派で、左手には俵に詰めた海産物が山積みされている。店の外、右側には弁髪姿の中国人や山高帽の男性、ドレス姿の女性などがずらり並んで外国人客はほかの店よりも多く描かれ、この店は海産物の輸出に関わったのだろうか。

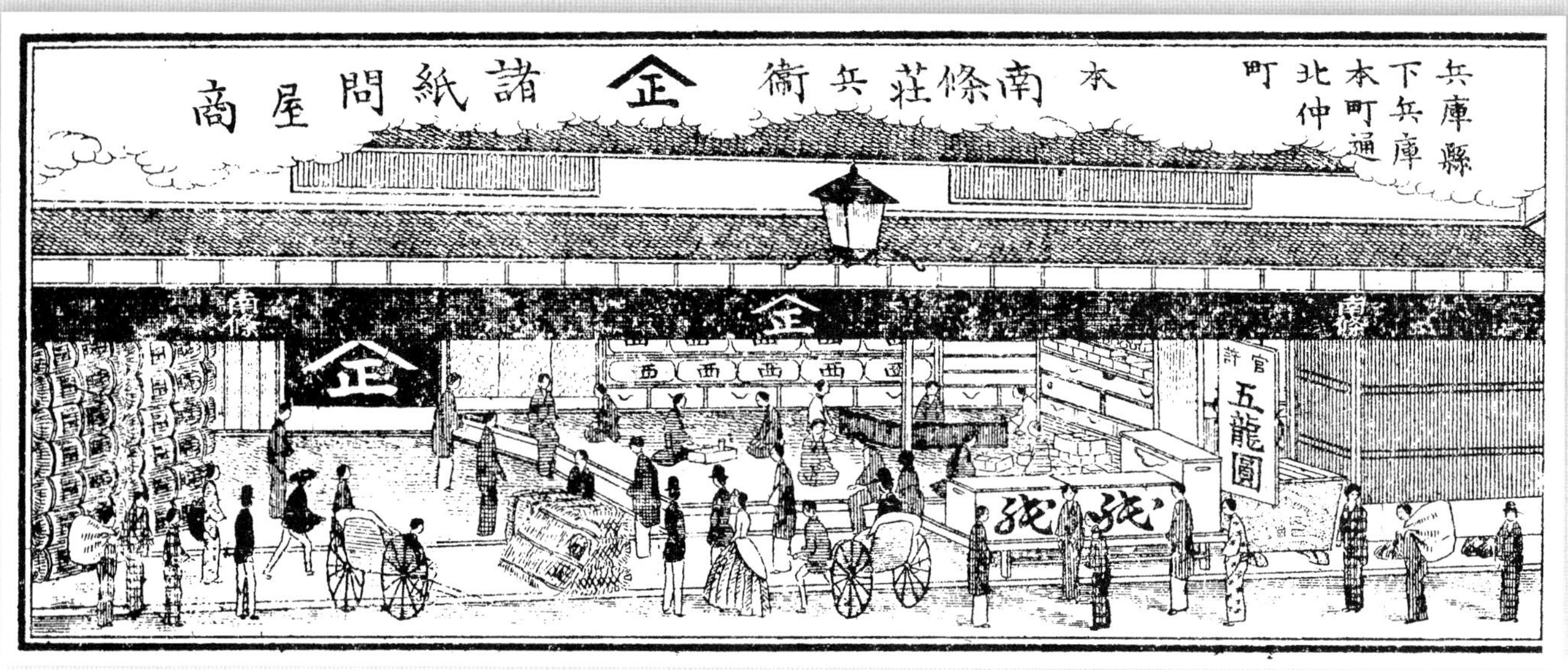

紙問屋の南條荘兵衛の店頭である。南條荘兵衛は1891（明治24）年に、能福寺に初代兵庫大仏を寄進した商人として知られる。奈良・鎌倉に並んで日本三大大仏に数えられ、絵葉書などにも盛んに取り上げられたが、1944（昭和19）年に金属類回収令で供出された。費用不足で事業が中止されることを懸念した住職加藤慈晃に対し、荘兵衛は「資産すべてを投げ打っても悔いはない」と答えて始まったという。姫路の鋳物師尾上久三郎が担当し、1889（明治22）年10月に起工した。石台３メートル、仏身8.5メートル。経費は当時の金額で１万円余り、信徒の寄進が3000円だったという。また銅鏡１万面余り、金属3750キロ余りの寄贈があった。体に比べて頭部が大きい、特色ある大仏だった。1991（平成３）年に再建された。

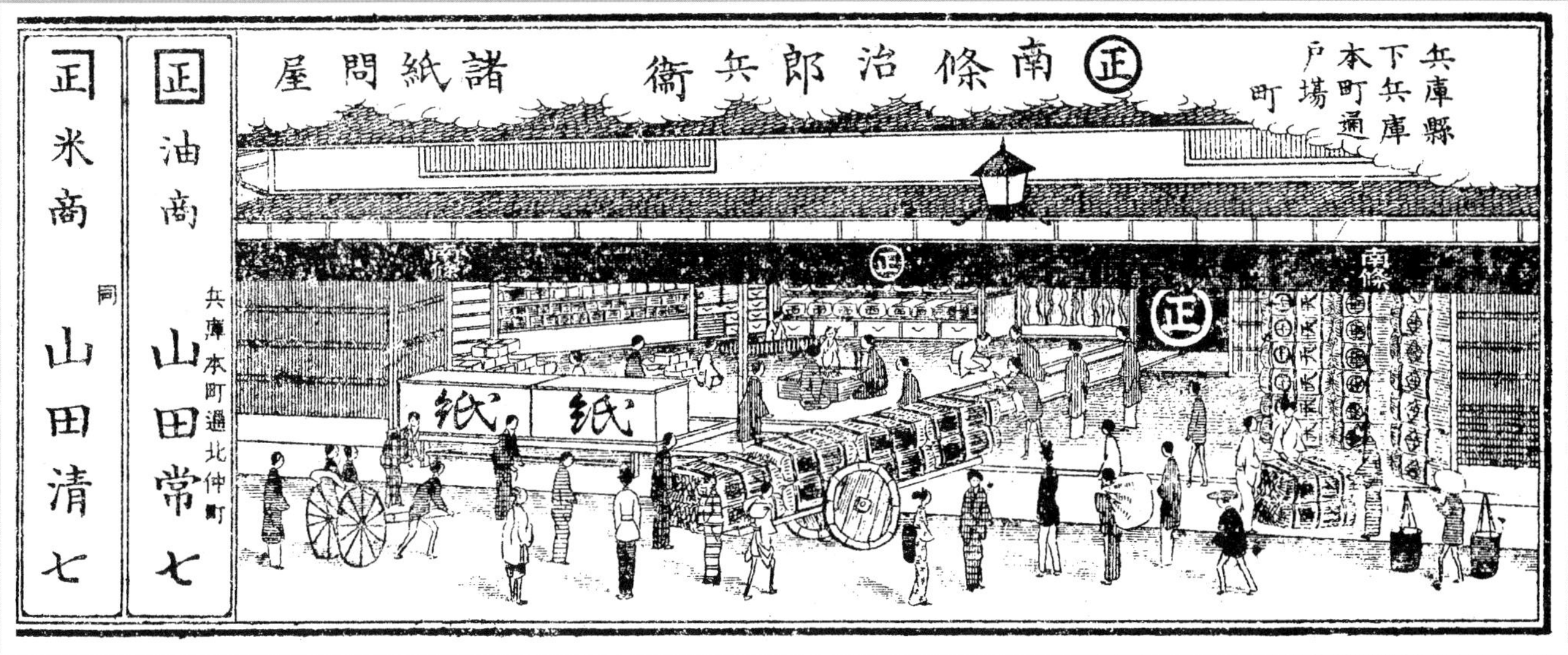

右に紙問屋、南條治郎兵衛の店頭を描く。暖《の》簾《れん》を見ると屋号紋は荘兵衛が「山に正」であるのに対し、治郎兵衛は「丸に正」になっており、おそらく同族だろう。店の奥に並ぶ商品に「西」と書かれていて共通の商品を扱っている。なお兵庫津の南條家といえば、岡山藩や高松藩の浜本陣を務め、南條新右衛門もしくは新九郎を代々襲名した網屋が有名である。南浜一体に一族が多くいたという。ただ『西摂大観』は、南條新九郎について「兵庫の南條荘某とて大仏を企てし家とは全く親戚に非ずといふ」と書いている。戸場町となっているが、もとは木場町・木戸町だったが、1873（明治６）年に合併、1977（昭和52）年まで続いた。油商山田常七、米商山田清七の名前が掲載され、業種は違うがいずれも「正」を屋号紋に使っている。

長田神社の参道から拝殿を描いている。鳥居はなく、松にしめ縄をかけて神域を区切る。「摂津名所図会」「播州名所巡覧図絵」なども同じで、江戸時代からそうだった。『西摂大観』は「両側に蟠屈せる老松の双立するありて宛《あたか》も門柱の如く相対して社殿の景致を添ふ」と記述、写真を掲載する。松に結んだしめ縄や左手に並ぶ灯籠、拝殿の距離感など、構図が酷似する。『豪商神兵 湊の魁』の銅版画描写の正確性を分析できる構図の一つである。画面の左側に大きく「～二年第九月」「～橋新築地」と読める碑が大きく描かれている。「第九月」という表現から明治以降と思われ、1879（明治12）年９月竣工の八雲橋の築地完成碑だろう。八雲橋は苅藻川に架かり『西摂大観』は「頗る壮麗」と表現している。左にははかり製作所を掲載する。

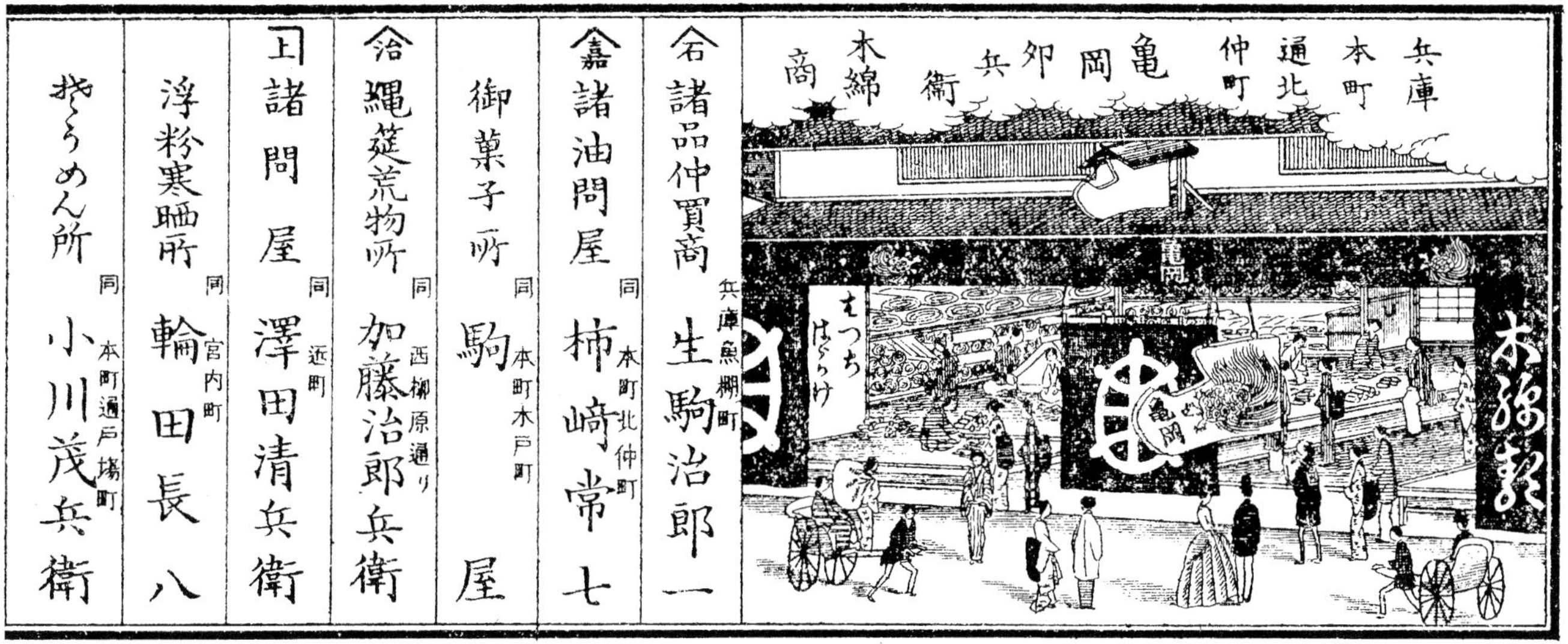

木綿商亀岡夘兵衛の店頭を描く。「はつち」とあるのはパッチで当て布。「はらかけ」は寝冷えを防ぐため胸から腹にかけて覆う布で、木綿商ながら、木綿だけでなくこうした商品も扱っていることが分かる。長寿を願って亀の甲や亀を看板の意匠に取り入れている。左には生駒治郎一・柿﨑常七・駒屋・加藤治郎兵衛・澤田清兵衛・輪田長八・小川茂兵衛の名前が見える。このうち澤田清兵衛は、日本米穀輸出会社の取締役を経て1890（明治23）年には社長として名前が確認できる。1896（明治29）年日本毛織の設立免許願を小曾根喜一郎と共同提出した。ほかに山陽煉瓦やマッチの開栄社長などを兼ね、第１回市会議員も務めた財界人である。駒屋はよく使われる屋号で、『豪商神兵 湊の魁』にも旅館、糸物売捌所、餅屋などを掲載する。

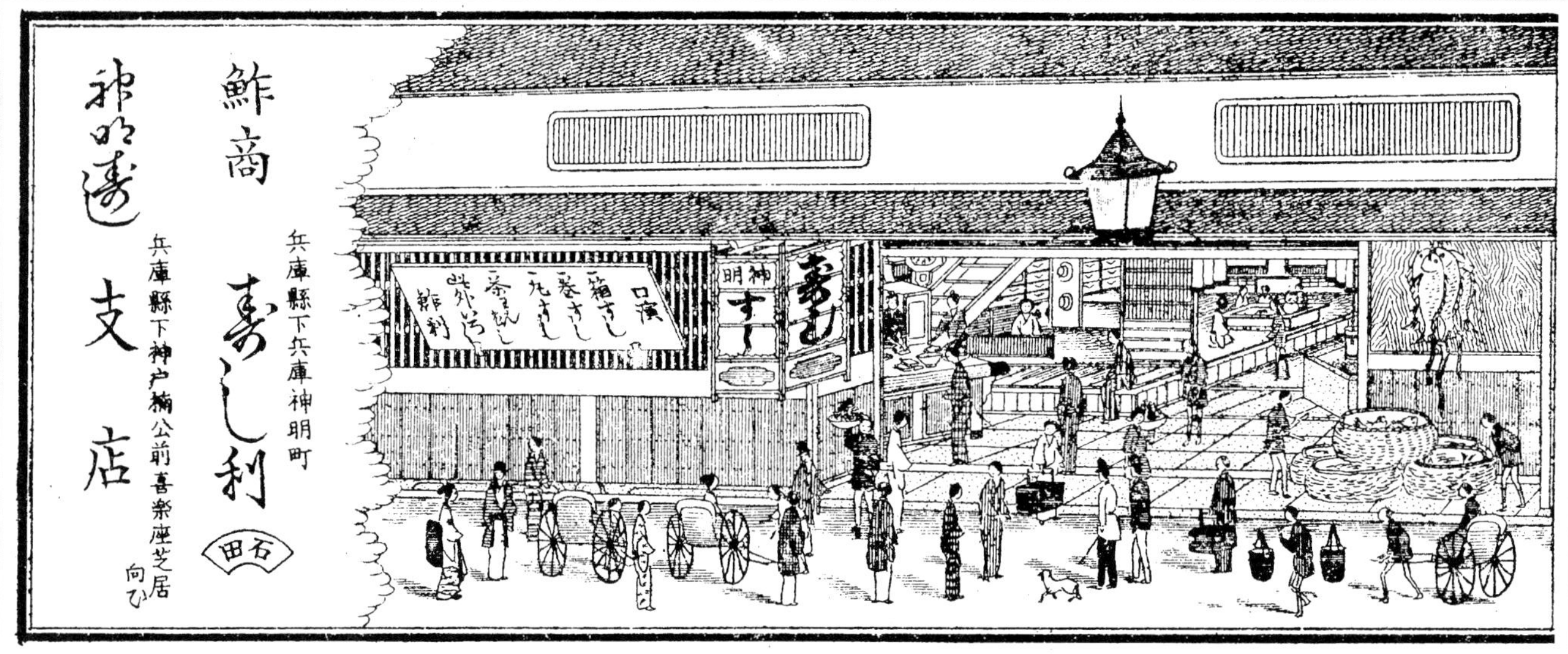

神明町にあった寿司店で文字広告や店頭の「口演」は「鮓利」となっている。しかし店頭には町名から取ったと思われる「神明すし」の行灯看板がかかり、湊川神社の喜楽座前の支店名は神明すしとなっていて「鮓利」とも「神明すし」とも称した。広告には「石田」ともあるから、姓は石田である。店頭に掛かっている口演には箱すし・巻すし・丸すし・茶碗むしとあり、これらが売れ筋だった。店頭には大きな篭があり、魚が入れてある。天井からは干し魚が吊るされている。奥の間には大きな囲炉裏を囲んで注文した料理を待つ客が描かれている。カウンターごしに職人が握る様子を見ながら食べる今とはかなり違う店先である。支店のあった喜楽座は1874、5年ごろ出来た芝居小屋で1882（明治15）年に大黒座と改称した。

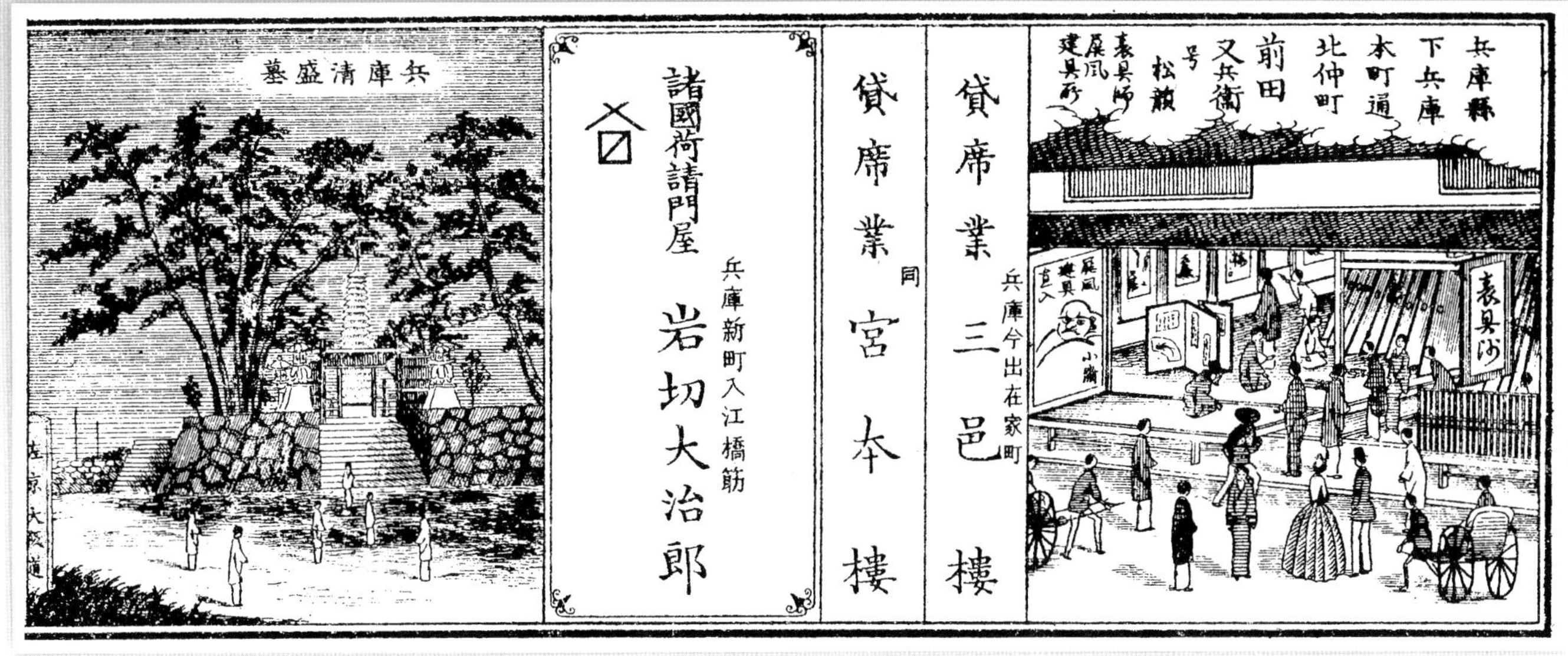

右が表具師、前田又兵衛の店頭である。店内には、色紙を屏風に張り付けた貼交《はりまぜ》や、表装した書画が展覧会風に並べられている。左は清盛塚である。清盛塚が1923（大正12）年に移転する前の画像である。立派な石垣の上に十三重の塔が建ち、両側に松が植えられ、灯籠が立っている。「清盛墓」とあり墓碑と信じられていた。「摂津名所図会」やこの銅版画では塔の周囲に玉垣はないが、1911（明治44）年刊行の『西摂大観』掲載の写真には周囲に立派な玉垣がある。『西摂大観』によれば、毎年６月３、４日には参拝があり、今も清盛講が続いているとあり、清盛信仰によって明治後半に清盛塚の整備が進んだことを物語る。今出在家町の三巴楼は、1880（明治13）年新川遊郭開設に伴い福原の三巴楼が進出した（74ページ）。

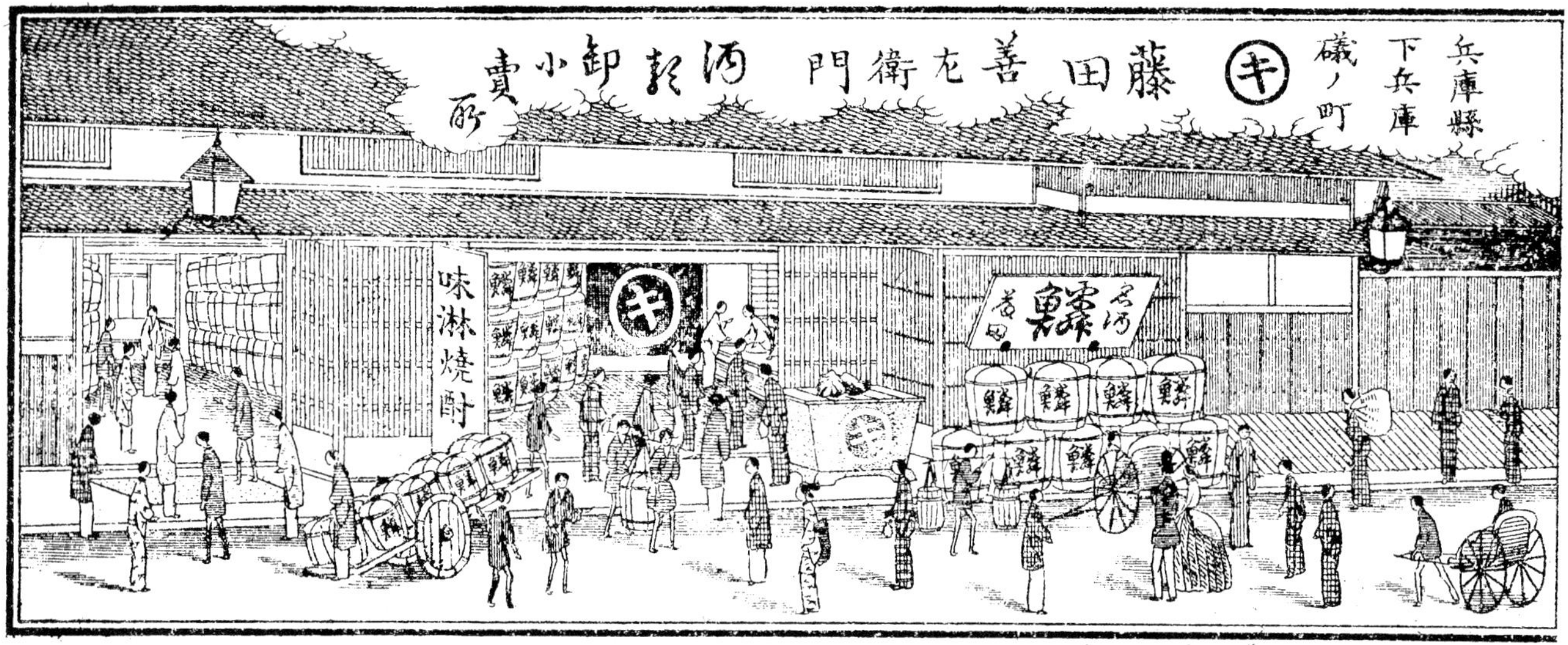

酒類卸小売の藤田善左衛門の店頭を描く。屋号紋は「丸にキ」である。兵庫津は、摂津と和泉から江戸へ送る酒産地、摂泉十二郷の一つで、1803（享和３）年には規模は大きくなかったが、酒造家が32軒あった。しかし灘の勃興を受けて江戸積み酒造地としては江戸時代に撤退、地元販売に軸足を移した。1881（明治14）年には清酒・味醂合わせて7000石の出荷があったが、明治時代半ばから漸減し大正時代にはほとんどなくなった。史料も散逸している。それだけにこの銅版画は兵庫の酒造販売をビジュアルに語る数少ない史料といえよう。看板は「銘酒　鱗　藤田」となっていて、店内に積んでいるのも「鱗」銘柄だけである。その一方で味醂焼酎の看板も大きく掲げ、一緒に販売をしていたことが分かる。

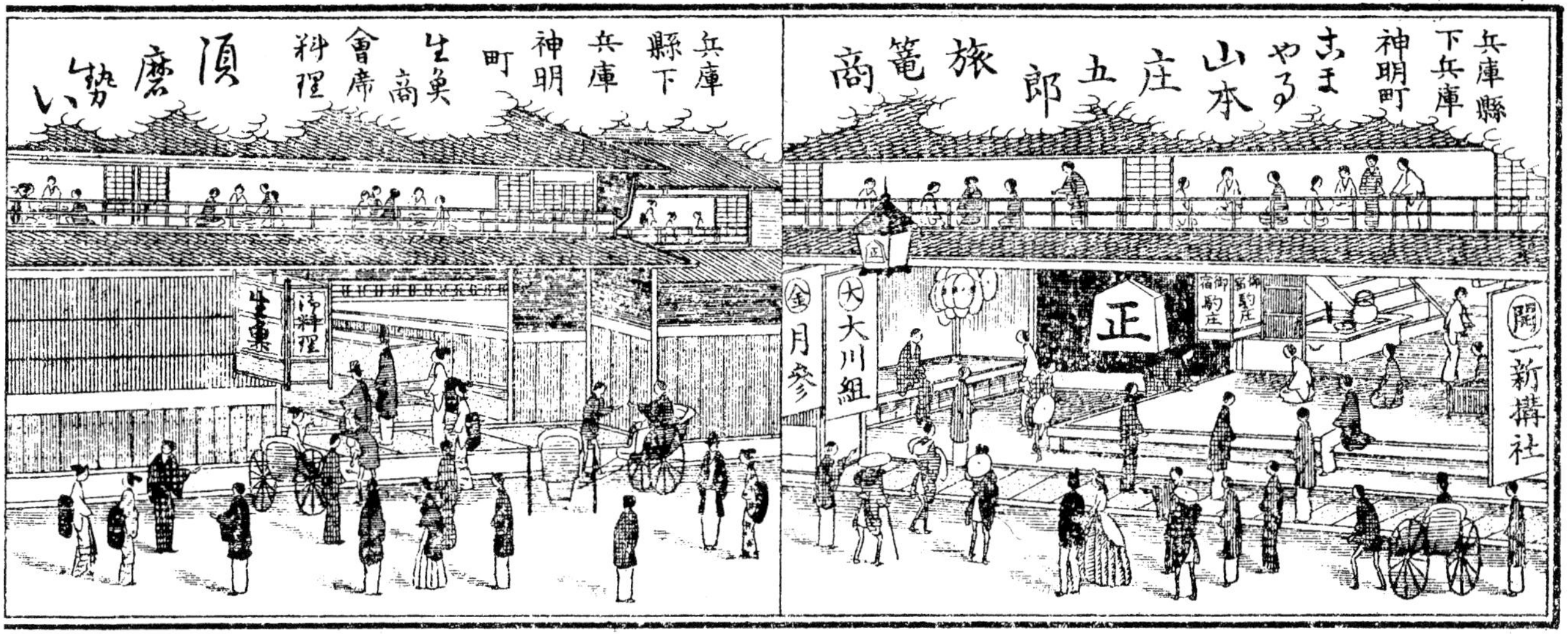

右側は神明町で旅籠を営む山本庄五郎の旅館である。屋号は駒屋で、駒屋庄五郎を略して駒庄といった。行灯看板に駒庄の文字が見える。右端に「一新構社」の看板が掛かっているが、一新講社のことである。一新講社とは旅館の組合で、静岡県・興津駅の水口屋半十郎が起こした。明治になって参勤交代による大名行列がなくなり本陣は次々と廃業に追い込まれた。そこで水口屋半十郎は庶民を顧客にする旅館で「一新講社」を起こして伊勢参りなどの客の誘致に成功、組合に加盟した旅館は、大いに繁盛した。1876（明治９）年の「一新講社諸国道中袖鑑」によれば兵庫では駒屋庄五郎と明石屋惣左衛門が加盟していた。左側は須磨せいの生魚商、会席料理の店である。これも神明町で、旅館に会席料理店と、業種には共通性がある。

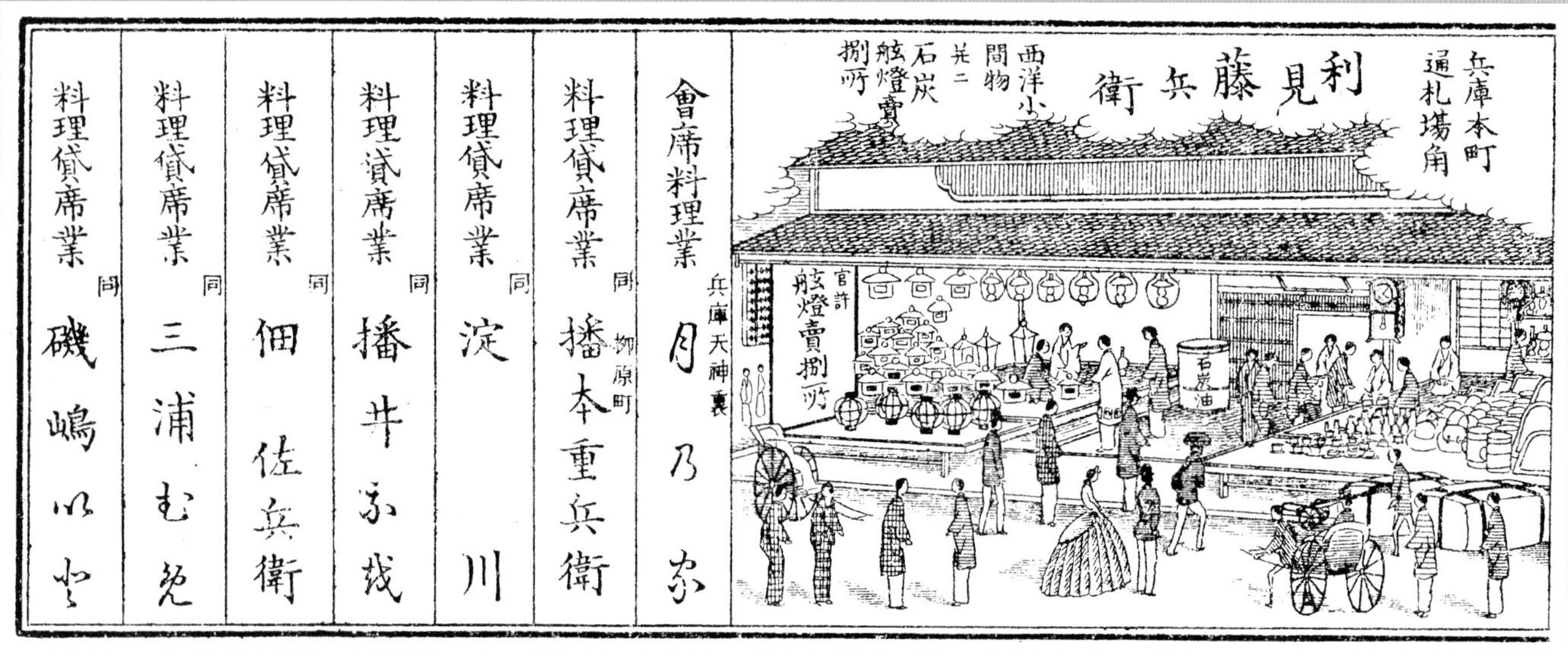

利見藤兵衛の店頭だが、西洋小間物と舷灯を一緒に扱い、舷灯に必要な石炭油も店内に置かれているのが興味深い。舷灯は航行中の船舶が左右の舷側につける灯火で、右舷に緑灯、左舷に紅灯を付けた。1867（慶応３）年、坂本龍馬率いる海援隊が用船していたいろは丸が、紀州藩の明光丸と衝突して沈没した。いろは丸は舷灯をつけていなかった落度があったが、龍馬は万国公法を根拠に紀州藩側の過失を追及、紀州藩を批判する流行歌をはやらせた。日本で最初の海難審判事故とされ、１カ月後に紀州藩が賠償金8万3526両198文を支払うことで決着した。舷灯は船の安全航行には欠かせなかった。左に料理貸席業者の名前７人を掲載する。柳原は天保年間（1830～44）に佐比江新地にあった花街が移転して幕末に花街として繁栄していた。

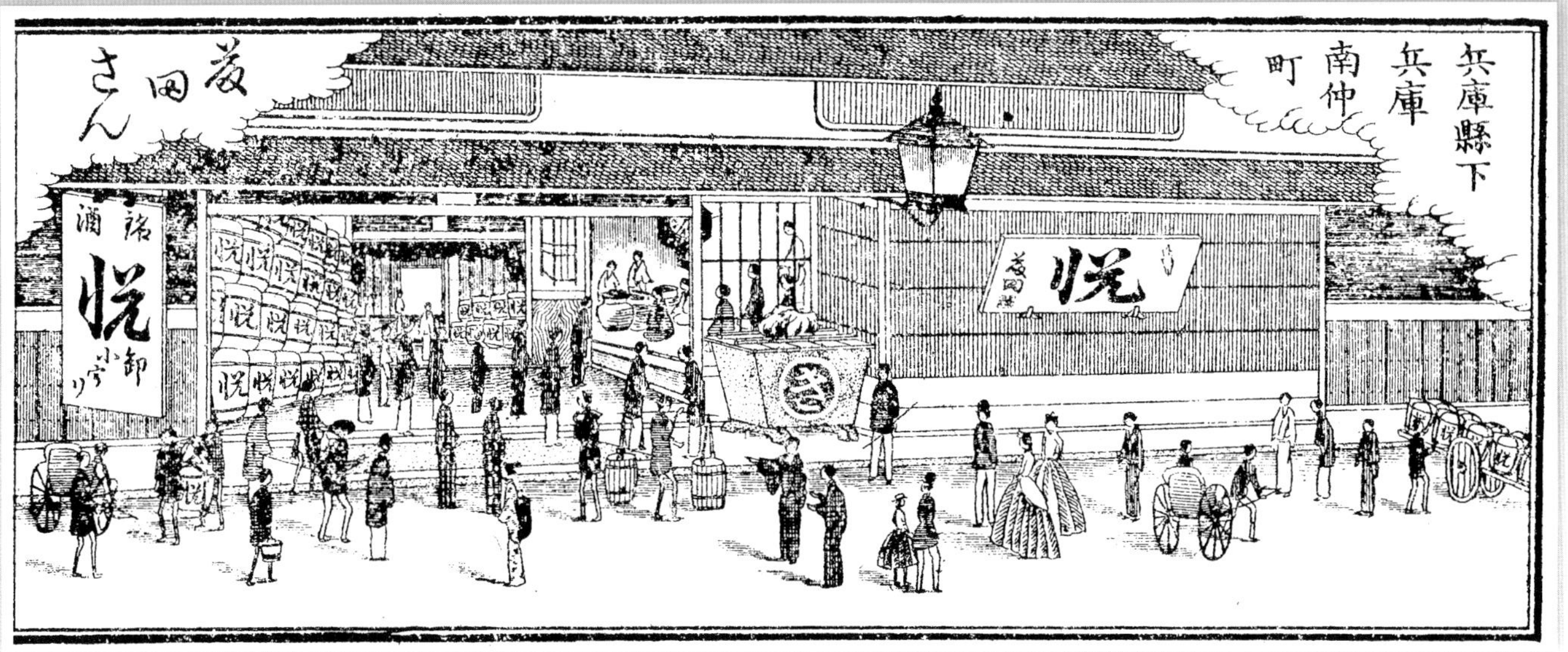

南仲町にあった酒の卸小売業・藤田さんの店頭である。屋号紋は「丸にき」。店頭には「悦」の菰樽だけが四段に山積みされ、左手には4斗樽を二人がかりで運び出している。南仲町で「悦」の銘酒を製造販売していた酒造家として京屋三五郎という人物がいるが、藤田さんとの関係は未詳である。店の右手では、大きな甕が並んでいて、柄杓で量り売りをするのだろうか。ただ店に向かう人は一人が樽、もう一人が徳利を下げているが、大半は手ぶらである。喜田川守貞の『近世風俗志』によれば、京都や大坂では2～5升入りの樽、5合や1升の徳利（1升は1.8リットル）が用いられ、酒店の貸し樽・貸し徳利だった。磯之町の藤田善左衛門酒店（108ページ）では徳利を持つ客が描かれているから、酒の売り方が変わりつつあるのだろうか。

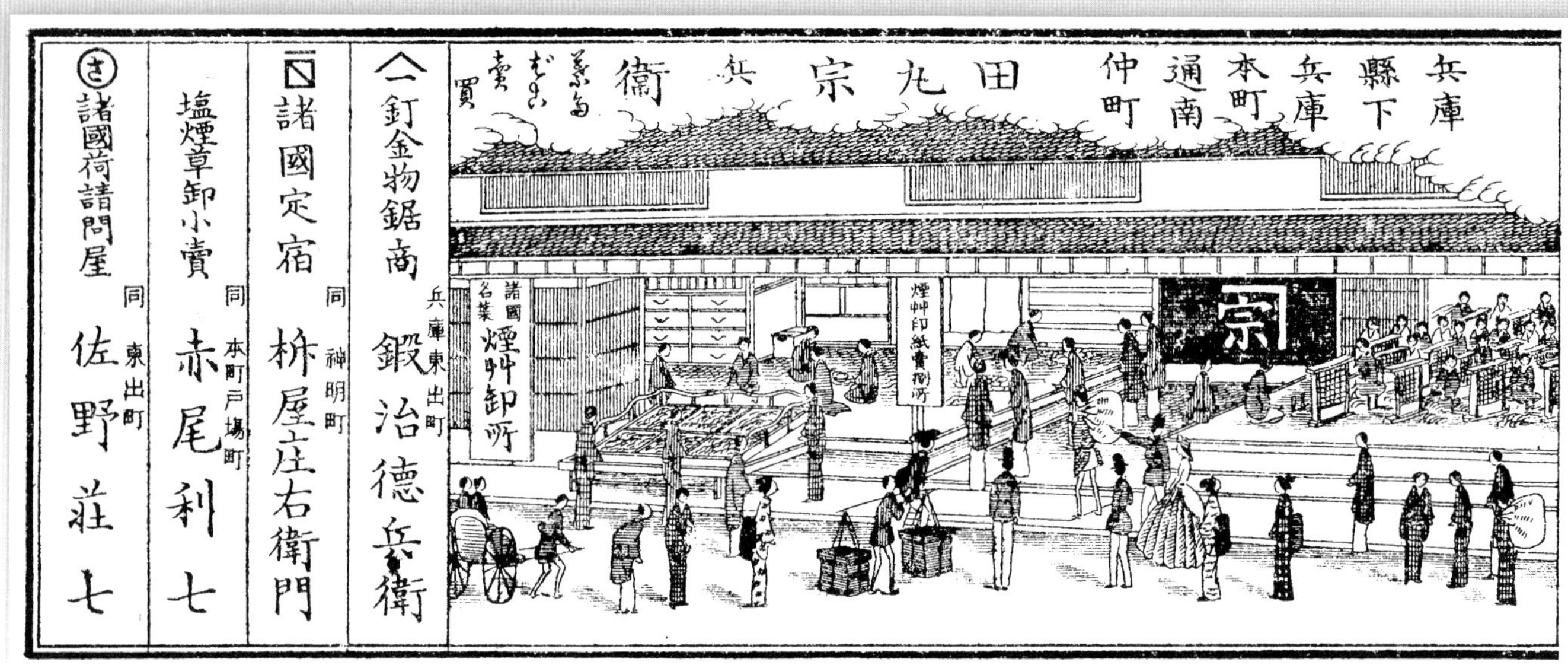

南仲町にあった葉煙草売買の田丸宗兵衛の店頭である。屋号紋は「差し金に宗」。諸国名葉煙草卸所・煙草印紙売捌所という看板が掛かっていて、煙草の卸しと小売りの両方、また印紙の販売も行っていることが分かる。左には鍛治徳兵衛・枡屋庄右衛門・赤尾利七・佐野荘七の名前も掲載されている。このうち枡屋庄右衛門は「諸国定宿」とある。江戸時代後期に庶民も旅をする人が増えたが一人旅の宿泊を断る旅籠や飯盛女を置く宿も多く、宿選びに難儀することもあった。このため大坂玉造の松屋甚四郎が講元、手代の松屋源助が発起人となり、1804（文化元）年「浪花組」を結成した。全国主要街道筋の優良旅籠を指定し、加盟宿には目印の看板をかけさせた。神明町の枡屋もこうした「諸国定宿」の一つだった。

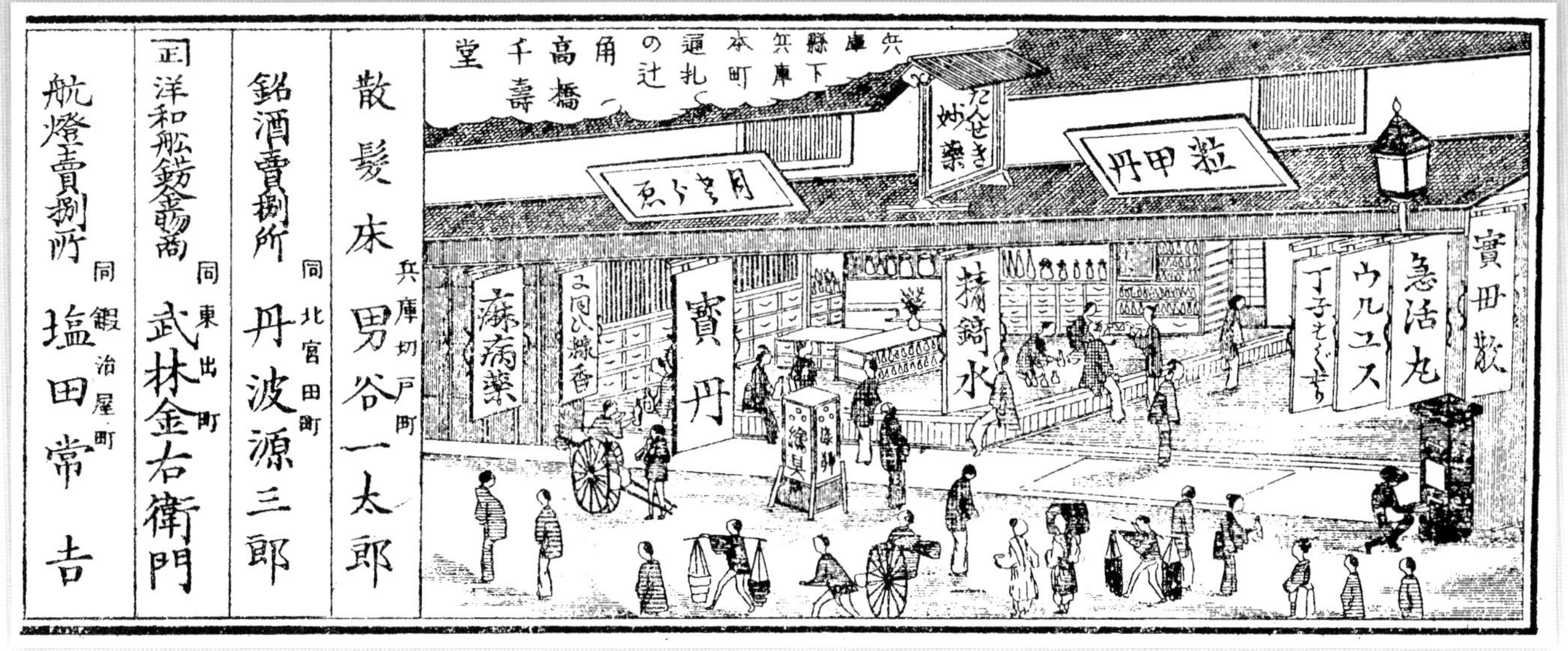

薬店・高橋千壽堂の店頭である。コレラ予防薬の宝丹（30、87ページ）や西洋目薬の精錡水（30ページ）など他の薬店と同じ看板が見えるが、これらの薬が広く普及していた証である。粒甲丹は睡眠薬、1816（文化13）年序のある「擁書漫筆」に「粒甲丹」の売薬広告がある。実母散は血液の流れを改善、内分泌機能を調整する生薬製剤で江戸時代から売られ現在も流通している。急活丸は、熱さまし薬で、富山の廣貫堂・茶木谷清平の商品が知られる（30ページ）。ウルユスは1811（文化８）年に発売された初のカタカナ売薬とされ、大坂に本店のある健寿堂が製造、痰・留飲・癪気に効能があるという。丁子歯薬はフトモモ科チョウジノキの開花直前の蕾を乾燥したもので、口臭抑制に使われた。左には散髪床など４人の名前を掲載する。

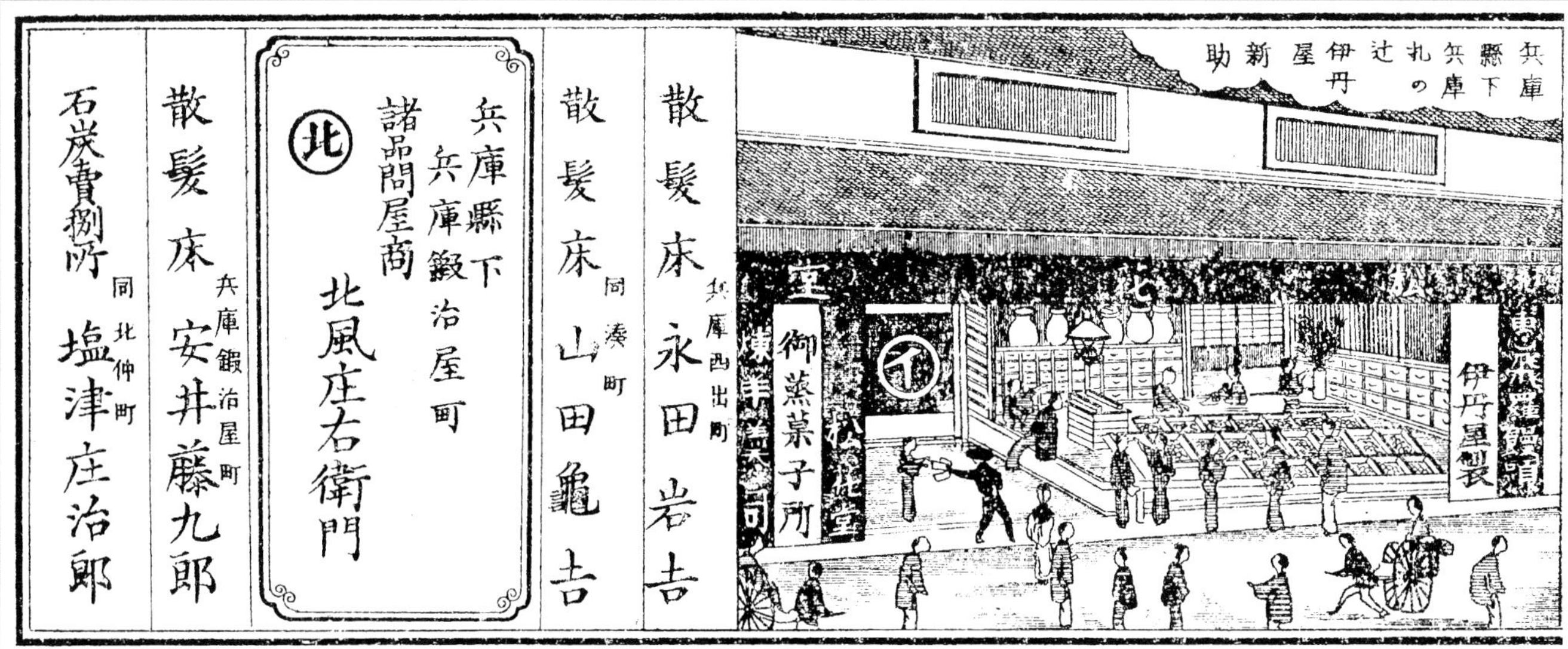

蒸菓子所、伊丹屋新助の店頭である。屋号は松花堂、屋号紋は「丸にイ」。所在地は札の辻とある。北仲町と南仲町の境で西国街道は直角に曲がっていて、南仲町の角に高札場があり、ここを札の辻と呼んだ。練羊羹や饅頭が主力商品で、恵飛羅《えびら》饅頭は寿永３（1184）年の源平の生田の森の合戦で、梶原景季が梅の枝を矢を入れる箙《えびら》に差して戦った故事にちなむものだろう。左に名前を載せる北風庄右衛門は兵庫津の豪商である。当時の当主は幕末維新期に有名な貞忠の長男荘一郎（貞雄）で、貞忠は正造と名乗って商法会議所や神戸製茶改良会社を設立するなどしていた。「勘定記抄」によれば、1882（明治15）年定期米の取引に失敗、1884（明治17）年には北海の肥料を大量に買ったが銀行の破綻で恐慌状態になり、急激に没落した。

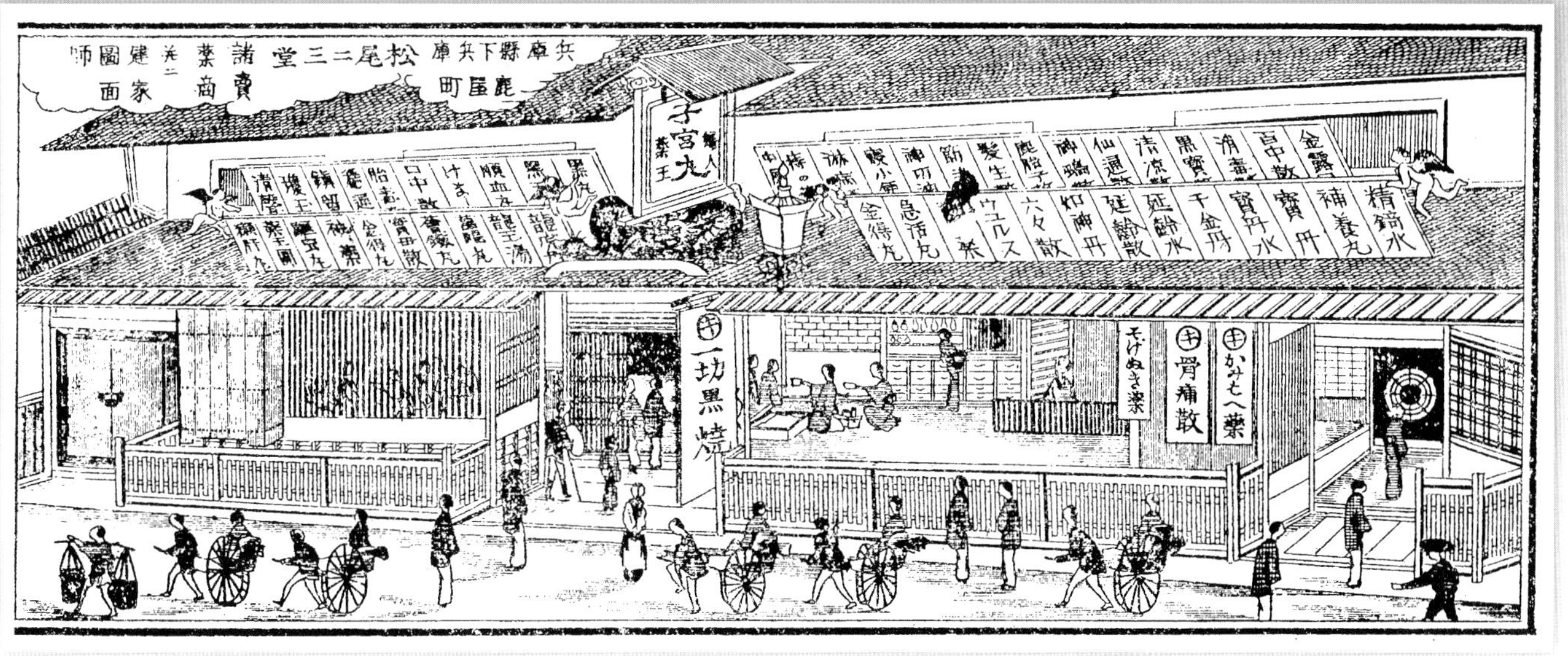

鹿屋町にあった諸売薬商松尾二三堂の店頭で、売薬のほかに建家図面師も兼ねていた。軒下に看板のある黒焼は、土の釜のような容器に、植物・虫・魚・動物などを入れて蒸し焼きにした健康食。かみもへ薬は育毛剤で幅広い商品を扱う。屋根の上には所狭しと商品の看板が掛かっている。いくつか著名なものを拾ってみよう。右端の精錡水（90ページ）に並ぶ補養丸は岸田吟香が発売した強壮剤。千金丹（90ページ）、延齢散・延齢水・如神丹は虫歯や歯痛の薬。延齢散・延齢水はアメリカ処方の薬で開港によって普及した。龍虎丹は1684（天和４）年創業の姫路のとみや薬房が売り出した疳《かん》の虫の妙薬で、富山の半魂胆、伊勢の萬金丹と並んで全国で知られた。龍王湯は1682（天和２）年江戸で創業した昌平堂紀伊国屋薬舗の婦人薬。

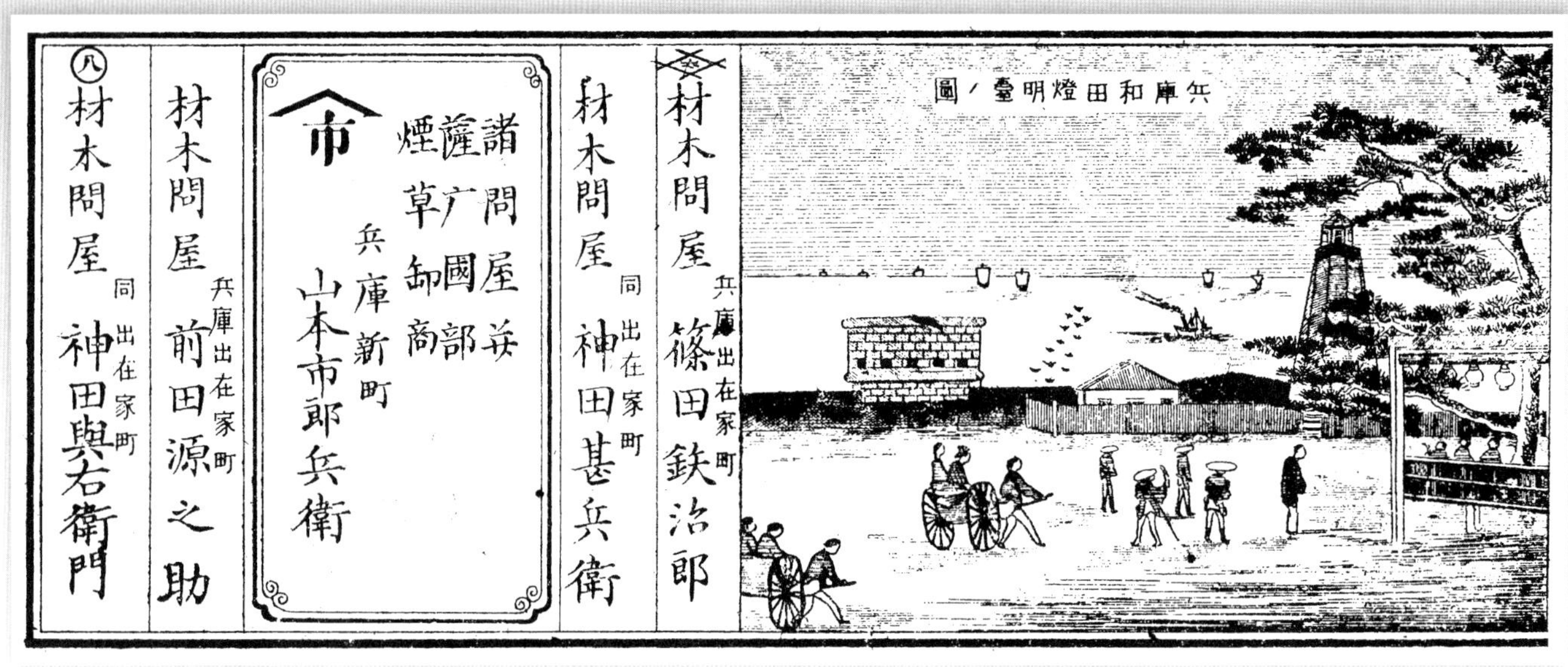

　和田岬の灯台と砲台である。砲台は、海防のため18世紀以降、数多くの台場が造られたが、西洋式の石造砲塔は和田岬や西宮の４カ所だけで、和田岬と西宮の砲台が現存している。和田岬の砲台は勝海舟が設計、1864（元治元）年にほぼ完成した。直径12.12メートル、高さ10.6メートル、砲門は11カ所ある。石材は御影から運ぼうとしたが高価なため、瀬戸内海の島から運んだ。1871（明治４）年に木造の白い八角の灯台が完成、1884（明治17）年には六角形の鉄骨造りに建て替えられたので、ここに描かれたのは貴重な木造時代の景観である。鉄骨造りの灯台は1963（昭和38）年に廃灯され、翌年須磨海浜公園に移築された。現存する日本最古の鉄製灯台である。左に材木問屋４軒と諸問屋、山本市郎兵衛（136ページ）の名前を載せる。

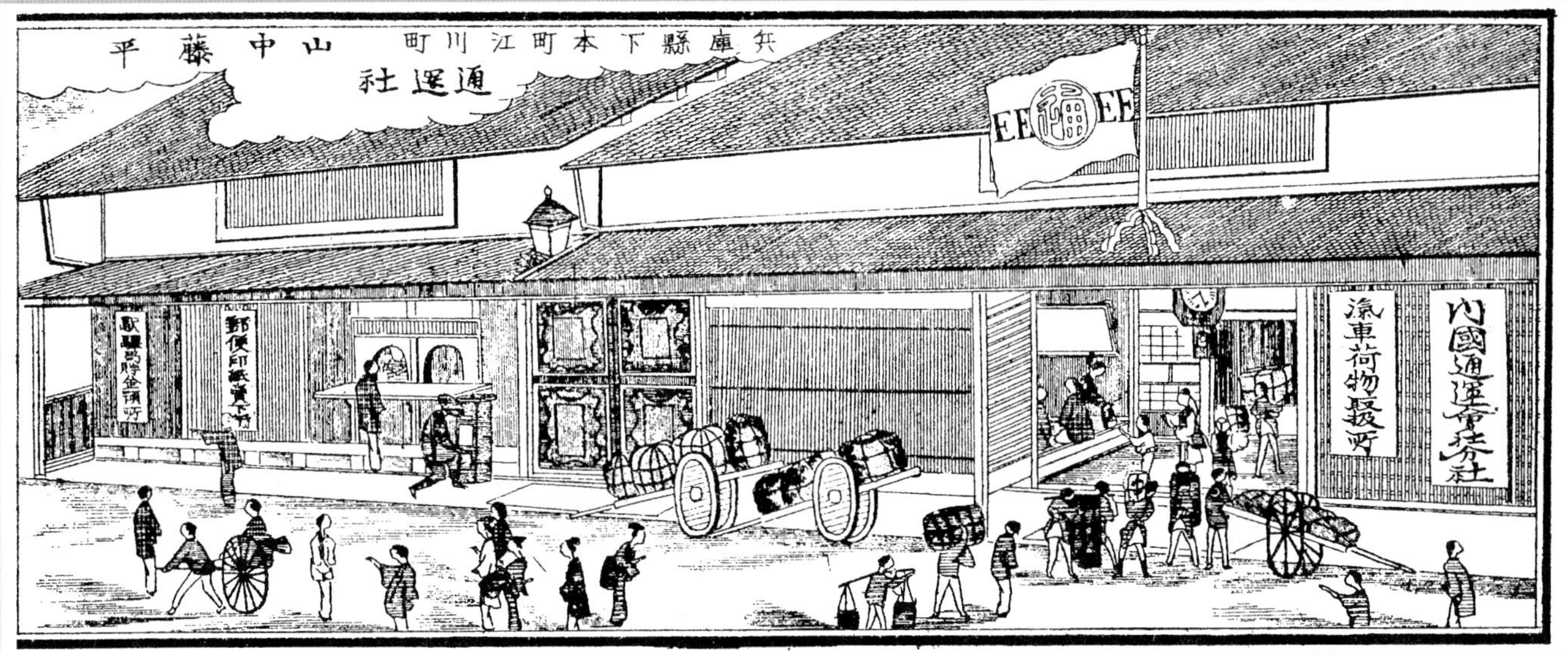

「通運社　山中藤平」とあるが、看板には内国通運会社分社とあって、正式名称は内国通運会社の分社である。1870（明治３）年の政府方針を受けて民間物資を扱う陸運会社が各地に作られ、さらに全国的なネットワーク化を図るため1872（明治５）年東京の旧定飛脚仲間により陸運元会社が設立された。陸運元会社は各地の陸運会社と提携を進め全国的な運輸事業を確立したため各地の陸運会社は 1875（明治８）年に解散し、陸運元会社は内国通運会社と改称し、通運の独占営業をしていた。1879（明治12）年には営業の認可が地方に移管されて自由化され、鉄道網の発達に伴い、駅までの移送に重点が移っていく。山中藤平の分社でも汽車荷物の看板が大きく出ている。内国通運会社は元町通５丁目に山中文造の店もあった（43ページ）。

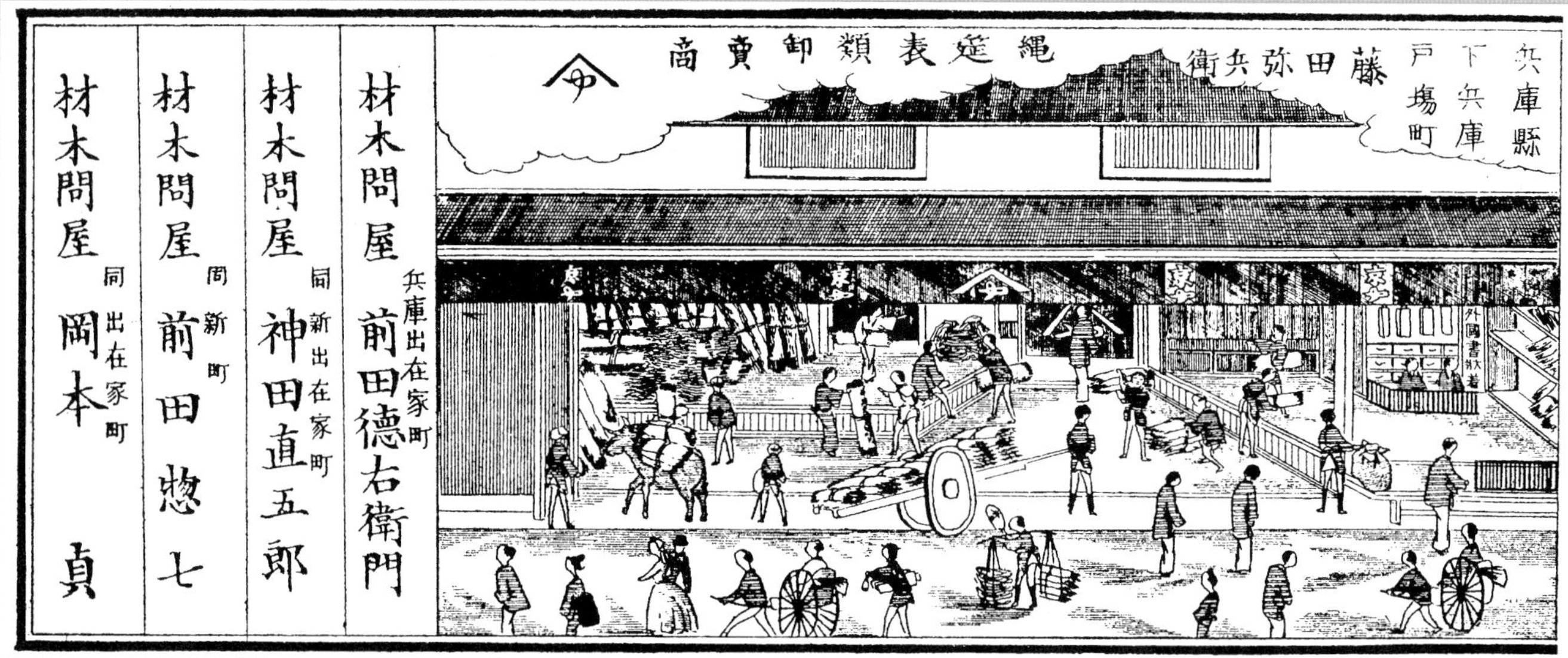

縄・筵《むしろ》表類の卸売商の藤田弥兵衛の店頭である。屋号紋は「山にや」である。大八車や牛に乗せ、天秤棒で筵を運び出している。縄筵表とあるが商品はほとんどが筵表のようである。店の奥には外国書状着とあって、海外からの郵便も扱うのだろうか。左に材木問屋の前田徳右衛門・神田直五郎・前田惣七・岡本貞の名前が見える。兵庫津は江戸時代に西国・北国から材木が運ばれ取引が盛んで、1769（明和６）年に幕府領になってからは株仲間が免許された。1875（明治８）年に兵庫新川が開鑿されて材木貯木の利便性が向上、業者も次第に増えた。この頃の有力業者に岡本貞が見える。1884（明治17）年から85年ごろには神戸材木商同業組合が結成され、組長は神田直五郎だった。前田徳右衛門は明治30年代に正副組合長を務めている。

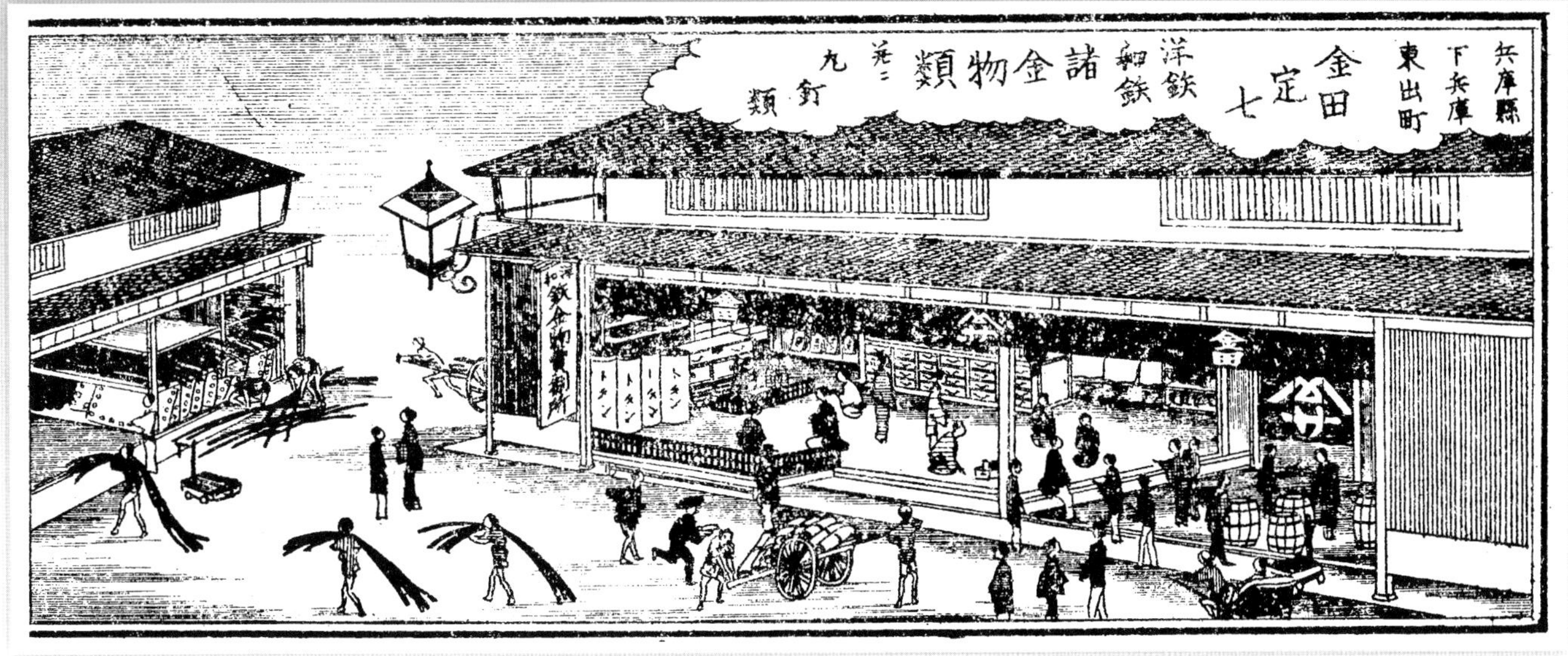

洋鉄と和鉄など諸金物類と丸釘類を扱っている金田定七の店頭である。和鉄とは日本の鉄のことで、大陸から伝わり５～６世紀後ごろ始まった。鞴《ふいご》で風を送り木炭で砂鉄や鉄鉱石を低温還元する製法で、たたら製法と呼ばれた。しかし江戸時代末期から溶鉱炉による洋鉄が輸入されるようになり、和鉄は淘汰された。店頭にはトタンが置かれている。トタンはブリキ（スズをメッキした鋼鈑）に亜鉛をメッキしたもので、19世紀前半に溶融亜鉛法が開発されて大量生産が始まった。日本でトタンが普及するのは官営八幡製鉄所で1906（明治39）年に作られてからという説があるが、すでに兵庫では1882（明治15）年に普及していたことが分かる。丸釘は胴体から円型、頭部が丸くなっており、布目がついている。

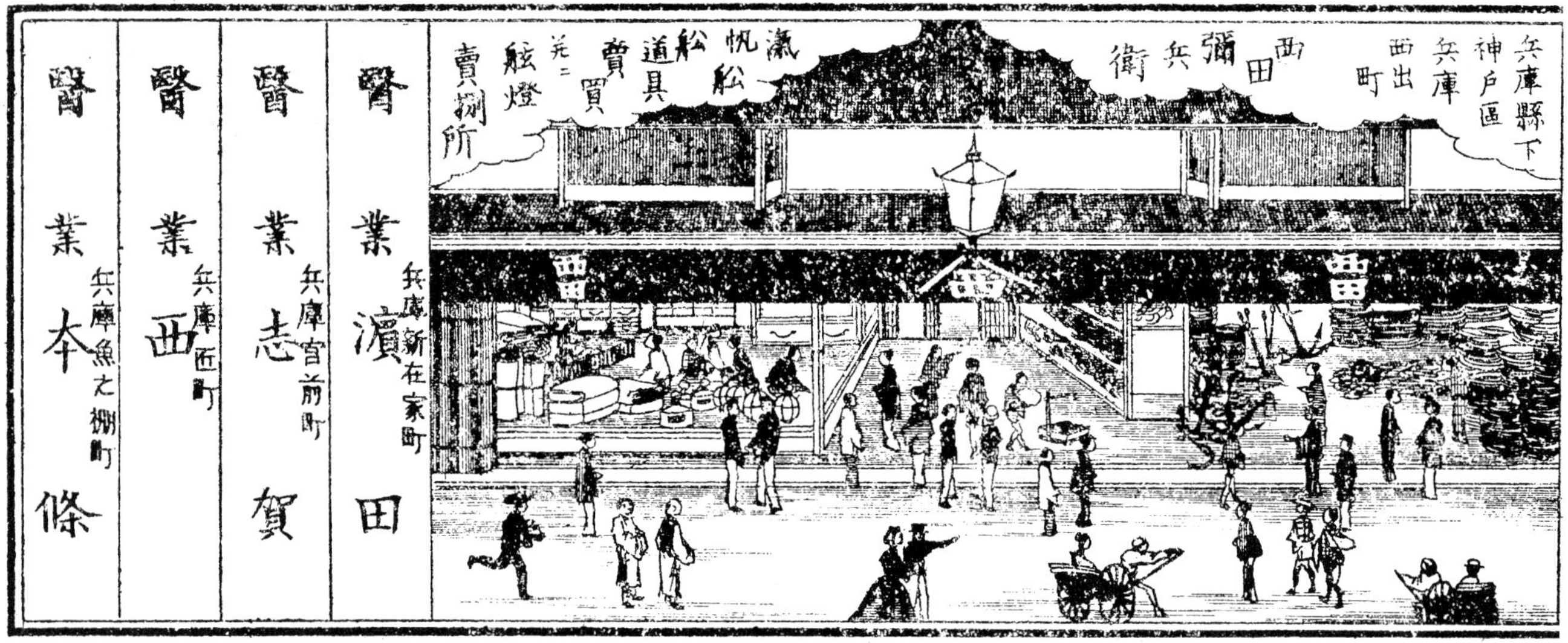

西出町にあった汽船と帆船の船道具と舷灯（110ページ）売捌所の西田彌兵衛の店頭である。「岡方文書」によれば江戸時代から西田屋の屋号で船具商をしていた。暖簾《のれん》には「山に西」の屋号紋を染め抜いている。右端に碇が並んでいるが、大きさはさほど大きくない。中央には台秤があり何かを量ろうとしている。船道具で計量するものは何だろうか。左手の店頭には球形や円筒形の舷灯が並んでいる。店頭の左端、走っているのは郵便配達人である。119ページや121ページなど数多く描かれており、商いと深く結びついていた。左には医業として、新在家町の濵田、宮前町の志賀、匠町の西、魚之棚町の本條の４人の名前を掲載している。1861（文久元）年の「兵庫市中諸名家独案内」の「諸芸職之分」には外科として志賀の名前が見える。

手縫帆針金物所の小川保太郎の店頭である。西洋金物小道具細工の看板も見える。住所は「川出町」とあるが、東出町・西出町・川崎町のいずれかの誤りだろう。看板には卸と書かれている。店頭の左手に砥石と思われるものがあり、しゃがみこんで刃物を研いでいる。左には医業として内田、神澤、昆布所として柏原荘助、木綿類装束屋の網谷市三郎の名前が見える。神澤はホウソ医業とあるが疱瘡医であり、1867（慶応３）年11月に神澤貞吉が大阪除痘館の分苗所となった。網谷市三郎は天保年間（1830～44）に足袋屋として創業したといい、屋号は網屋で、代々市三郎だったため、網市を商号にした。1871（明治４）年ごろミシンを輸入し繁昌したという。1961（昭和36）年、網谷市三郎宅で『豪商神兵 湊の魁』の原本が発見された。

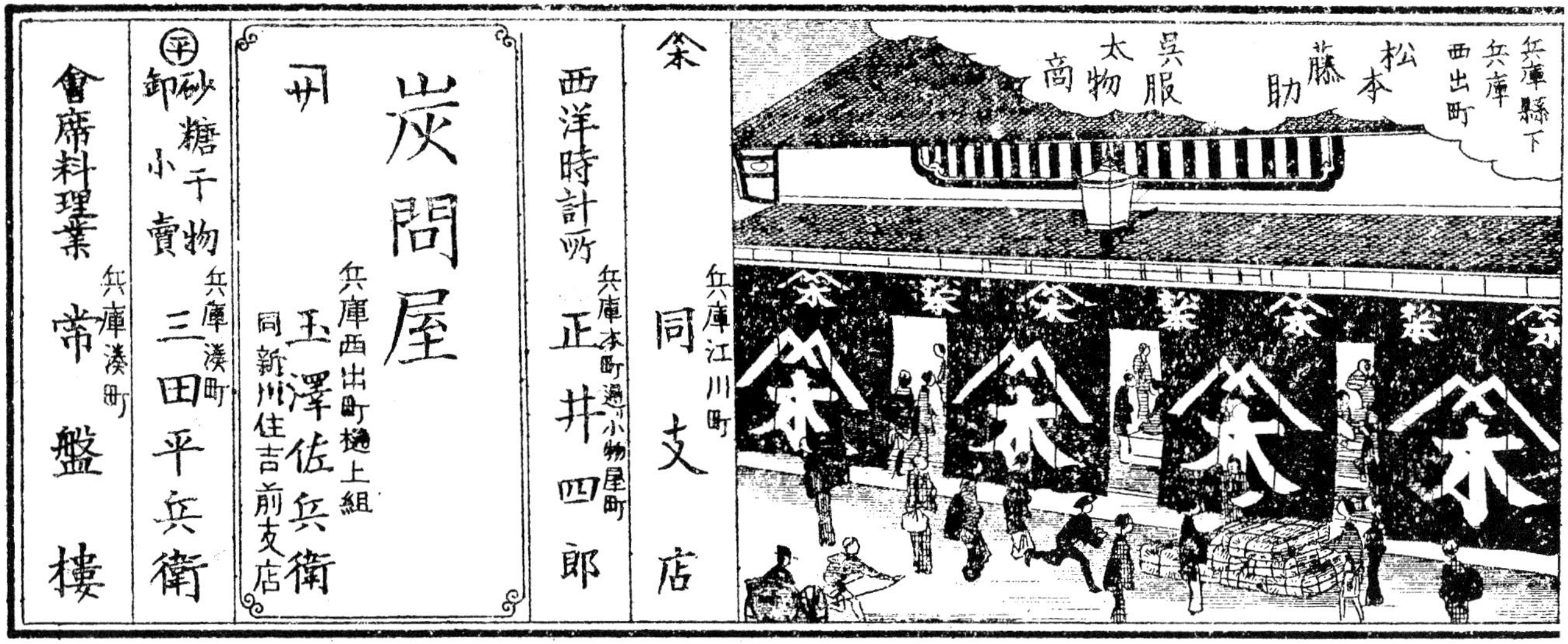

呉服と太物商の松本藤助の店頭である。大きな暖簾に「松本」と屋号紋が染め抜かれている。大きな虫子窓が印象的で西端にはうだつが描かれている。うだつは隣家との境界に取り付けられた土造りの防火壁で、かなりの費用がかかったため、裕福な家だけが造った。西出町に本店があり、江川町に支店を出していた。左に名前を載せる炭問屋の玉澤佐兵衛も西出町に本店があり、新川の住吉神社前（153ページ）に支店があった。三田平兵衛は砂糖と干物《ひもの》を一緒に販売する卸小売商。干物は、魚などの魚介類の身を干した乾物で、砂糖と一緒に販売していることが興味深い。常盤楼は前田又吉が経営していた諏訪山の料亭で、その支店が兵庫湊町１丁目にもあった（68～70、79ページ）。「神戸市著名商工案内」などでは常盤花壇とある。

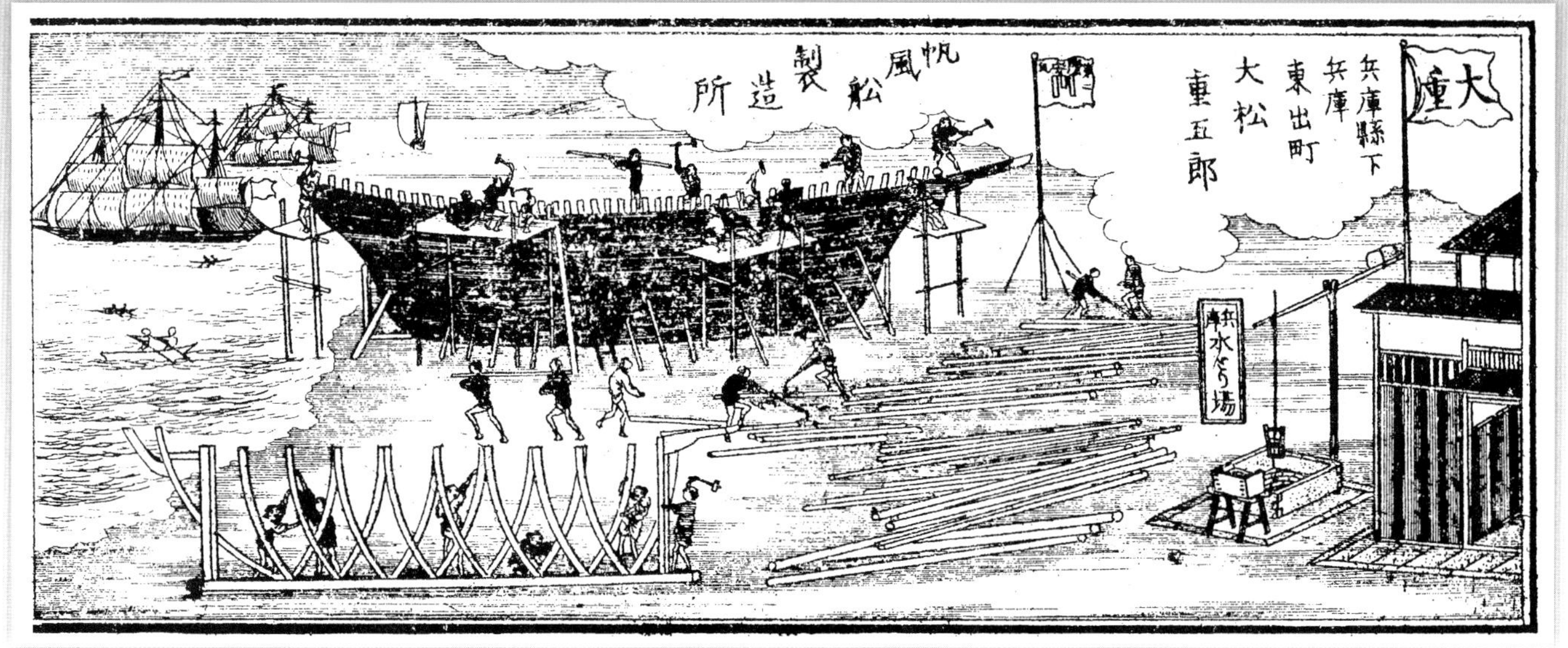

東出町にあった帆風船の製造所、大松重五郎の造船所である。帆風《ほかぜ》は、本来は船の進行方向に向かって吹く風、追い風、順風のことをさすが、ここでは風帆船と同様で、洋式の帆船であろう（81ページ）。船体がほぼ出来上がった船は洋式であり、また海上を行き来する船も西洋帆船を大きく描いている。手前では竜骨に肋材をはめ込み、船体の骨組みが出来上がってきている様子を描く。右端には大重の社旗がなびく建物があり、社屋と分かる。横には兵庫水とり場として井戸と跳ね釣瓶、水桶が描かれている。東出町には、船具商大松藤右衛門があったが（91ページ）、江戸時代から大松屋の屋号が見える。81ページの樋上權兵衛造船所もそうだったが、ドックもなく、海岸で組み立てをしている。

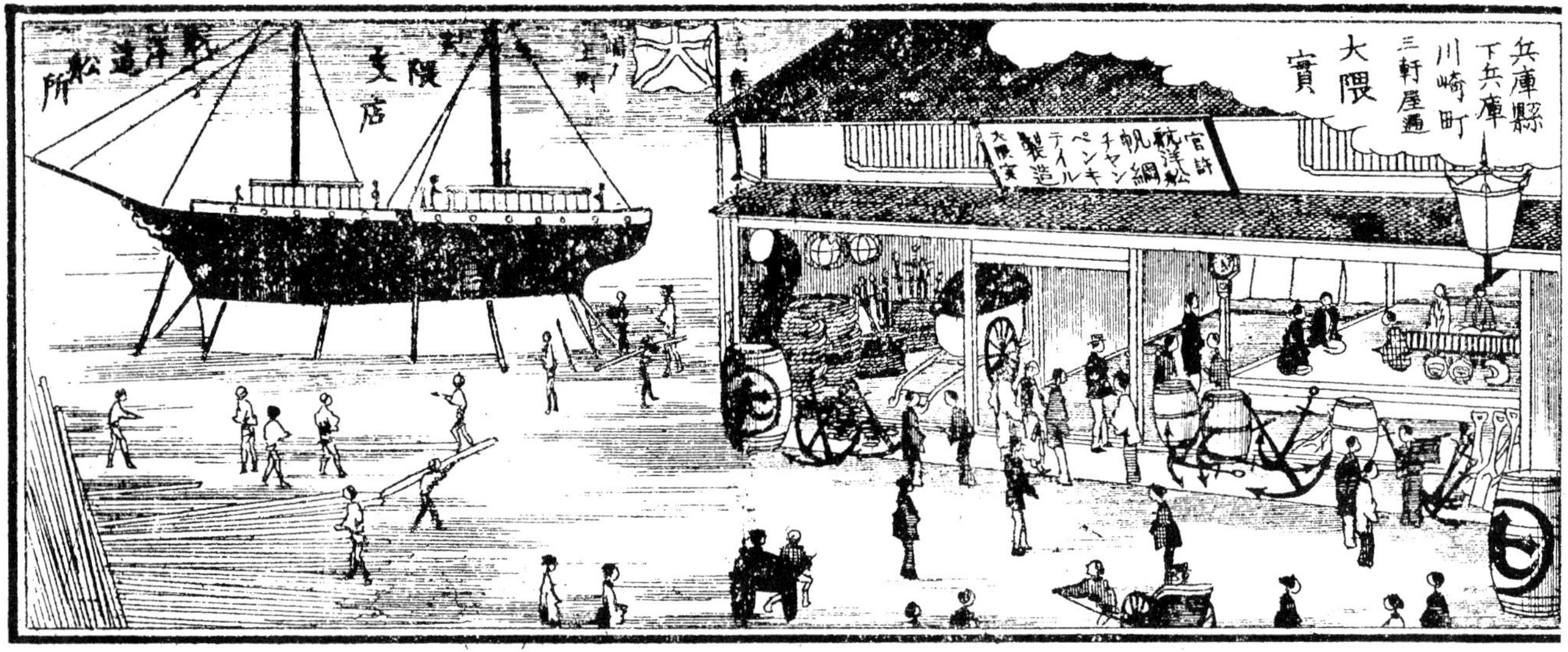

川崎町にあった造船所の大隈實の店頭である。航洋船・帆綱・チャン・ペンキ・テイル製造を看板に掲げている。航洋船は海外渡航の船である。帆綱は帆の上げ下ろしなどに用いる綱、チャンとは瀝青と書き船具などの防腐塗料のことをさす。天然アスファルトなど固形状の炭化水素混合物で、石油産地で原油の変質物として見つかった。硬い黒色の固体になって加熱しても溶融しないため塗料などに使われた。本店は川崎町の三軒屋通にあったが、旧市街地の島上町に支店を持っていた。支店に航洋造船所があったようで、川崎町や西出町、東出町などの新興町で船具商を始め、成功したため旧市街地に支店を出す商人の一人である。三軒屋通は通称名だろうが、左ページの竹中徳兵衛の店は三軒家通と書かれている。

傘・提灯の卸小売をしていた竹中徳兵衛の店頭である。大隈實の店と同様、川崎町三軒家(屋)に本店があり、成功したことから旧市街地の戸場町に支店を構えた。屋号紋は「丸にと」。越後合羽も主力商品だった。合羽は日本語だが、桃山時代にスペインの宣教師などが着けた外套(Capa)を模したもので南蛮交易が生んだ文化の一つである。店頭には所狭しと提灯が吊り下げられている。店先には「淡善」の文字が入った唐傘がずらり並んでいる。93ページの「山に上」の屋号紋から、淡路屋善右衛門であり、淡路屋に納入する傘に文字を書き入れ乾しているのだろう。傘が店の宣伝に使われ、傘屋が商人を相手に営業していることが分かる。その奥では傘を広げて修理か制作している職人が2人。製造工程を店頭で見せることも行われていた。

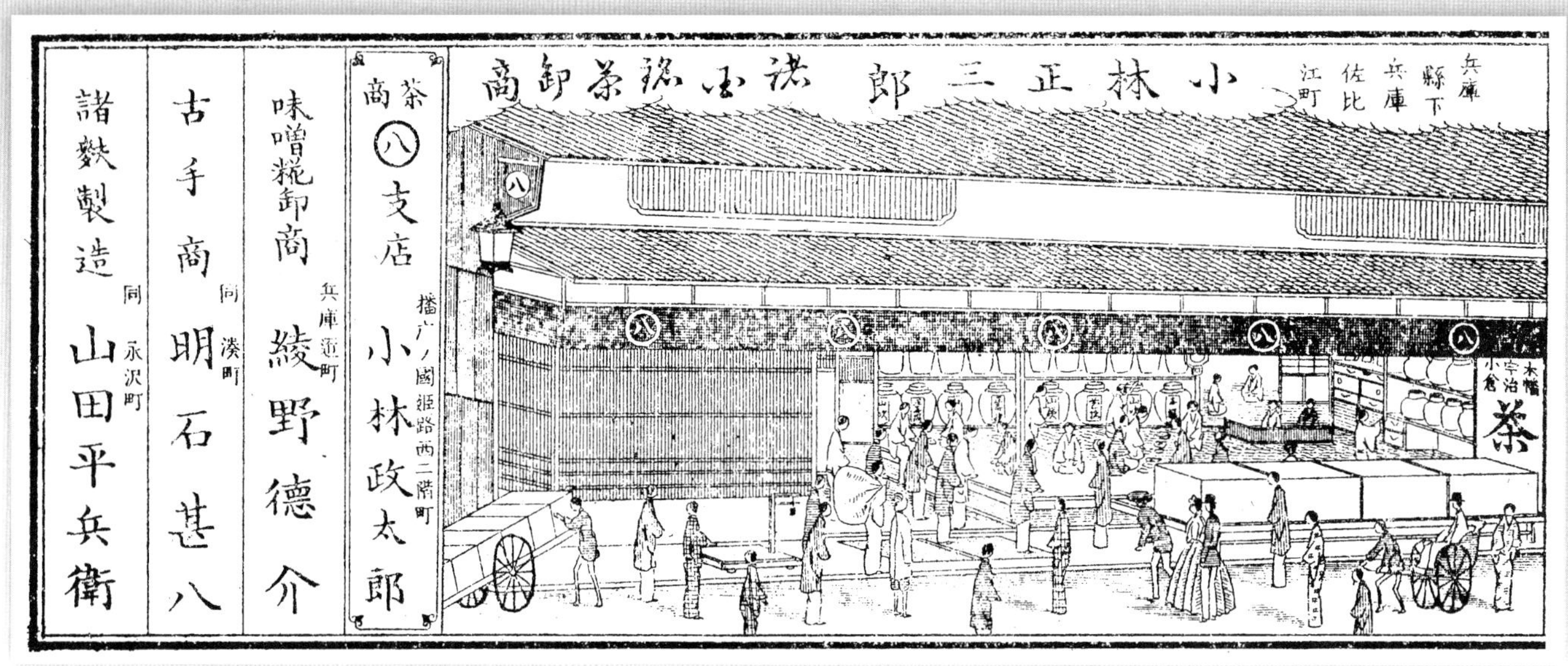

諸国銘茶卸商の小林正三郎の店頭である。店頭には木幡、宇治、小倉の産地が書かれた看板がある。玉露は宇治郷小倉で発明されたというから小倉は宇治茶の一銘柄である。木幡も背後の黄檗《おうばく》丘陵が古来茶園に利用されている。諸国銘茶をうたっているが、やはり宇治茶が主力だったのだろう。左には４人の名前があり、「丸に八」と同じ屋号紋の小林政太郎が姫路の西二階町に支店を出していることを記す。現在、姫路市二階町には1875（明治８）年創業の小林松涛園（こばやし茶店）があり、同店によれば、姫路の苫編出身の小林三代次郎が創業者で、こちらは中二階町にあり、別の家である。しかし同姓なのは偶然だろうか。また古手商（古着屋）の明石甚八は1889（明治22）年の第１回市議選に当選、学区区会議員なども務めた。

川西善助の店頭で、暖簾《のれん》にはあわじやと染められ、「山に上」の屋号紋は、93ページにある淡路屋こと川西善右衛門と同じで、屋号紋の右上に「西」とあることから、同じ東出町の「川善」で、西と東で区別されたようである。乾物・音物・積物・雑穀・荒物を扱った。乾物は保存食、音物《いんもつ》は贈り物、積物は祝儀として贈られた酒樽や俵物などを家の前に積み上げたもの。雑穀や荒物（80ページ）も扱い、雑多な商品を商った。左は蔵だろうか、俵が天井まで横積みされ、大八車にも俵が山積みである。接客は右の店頭で行われ、左手奥には雑穀が種類ごとに並べられているようである。三層のザルを重ねて天秤棒で担いだ男が店に向かっている。壁面には大福帳が吊るされ、品ごとに帳簿を使い分けたのだろうか。

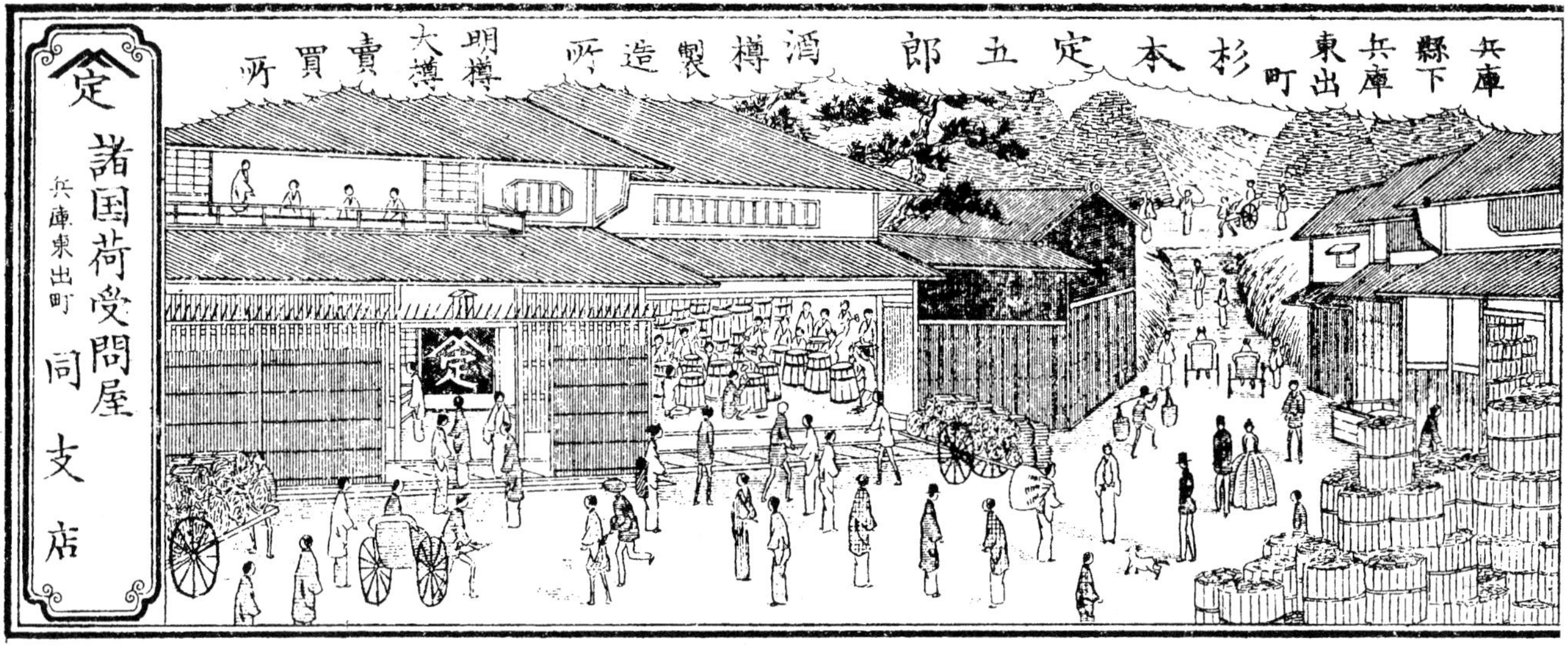

東出町の酒樽製造所の杉本定五郎の店頭である。樽は鎌倉時代にくりぬいたものが使われ、鎌倉末期から室町時代にかけて、たがで締めた桶結《おけゆい》技術が発達した。江戸時代に酒や醤油が全国に流通する仕組みができると、重くて壊れやすい甕や壺に代わって樽が一層普及した。酒樽は吉野杉が最高級で、ヒノキも材料に使われた。醤油では新樽は杉のにおいが強すぎて、古樽の方が適すると言われた。このため明樽（空き樽）を集めて醸造家に売る明樽組合があるほど、樽のリサイクルは確立した。また江戸に下った４斗（約72リットル）酒樽を分解して９升（約16リットル）のしょうゆ樽に作り替える潰樽《つぶしだる》も行われた。店の背後には材料がうず高く積まれている。町内には支店として諸国荷受問屋を持っていた。

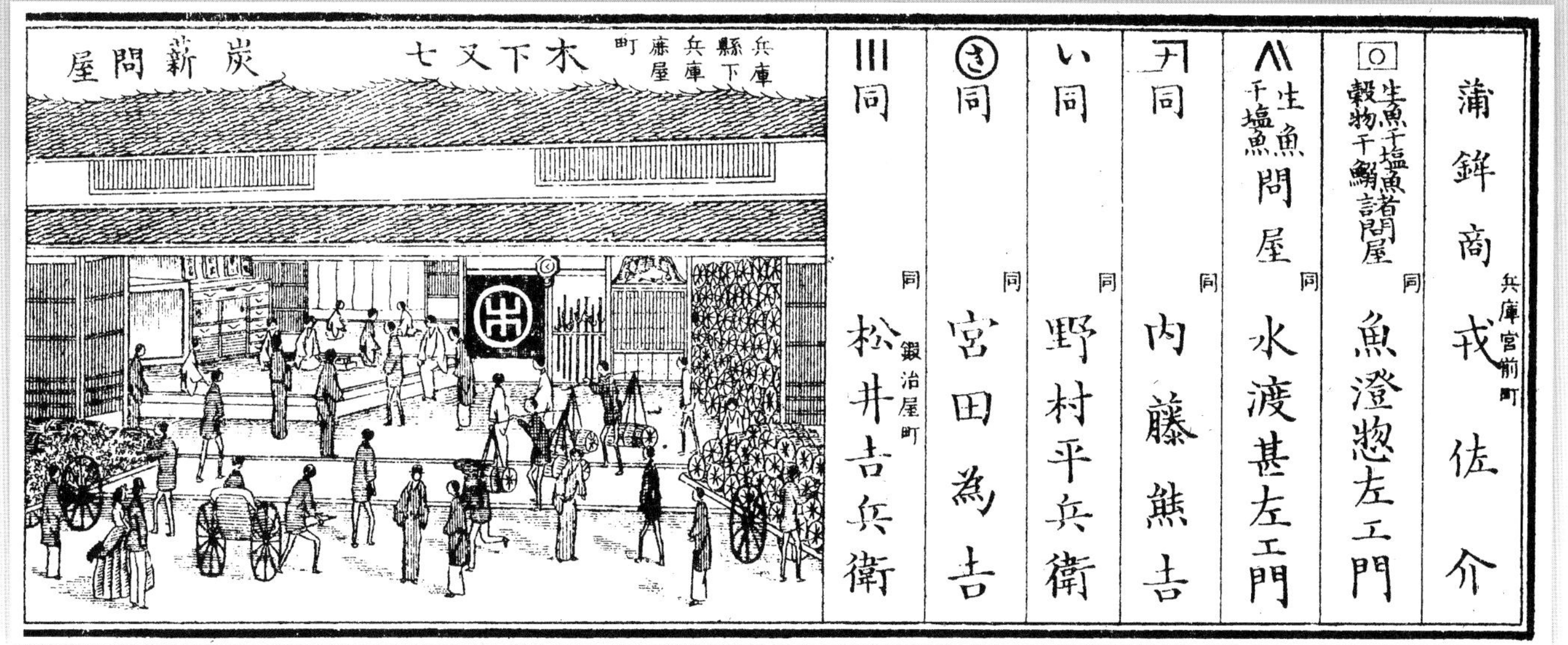

左は鹿屋町にあった炭薪問屋の木下又七の店頭である。右には炭俵が天井まで積み上げられ、大八車にも山積みされている。一方、左端には薪が積んである。屋号紋は「丸に木」である。右側に蒲鉾商の戎佐介、生魚・干塩魚・穀物・干鰯諸問屋の魚澄惣左衛門、生魚・干塩魚問屋の水渡甚左衛門や内藤熊吉、野村平兵衛、宮田為吉、松井吉兵衛の名前がある。このうち魚澄惣左衛門と水渡甚左衛門はともに宮前町で、第１回市議選で当選している。同じ町内からしかも同業で二人も市会議員を輩出したことから、当時の魚問屋が兵庫でいかに重要な位置をしめていたかが分かる。魚澄惣左衛門は日本米穀輸出会社の役員も務めた。また水渡甚左衛門の屋号は貝屋であった。明治末期には蒸気船を所有し日露戦争で御用船となった。

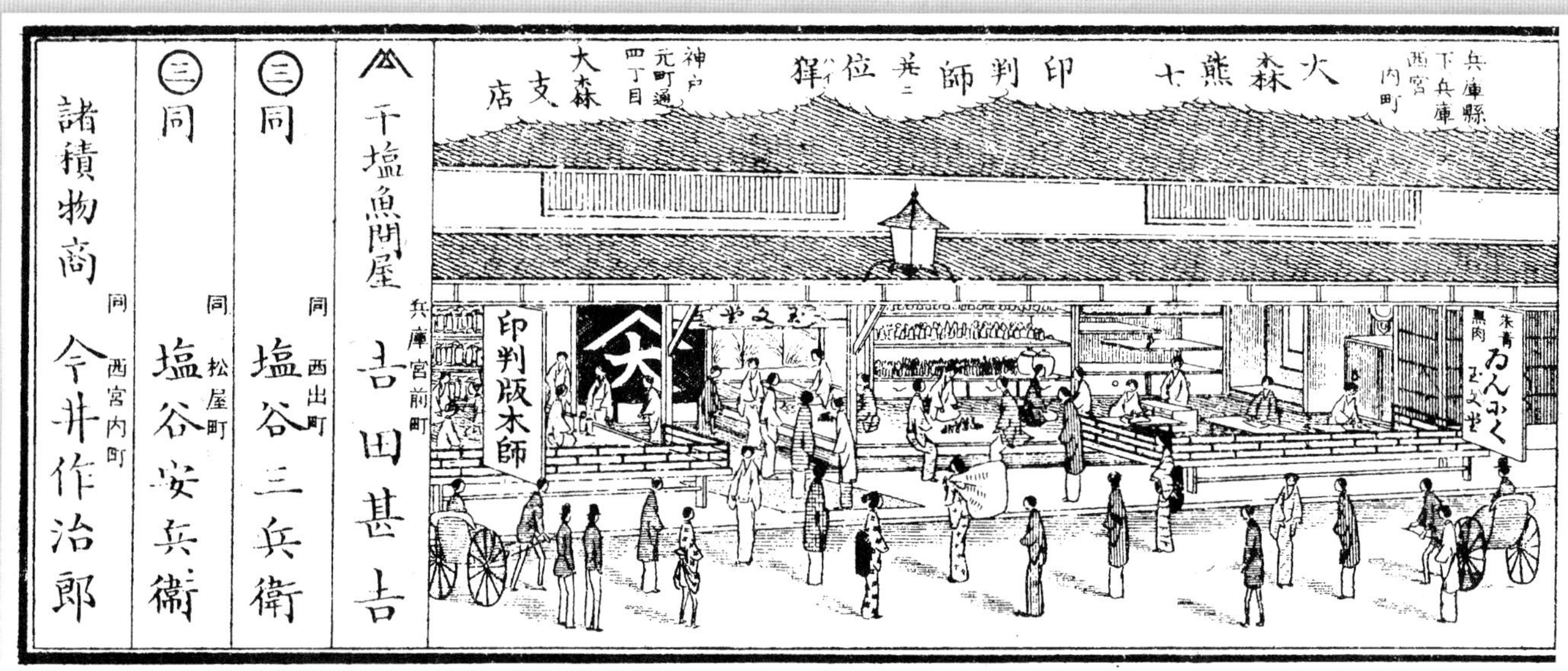

右は印判・版木師の大森熊七の店頭である。位牌も扱っているのは、木彫りで戒名を掘り込むからだろう。屋号紋は「山に大」。元町通4丁目にも支店を持ち開港でにぎわう神戸に進出、積極経営を行っている。看板には印判版木師とともに「朱青黒肉　ゐんにく　玉文堂」が掛かり、印判に加えて、印肉が看板になっている。左には、干塩魚問屋として吉田甚吉・塩谷三兵衛・塩谷安兵衛の名前がある。干塩魚は保存食で、そのまま干した素干し、塩漬けした塩干し、味醂に漬けた味醂干し、煮たあとの煮干し、焼いたあとの焼き干しなど、さまざまな干し方があった。古代には朝廷への献上品として作られたが、江戸時代には庶民も広く食べるようになった。今井作治郎は家の前に積み上げる祝儀用の酒樽・俵物（127ページ）を商った。

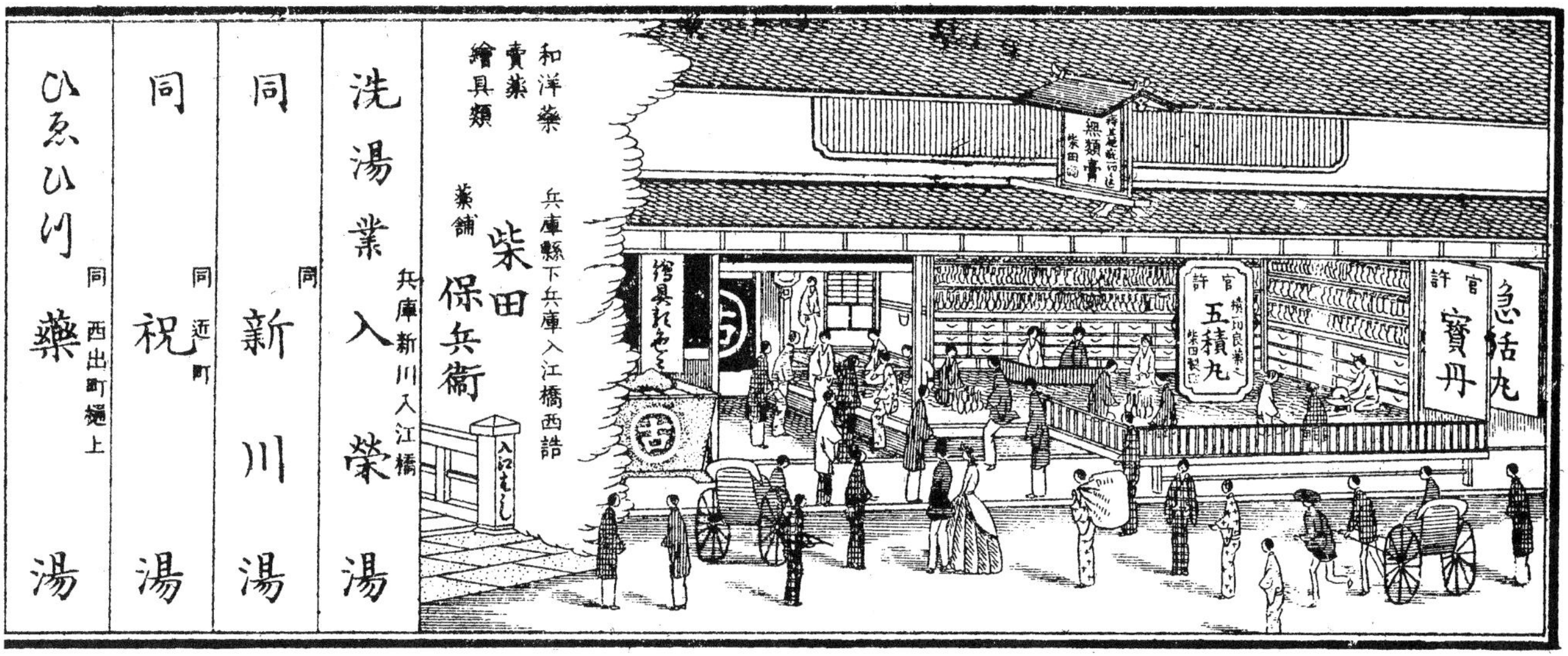

右は入江橋西詰にあった和洋薬・売薬・絵具類販売の柴田保兵衛の店頭である。屋号紋は「丸に古」。入江橋は兵庫新川が掘られた際に、磯之町と新町を結んで架けられた。「官許　積一切良薬也　五積丸　柴田製」という看板が大きく掲げられている。自家製の五積丸というのが主力商品らしい。五積とは漢方医学で、気、血、痰、寒、食が滞って体内に五つの病毒が鬱積することを治すという意味があるので、血行をよくして体の循環を良くする薬だろう。店の棚には瓶が並んでいて、瓶詰で販売した。右端では薬研で薬草を刻んでいる。二階には無類膏の看板もかかっていて、これも「痔其他疵一切によし　柴田製」とあるので製造している傷薬である。左に洗湯業４軒。ひゑひつは梅毒をさし(87ページ)、効能をうたう薬湯があった。

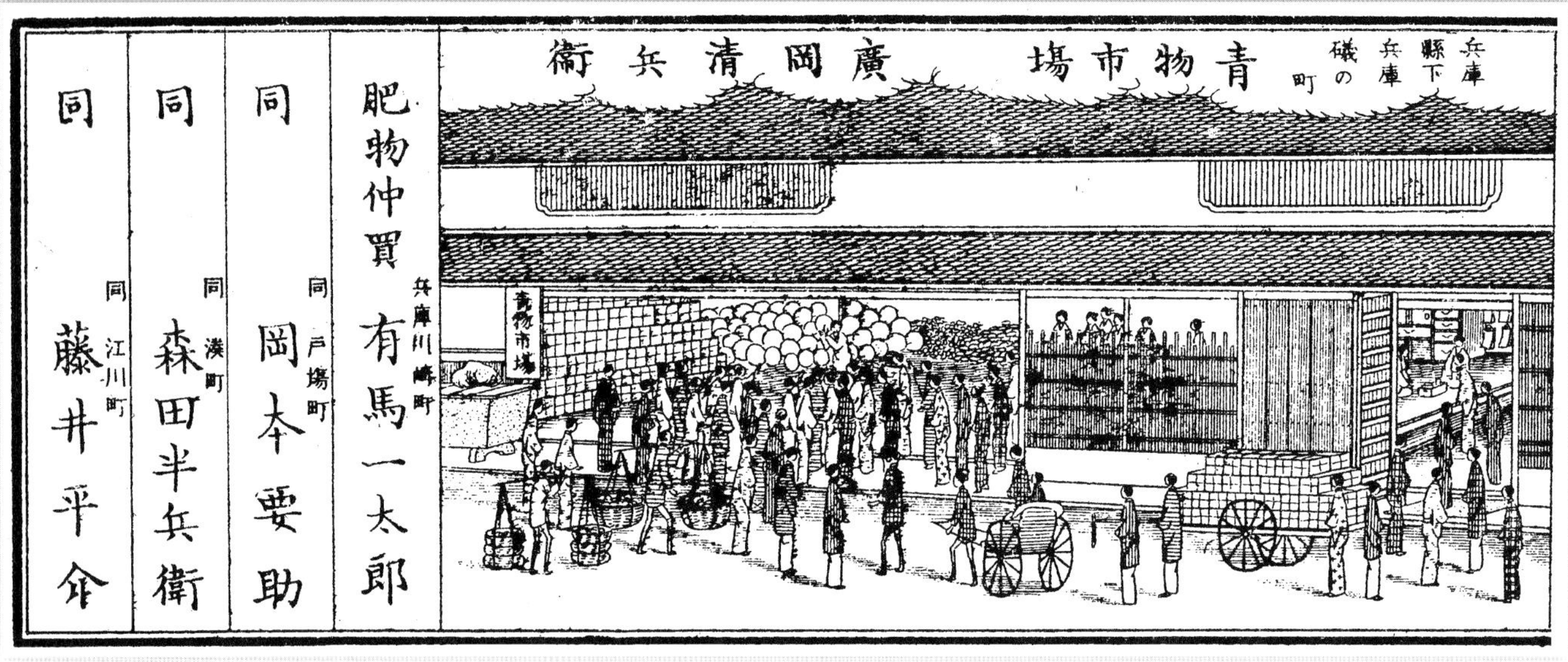

磯之町にあった青物市場・廣岡清兵衛の店頭である。1869（明治２）年の「兵庫津細見全図」によれば、磯之町に青モノ市があり、青果物を扱う商人が集中していたのだろう。今の市場は卸売市場だが江戸時代は同業者の集まりをさしていた。店頭には左手に箱詰めした商品が山積みされ、その右には大きな球形の青果が置かれ、店員の口上に人だかりができ、手を挙げているからセリをしているのだろうか。左には肥物仲買４人の名前を載せる。都市部の屎尿を農村部に還元するリサイクルが確立していた。有馬一太郎は市太郎と書き1880（明治13）年神戸商業会議所設立発起人惣代になったほか、明治10～20年代に日本米穀輸出会社の取締役を務めた。1889（明治22）年の第１回市議選で当選するなど、政財界で重要な役割を果たした。

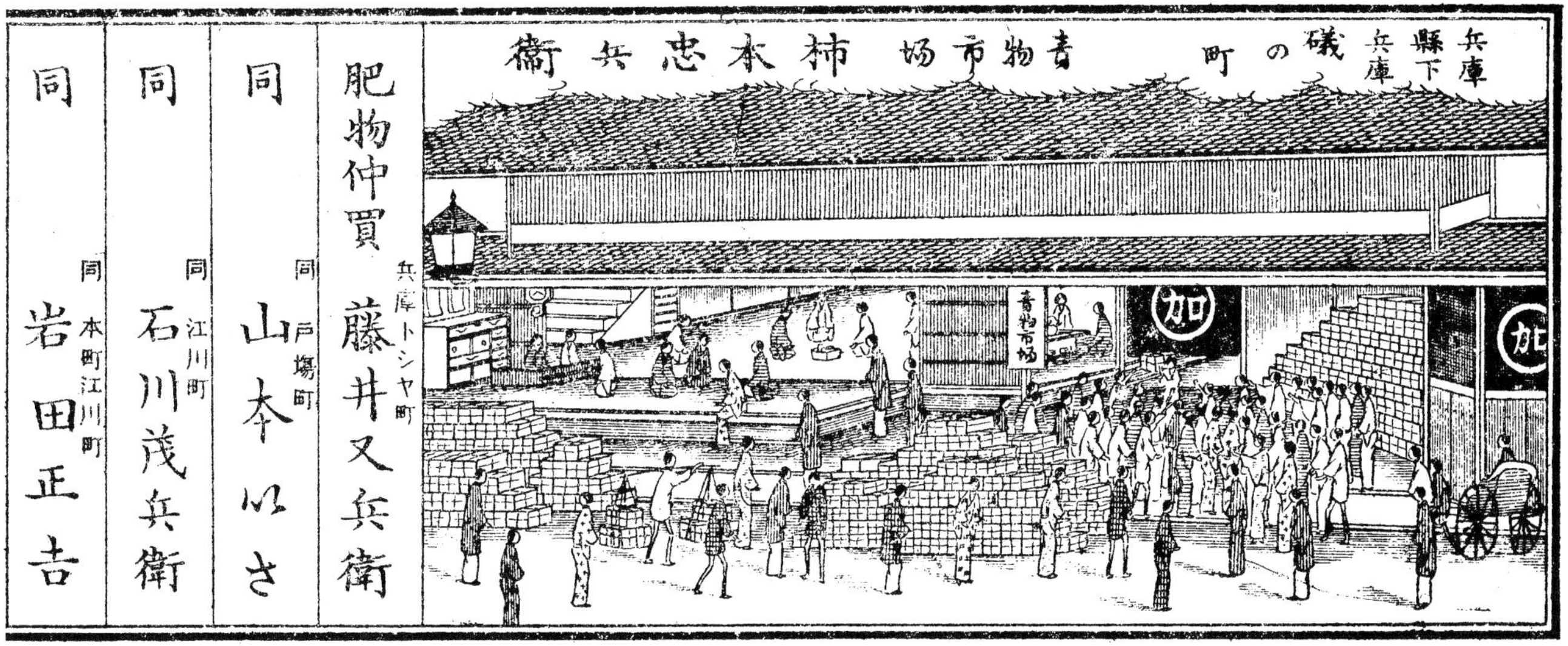

磯之町にあった青物市場、柿本忠兵衛の店頭である。屋号紋は「丸に加」。商品はすべて箱詰めされ廣岡清兵衛の店頭と少し様相が異なっている。ただ店の右手では箱を持つ店員に何人もの人が手を挙げており、セリを行っていることは間違いなかろう。左には肥物仲買として、藤井又兵衛・山本いさ・石川茂兵衛・岩田正吉の名前が見える。藤井又兵衛の店があった兵庫トシヤ町は町名がなくトミヤ（富屋町）の誤りだろうか。石川茂兵衛は兵庫の旧家として代々襲名、４代目は妙法寺村の出身で養子となり、1873(明治６)年に相続､北海道の干鰯を商った。また満州産の大豆を輸入し、化学肥料も初めて扱うなどして傾いていた家業を再建した。子の茂兵衛は1908（明治41）年神戸高等商業を卒業して家名を継ぎ、実業界で活躍した。

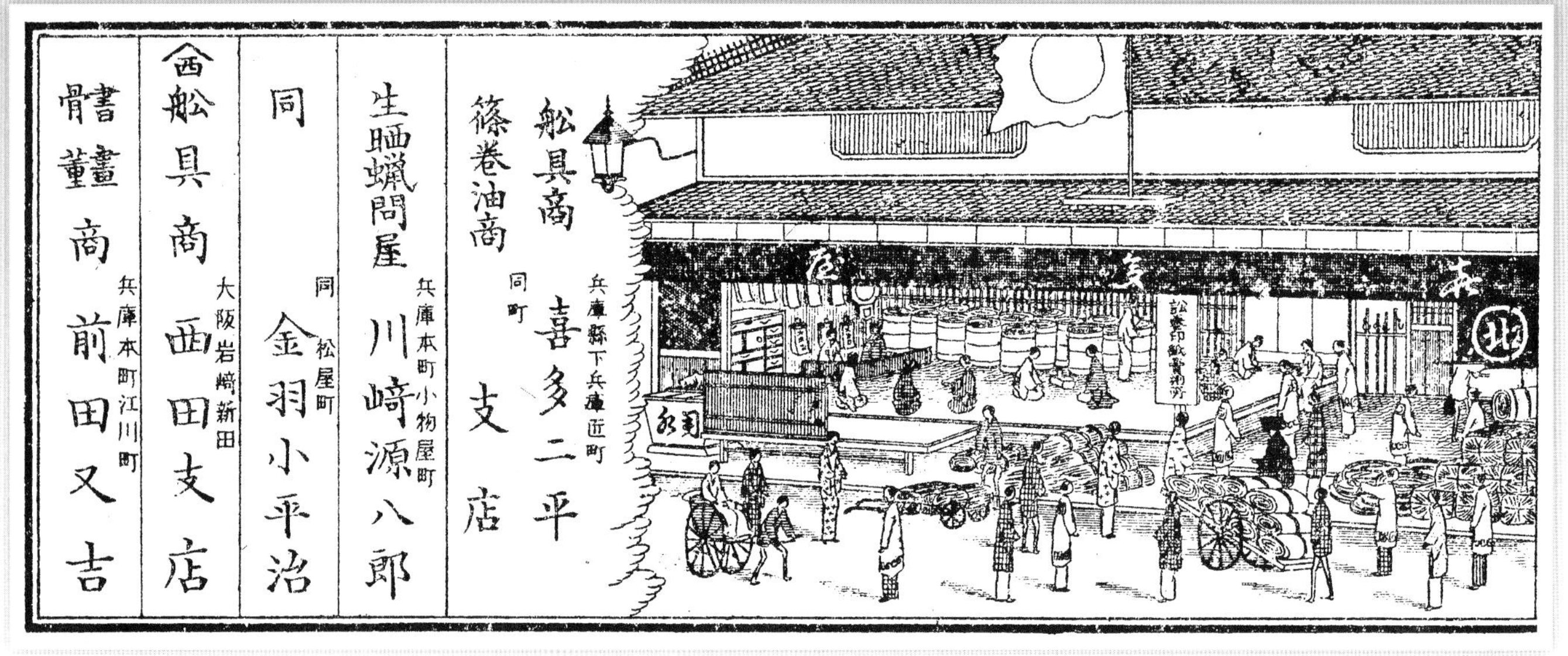

右に描く喜多二平は兵庫津の豪商、北風家（114ページ）の手代で功績を認められた筆頭別家で、匠町で代々船具商をしていた。高砂の工楽松右衛門が工夫した厚手の松右衛門帆を普及させた。1853（嘉永６）年、子孫が兵庫柳原の八王寺（当時は福昌寺）境内に松右衛門の碑を建てた。八王寺は明石の雲晴寺にいた覚巌が開山で、二平の尽力で1839（天保10）年に草庵を建て般若林と称したのが始まり。1867（慶応３）年二平の寄進で山田村（北区山田町原野）の無住の福昌寺を移した。右には生晒蝋《きざらしろう》問屋、川﨑源八郎の名前が見える。生晒蝋はハゼノキの果皮から圧搾した油脂を脱色したもの。川﨑源八郎は日本米穀輸出会社取締役も務めた。前田又吉は常盤楼経営者（68～70、122ページ）と同一人物なのか未詳である。

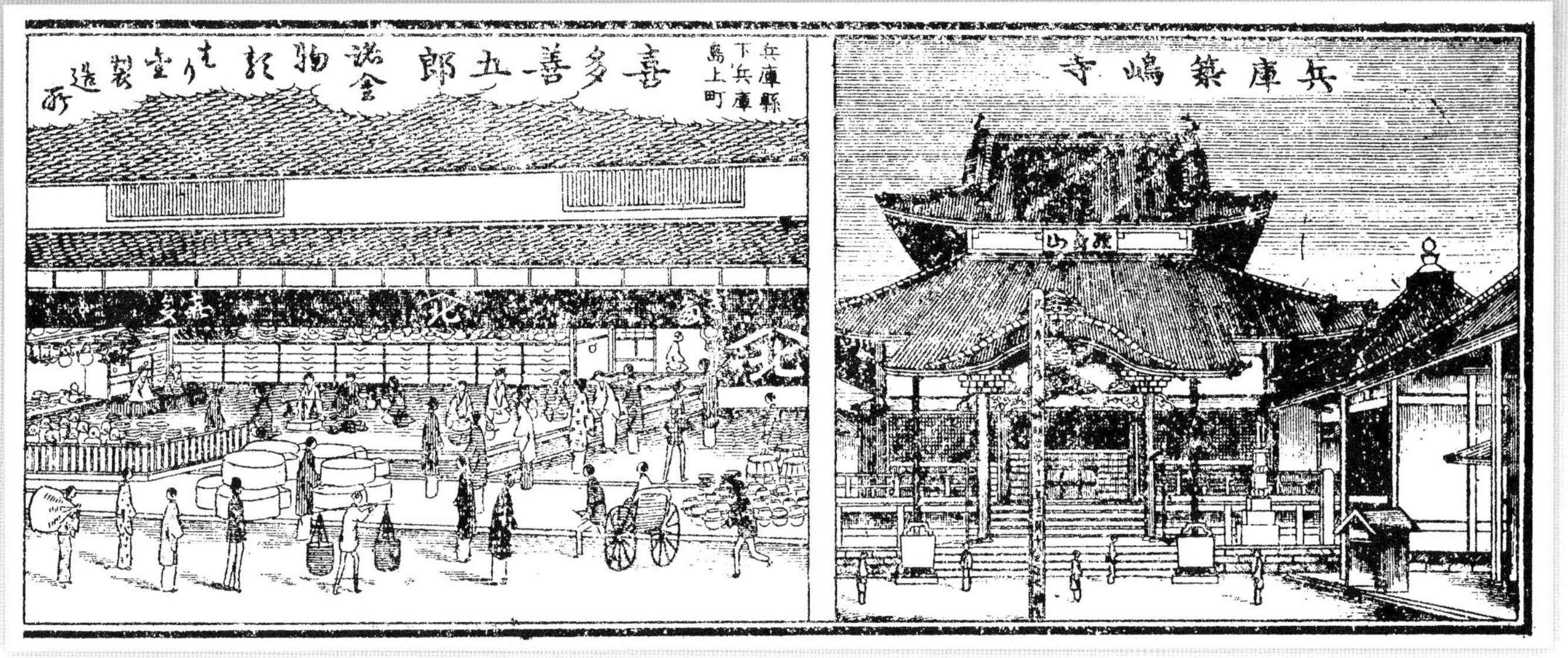

諸金物類・針金製造所の喜多善五郎の店頭である。版画には「喜多」と並んで「山に北」の屋号紋が染め抜かれ、右ページの「丸に北」と類似していることから島上町で所在地こそ違うが、喜多一族だろう。島上町の喜多家も江戸時代から続く旧家で、町年寄などを務めている。店頭の右端に置かれているのは、羽釜だろう。また左端の天井からやかんが吊り下げてある。

版画の右半分には築島寺が描かれている。当時の境内を真正面から描いた写真は1911（明治44）年刊行の『西摂大観』にも掲載されているが、細部が見えないのに比べ、『豪商神兵 湊の魁』は本堂を詳細に描写している。また『豪商神兵 湊の魁』には石燈籠が建っていないなど違いもある。正面に立つのは卒塔婆だろうか。「維時 明治第十二年三月十八日建之」と読める。

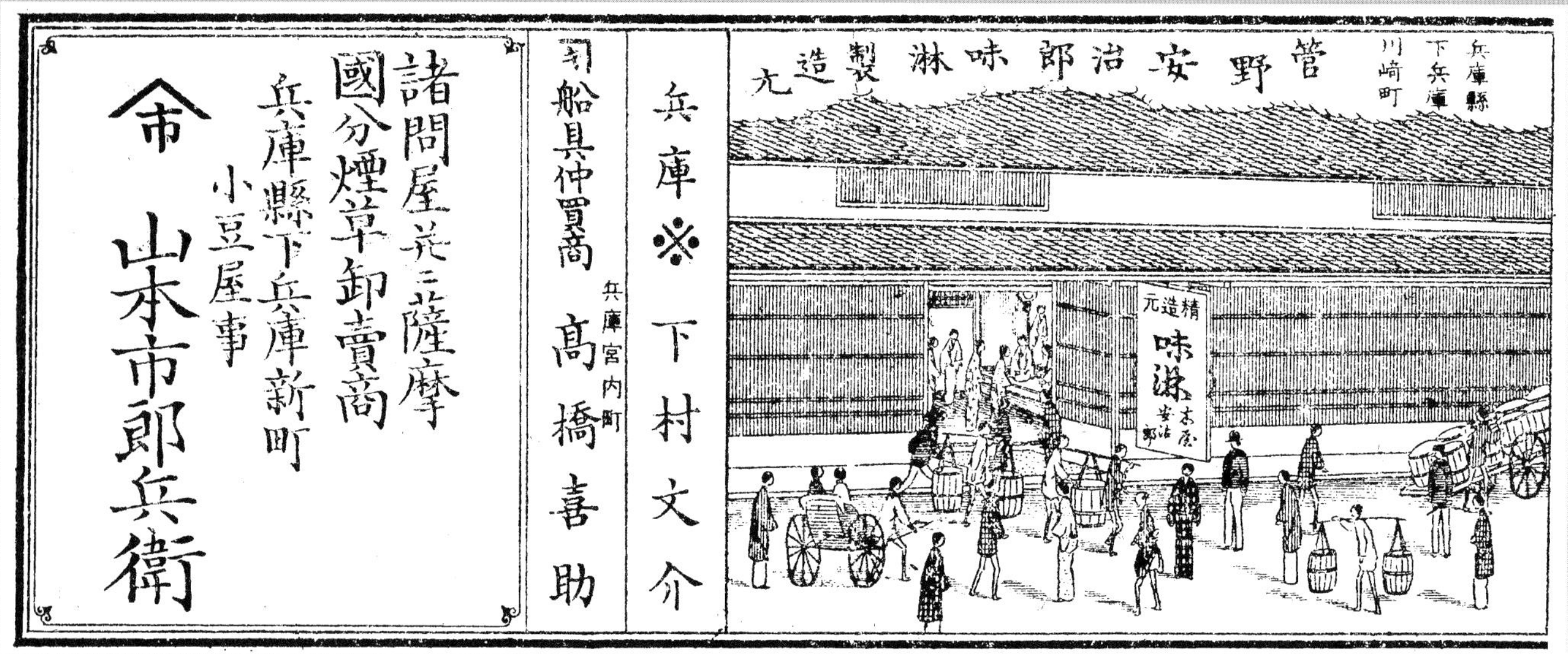

右は川崎町にあった味醂製造業の管野安治郎の店頭である。版画によると屋号は木屋となっている。1916（大正５）年の「時事新報」では「菅野安次郎」となっていて、飾磨郡青山村（姫路市）の出身で、1877（明治10）年酒造業に従事、清酒「菅公」は名声高かったという。1897（明治30）年神戸商業会議所議員となり、神戸信託株式会社を創立して取締役となり、湊川土地会社の取締役も務めた。左には下村文介・高橋喜助・小豆屋（山本）市郎兵衛の名前が見え、下村文介は「兵庫※」とあり、米問屋だろう。小豆屋（山本）市郎兵衛は、「諸問屋并薩摩国分煙草卸売商」とある。1861（文久元）年の「兵庫市中諸名家独案内」に「サツマ問屋　小豆屋市郎衛門」とあり、江戸時代から兵庫津で薩摩藩と結びつきながら営業していたことが分かる。

宮内町にあったアナゴ料理店、魚谷善介の店頭である。左端では店頭でアナゴをさばく様子を実演している。奥には水槽や井戸も見える。一方右手は「定宿」と札が掛かっている。「いつも宿泊する宿」ではなく、浪花講定宿などに匹敵する高級宿という意味だろう（112ページ）。兵庫津には江戸時代から今出在家町に生け簀があり、長さ23.6メートル、巾7.3メートルほどの水槽に屋根も設け、潮水を入れてタイ・ハモ・スズキや諸魚を放った。兵庫の生魚として有名で、海が荒れても朝廷への調進する手段に使った。往来の旅人や住人も見物した様子が「摂津名所図会」に描かれている。また魚市が宮前町にあり、兵庫より西の漁者が船を寄せて、毎朝に魚の市が立ち、京都・大坂へも早船で運送し商った。南浜にも魚市ができた（152ページ）。

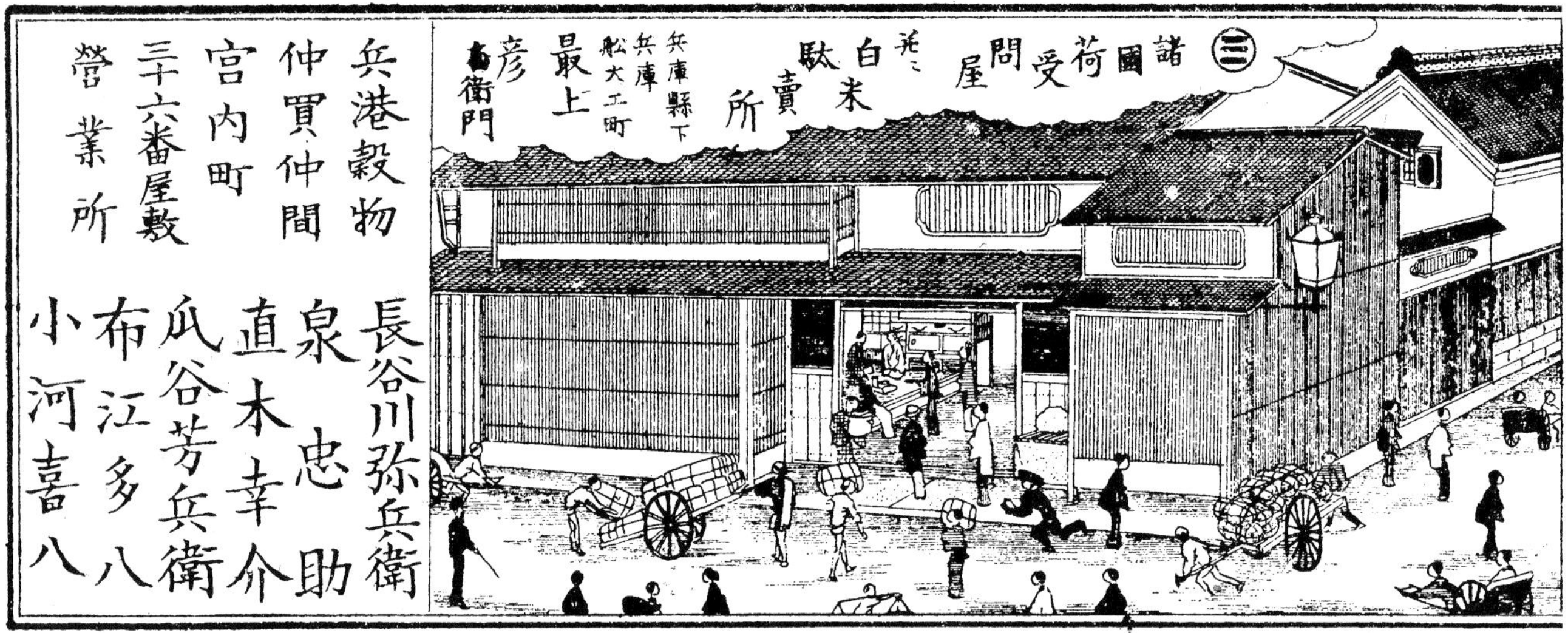

右は船大工町にあった諸国荷受問屋并白米駄売所、最上彦左衛門の店頭である。屋号紋は「丸に三」である。馬一頭に背負わされる荷物を一駄といい、江戸時代の定めでは重さなら約135キロ（36貫）、酒なら63リットル（３斗５升入り）２樽をさし、そのまま卸売りすることを駄売りと呼んだ。名前は彦左衛門か彦右衛門か判読が難しいが、1861（文久元）年の「兵庫市中諸名家独案内」に、苧問屋として最上屋彦左衛門があり、「安田惣兵衛文書」にも船大工町組頭や1763（宝暦13）年の船の世話係として最上屋彦左衛門が登場する。さまざまに業態を変えながら商売を続けているのだろう。このページから兵港穀物仲買仲間がずらりと名前を連ねている。穀物仲間は、諸問屋、干鰯仲間と並んで兵庫津のもっとも大切な仲間で三仲間と称した。

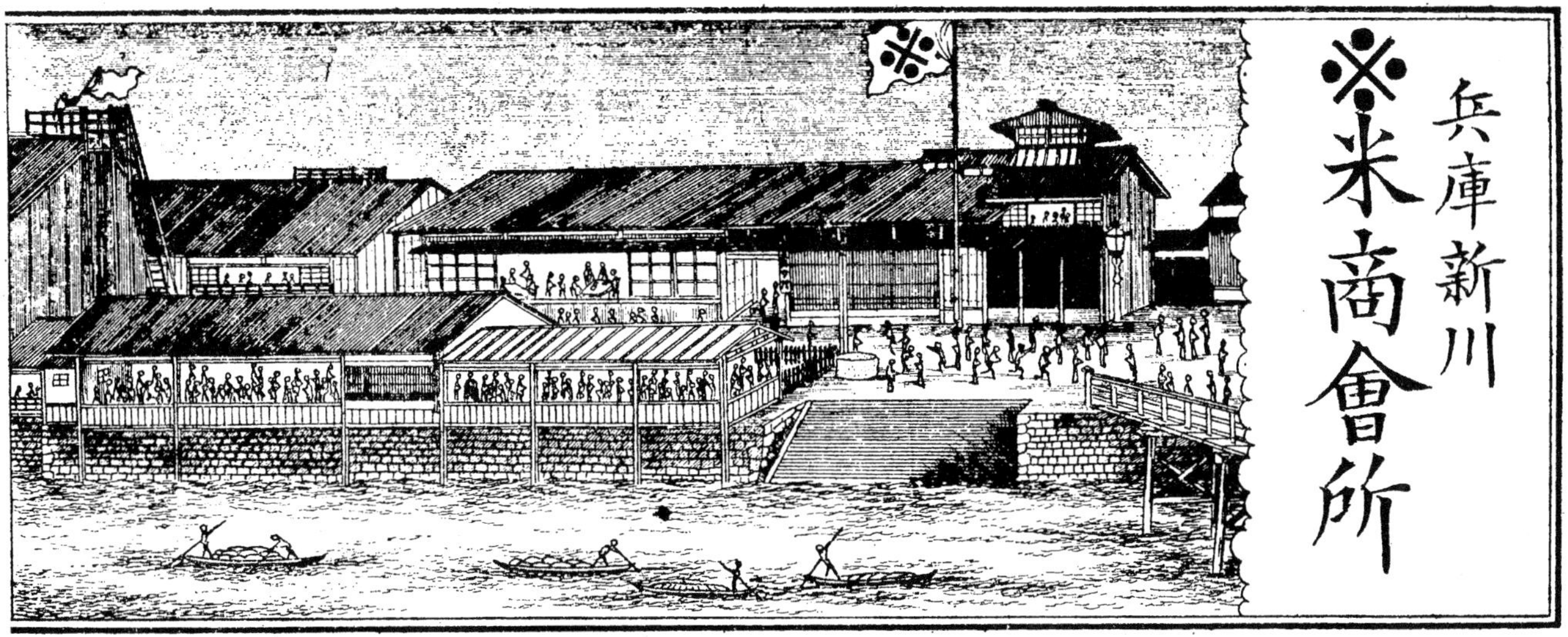

新川前にある兵庫米商会所を描く。米商会所は1877（明治10）年に北風正造（荘右衛門貞忠）が元締めとなって発起人12人、米穀商300人によって設立された。米は需給関係で価格変動が大きく投機取引の対象になり、明治政府は投機取引を中絶した。しかし純然の現物取引だけでは経営上支障が多く、先物取引市場の再建が求められ、1876（明治９）年米商会所条例が発布された。こうして神戸をはじめ東京、大阪・堂島、赤間関（下関）、金沢、名古屋、高岡など各地に米商会所が設けられた。左端の屋上で旗を振るのは、米相場の伝達である。江戸時代から大正時代にかけて、大阪・堂島の米市場での相場を毎日旗振りの暗号リレーで伝えた。近辺では諏訪山と高取山や長田区の正法寺の裏手の丘にあった水晶閣を結んで情報が送られた。

米會所仲買商

豊原甚助
前田又吉
塩川藤七
最上善右衛門
小林儀右衛門
寺本伊太郎
森際園三郎
相澤平吉
木戸新兵衞
須々木庄平
松本駒太郎
橋本寅吉
島　徳次郎
泉谷要助
岩田証五郎

米会所に加わった米穀商が名前を連ねている。２人目の前田又吉は常盤楼の経営者として有名だが、もとは大阪の裕福な家に生まれて、若い頃は遊興によって身を持ち崩したという。兵庫津の佐比江にあった米市場のあたりで、露店の煮売り屋を始め、やがて小料理屋を開き、やがて常盤楼の経営に進出する（68～70、79、122ページ）。しかし1882（明治15）年当時でも米会所仲買仲間にも加わっていたことが判明する。10人目の須々木庄平商店は後に大阪・堂島で営業、須々木庄平は堂島取引所理事や高松高等商業学校講師を務め、『堂島米市場史』(1940)、『堂島の晩鐘』(1939)、『堂島漫筆』(1934)、『定期清算取引』(1924)、『堂島市場と享保時代に於ける米價政策』(1937)など著書多数があるが、ここに登場するのは先代だろう。

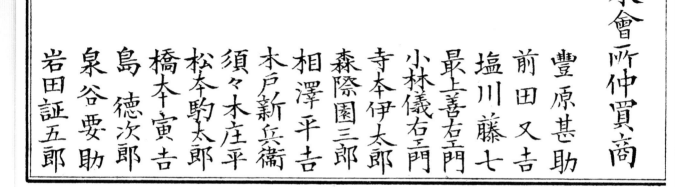

堂の内重吉
山道竹蔵
伊藤竹造
泰　銀兵衛
池田久太郎
梅垣榮介
野村伊蔵
澤野定七
車　利三郎
佐々木東吉
高木伊三郎
若谷徳兵衛
喜多要介
小島要助
川崎忠七
河内常七
玉垣正太郎

名簿のうち右から４人目の泰（秦）銀兵衛は、屋号は田原屋で、米穀・肥料の問屋・仲買をしていたが、開港で海外貿易に進出。初代銀兵衛は秦燐寸工場を設立。第二清燧社を1880（明治13）年に創業した。1892（明治25）年に養子が２代目銀兵衛を襲名、マッチ工場を拡大し日本燐寸同業組合評議員となり1911（明治44）年副組合長となった。８人目の澤野定七は、1841（天保12）年生まれ。12歳のころ兵庫津匠町の米穀肥料商瓜屋に奉公し1878（明治11）年磯之町で米穀仲買店を開き、兵庫米商会所が1889（明治22）年神戸取引所と改称した際の理事で、兵庫運輸・兵庫倉庫・日本商業銀行・日本米穀会社などの役員や神戸電気会社の監査役などを歴任した。また神戸演劇株式会社の社長も務めている。

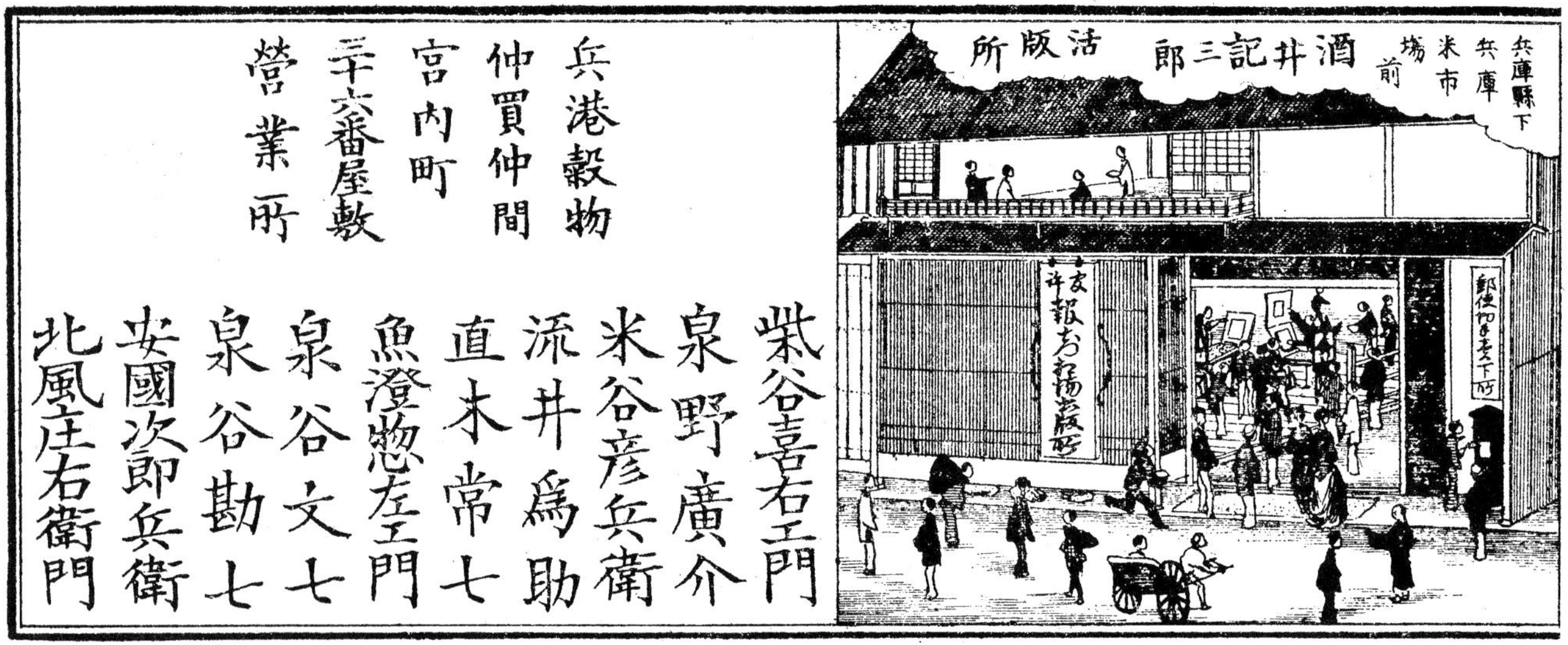

右は米市場前の活版所、酒井記三郎の店頭である。看板に「官許　報知相場出版所」とあるが、1879（明治12）年の「出版書目月報附録、新聞紙雑誌雑報一覧」に定期刊行物として毎日、兵庫切戸町番外三十番戸の酒井記三郎により発行とある。旧米市場は切戸町にあったが、1893（明治26）年の「神戸港内外商家便覧」によれば酒井記三郎の所在地は宮内町３番地に移転している。店内では卓上印刷機が見える。郵便切手も商っていた。左には兵港穀物仲買仲間の名簿がずらり並んでいる。６人目の魚澄惣左衛門は、業界の重鎮である（129ページ）。1892（明治25）年３月には「神戸又新日報」に「虚偽の風説を流布して米価を高騰させた嫌疑につき無罪」の広告が出ている。北風庄右衛門は北風正造の後を継いだ貞雄である（114ページ）。

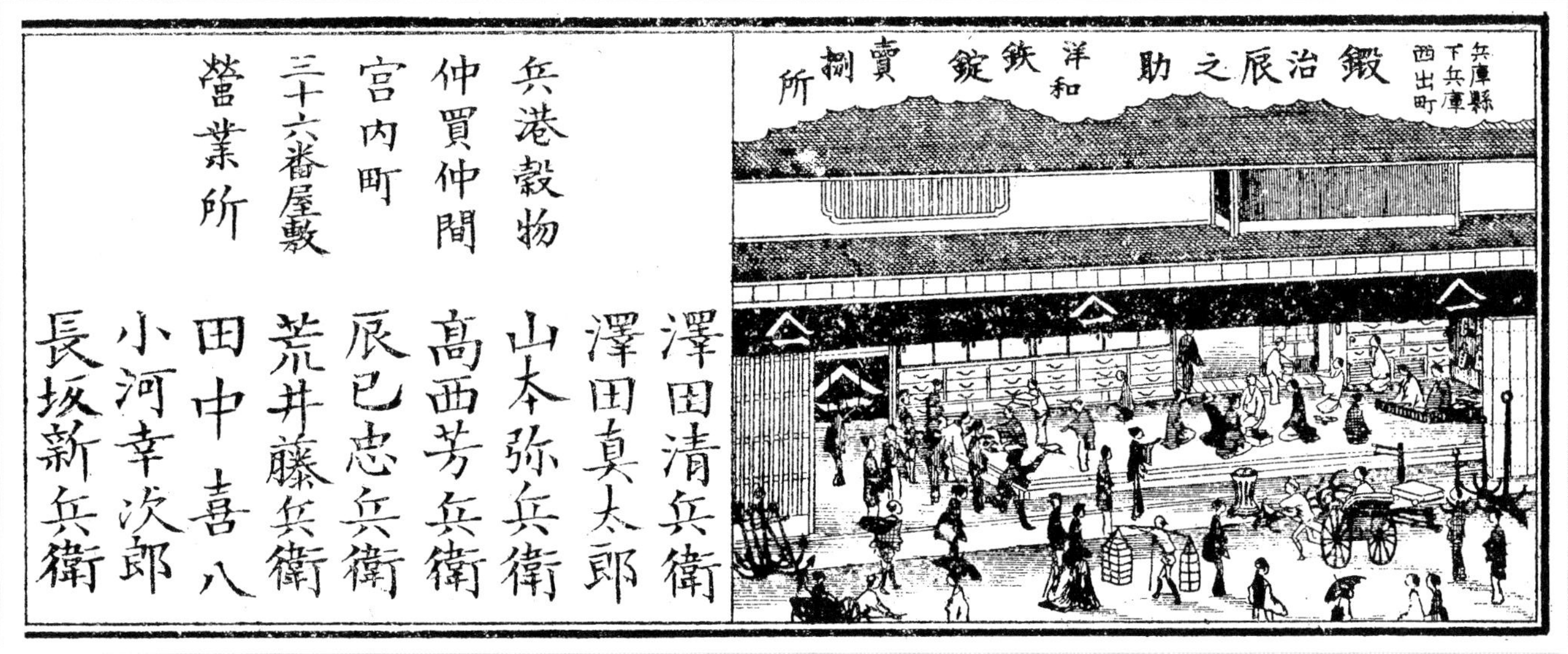

西出町で洋和鉄錠（碇《いかり》）売捌所を営む鍛治辰之助の店頭である。屋号紋は「山に一」。店頭に碇が並べられているが、94ページの梶本忠兵衛の商品と比べると、さほど巨大ではない。碇売捌所でも得意な船の規模があったのだろうか。右端には重量を量る台秤が置かれている。兵港穀物仲買仲間の名簿の筆頭にある澤田清兵衛は、日本米穀輸出会社の役員を歴任した人物で（105ページ）、山本弥兵衛も同社の取締役をしていた。また山本は澤田や同じく米穀商の魚澄惣左衛門とともに第1回市会議員選挙に立候補して当選している。棄権者が多く、『神戸開港三十年史』は、「市民が未だ政治に冷淡なるを表証せり」と書いた。米穀商は兵庫津で最も力のあった業種で、市政は江戸時代以来の少数の豪商によって運営されていたのである。

宮内町にあった汽船乗客荷物扱所の筏まちの店頭である。筏屋は江戸時代から続く商家で屋号紋は「丸にい」である。「日々出港」とあって毎日運航し、はりま行・淡路行の大きな旗が翻っていて、これらが主力だったことがうかがえる。淡路方面は、第一淡路丸、第二淡路丸が、播磨には碓の丸、金聖丸、赤穂丸が就航していた。興味深いのは香川県の多度津行きの大蔵丸、信導丸の２隻の看板が掲げられていることである。当時は海路で神戸と直結していたのである。1889（明治22）年に丸亀―琴平間の約15.5キロに、四国初の鉄道が走り、鉄路を軸にした交通体系に変わっていく。それでも1988（昭和63）年に瀬戸大橋が開通するまで、瀬戸内海航路の拠点は神戸で、九州、四国、淡路島と結ばれていた。

薬師前角にあった煙草問屋の石谷藤助の店頭である。暖簾《のれん》に「いしや」と屋号紋「山に石」が染め抜かれている。薬師前とは、兵庫の薬師さんと親しまれた金光寺である。1173（承安３）年隆善法師の開基とされ、平清盛が経ヶ島築造のとき、清盛の枕元に天童が現れ「兵庫の海中に霊仏があるので探し出すよう」告げ、海中に網を下ろしたところ、黄金の薬師尊が出現したので金光寺と名づけられたという伝説がある。店の向こうに描かれるのは金光寺である。金光寺の山門の前はＴ字路になっていてその両側は塩屋町であり、薬師前角とは塩屋町に当たる。左手の店先の壁際には京都の古民家によく見られる矢来が設けられている。外壁を泥やはねによる汚れ、傷から守るのが目的だが兵庫の民家では数少ない。

兵庫では湊川の土手下に琴三味線所として松野徳七が店を構えていたが（84ページ）、右に描くのは西宮内町にあった大松孝三郎の店頭である。屋号は大松屋。左には兵港穀物仲買仲間として柴谷宗八・粟田儀介・粟賀仁兵衛・武貞彦七・直木久兵衛の名前が見える。このうち柴谷宗八は江戸時代から湊町で営業していた米穀肥料仲買人で屋号は柴屋。また福岡・博多大浜3丁目の足立次平との取引史料が福岡の九州歴史資料館に残っている。粟田儀介は1878（明治11）年に兵庫商法会議所の設立発起人の一人。直木久兵衛は、兵庫島上町の肥料米穀商。満洲商業株式会社社長・兵庫倉庫株式会社取締役、兵庫電気軌道株式会社の監査役などを歴任した久兵衛は1871（明治４）年尼ヶ崎町に生まれているので、ここに見える久兵衛は先代である。

戸場町宮前角にあった度量衡売捌所、淀川米の店頭である。松尾事とあるほか、尺度製造所として同町の松尾久吉の名前が出ているから、製造販売を一族で行っていたのだろう。看板に西洋形権衡所とあって、洋式はかりを扱っていることが判明する。同業者は江川町に宮下宗右衛門、北仲町には進藤甲子郎の店があったが(96、104ページ)、洋式秤を看板に掲げているのは淀川米の店だけである。江戸時代には秤座があり、秤座以外で秤の製造は禁止された。開港によって洋式の秤がもたらされ、1875(明治8)年、度量衡取締条例と度量衡機器の検査方法を定めた度量衡検査規則、原器の規格を定めた度量衡種類表を定めた。匁の重さをグラムを基準にして定め、西洋式の秤の製作、使用も認めた。

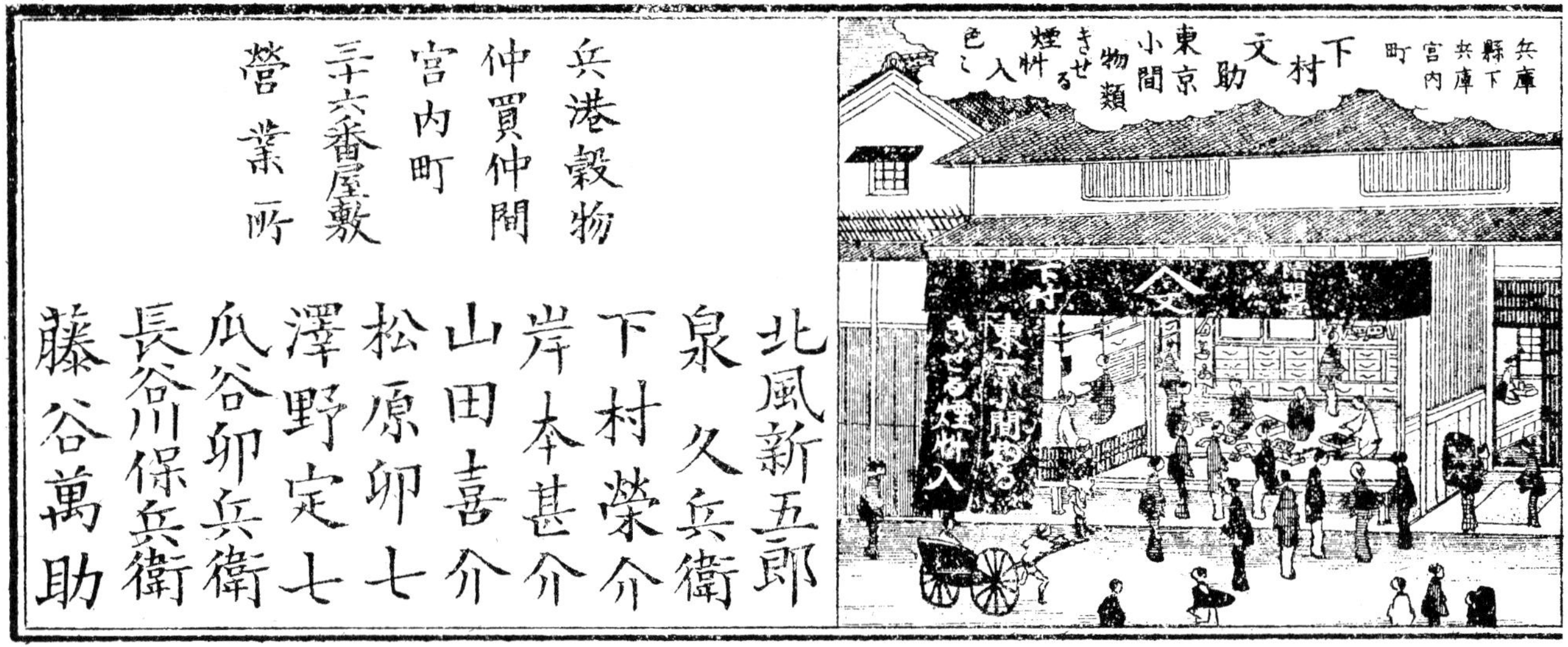

右は宮内町にあった東京小間物類并キセル・煙草入を扱う下村文助の店頭である。屋号は清明堂で、「山に文」の屋号紋と下村が、水引暖《の》簾《れん》に染め抜かれている。店頭にはキセルや印籠のついた煙草入を前に客が品定めする風景が描かれている。江戸時代、小間物商は行商が普通で、化粧品や櫛、歯みがきなどを背負って販売した。右端には大きな風呂敷包みを背負った女性が店に入ろうとしている。店頭商いに加え、行商人に卸しもしていたのだろうか。左は兵港穀物仲買仲間として北風新五郎・泉久兵衛・下村榮介・岸本甚介・山田喜介・松原卯七・澤野定七・瓜谷卯兵衛・長谷川保兵衛・藤谷萬助が名前を連ねる。澤野定七は米会所仲買商としても広告を掲載する（141ページ）。岸本甚介の次男が兵庫貯蓄銀行を興した岸本豊太郎である。

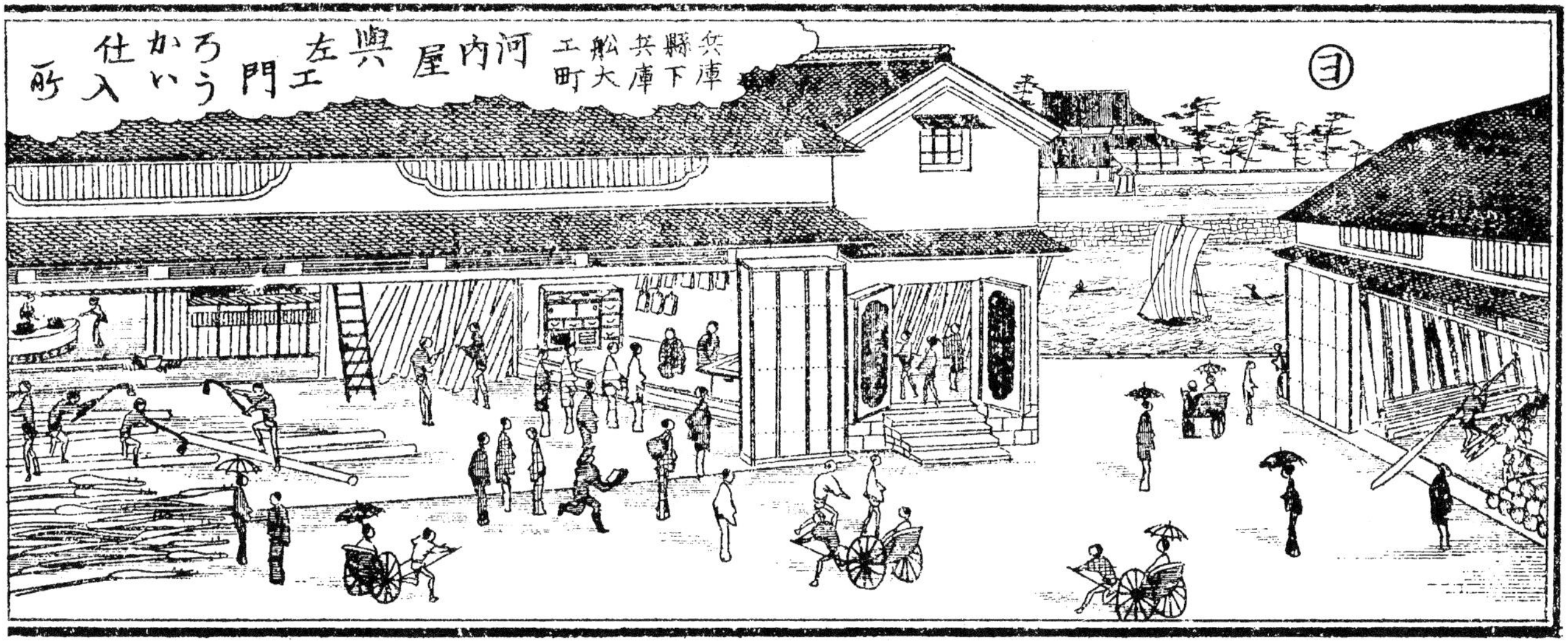

船大工町にあった河内屋與左衛門の店頭で「ろうかい仕入所」とあり、船の艪と櫂の仕入所である。「丸印にヨ」というのが屋号紋だった。船大工町という町名は、造船所があったことからついた町名だといわれ、江戸時代の初期には確認できないが、1681（天和元）年には町名が見え、船大工が延享年間（1744～48）には183人、1788（天明８）年には280軒が集住していた。河内屋の蔵には材木が立てかけられ、店頭で職人がやりがんなで削る作業をしている。出来上がった艪や櫂が店先に山積みされている。店の前にはこうもり傘を差す人が描かれ、生活の洋風化が進んでいる。建物の間に見えるのは船入りの運河で、帆かけ船が湾内に向かって進んでいる。その向こうにあるのは築島寺である。

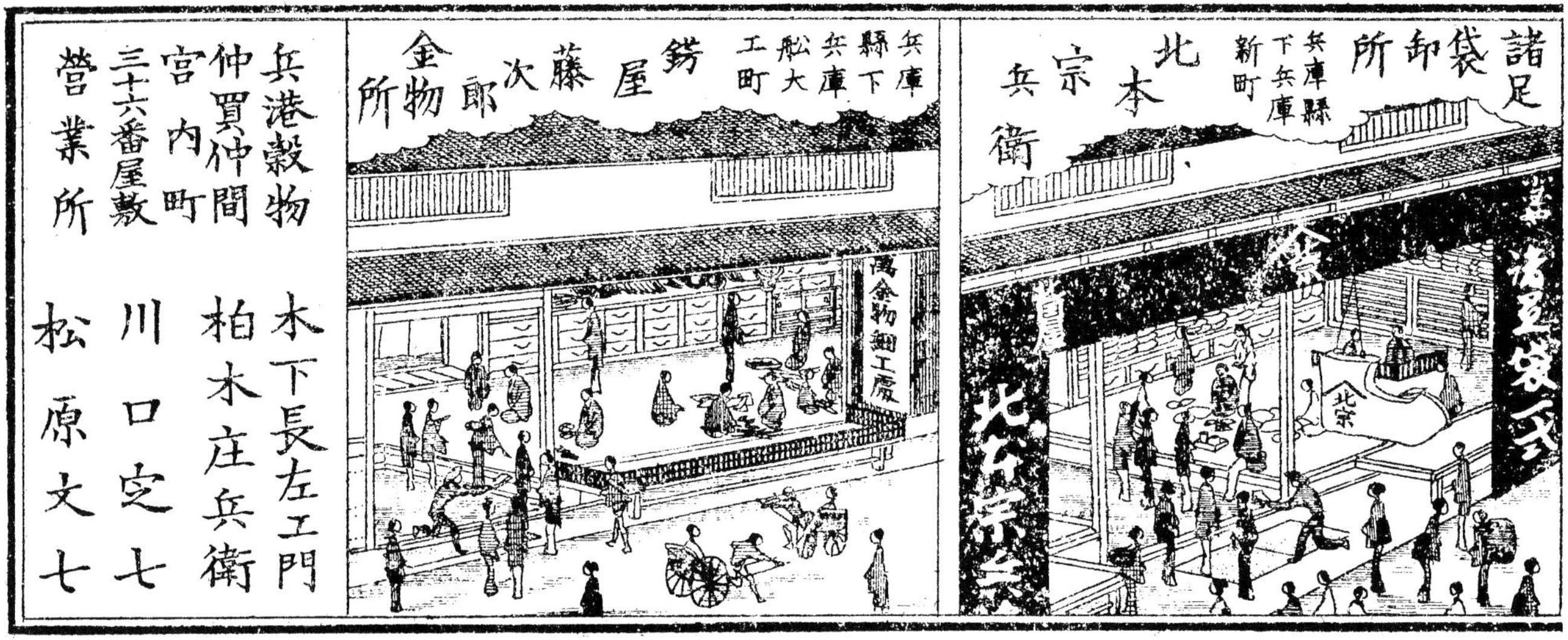

右は新町で足袋屋を営む北本宗兵衛の店頭で、屋号は北国屋、「山に北宗」の屋号紋とともに水引暖簾《のれん》に染め抜かれている。1861（文久元）年の「兵庫市中諸名家独案内」に北国屋惣兵衛が見える。看板は足袋の形にくりぬかれている。足袋ははじめ皮製が源流だったが、江戸三大火災といわれる1657（明暦３）年の大火で皮が品薄で高騰し、木綿製が普及したという。江戸時代には勤番武士が黒繻子の足袋を履いていた。左は船大工町にあった錺屋藤次郎の金物所である。万金物細工処とあるが、造船と一緒に発展したのだろう。左には兵港穀物仲買仲間として木下長左衛門・柏木庄兵衛・川口定七・松原文七の名前が見え、柏木庄兵衛は、1878（明治11）年に兵庫商法会議所の設立発起人の一人で、兵庫米穀問屋業組合の総取締となった。

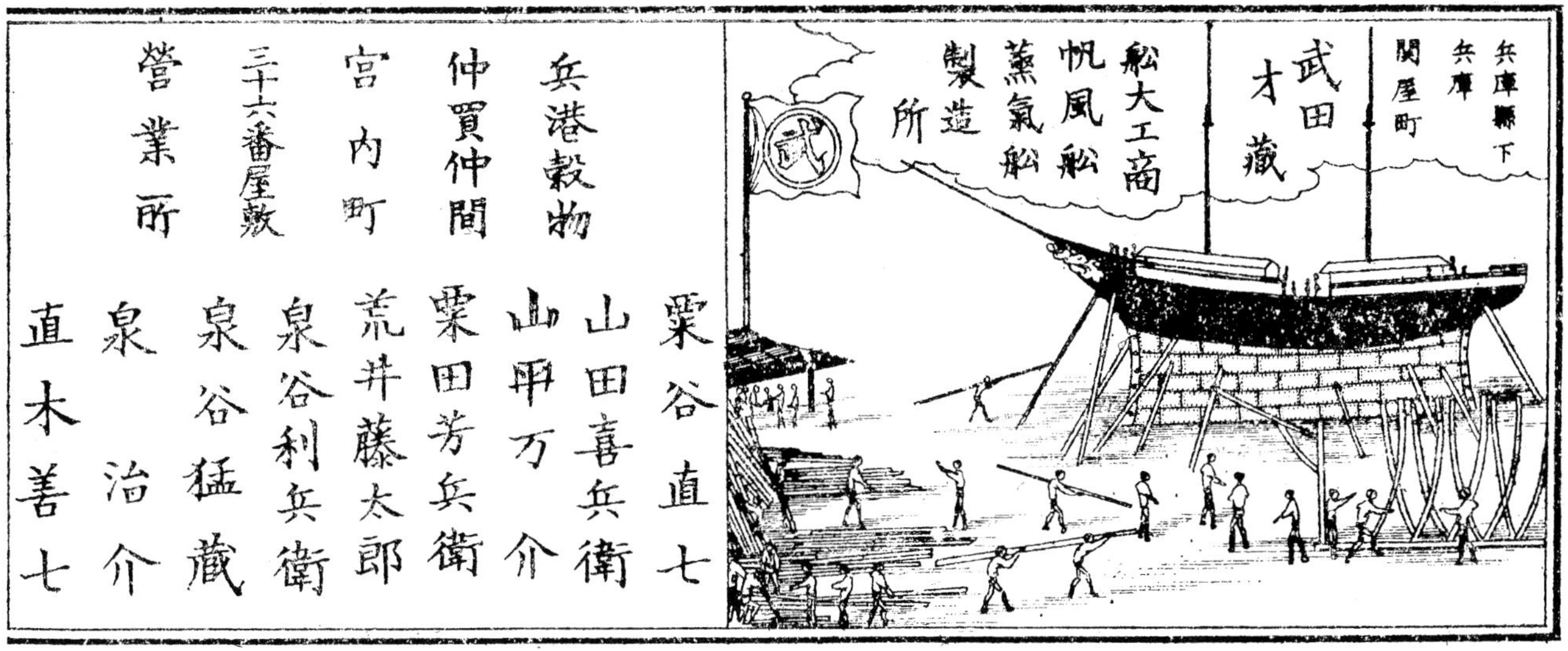

右は関屋町にあった船大工商、帆風船・蒸気船製造所の武田才蔵の作業場の様子である。左端に小屋のようなものが描かれているが、店舗は見えない。造船所として描かれる作業場はいずれも屋外で、ドックや屋根もない場所で作業をしている。「丸に武」の屋号紋を染め抜いた旗を立てるが、屋号紋を入れた旗を立てることは、123ページの大松重五郎の製造所と共通している。２本マストの船は完成したようで、大松の製造所と比べると、足場の解体が進んでいる。また手前では次の船の骨組みの製造が始まっていて、比較すれば船の骨格を造る工程がよく分かる。左には兵港穀物仲買仲間として粟谷直七・山田喜兵衛・山平（田）万介・粟田芳兵衛・荒井藤太郎・泉谷利兵衛・泉谷猛蔵・泉治介・直木善七の名前が見える。

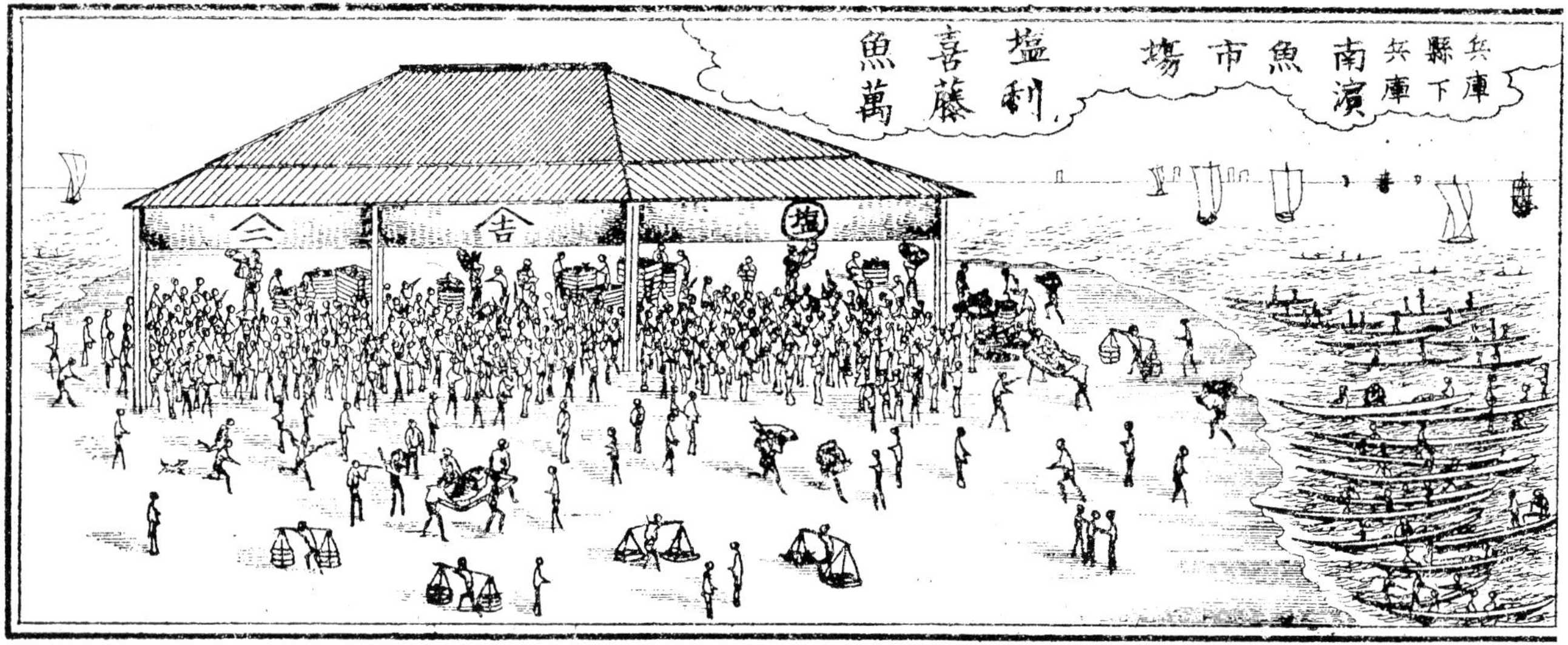

南浜にあった魚市場を描いている。兵庫津の魚市場としては『神戸中央卸売市場二十年史』によれば、宮前魚市場が元禄年間（1688～1704）以前に遡り、慶応年間（1865～68）に主に近海産の鮮魚を取り扱う兵庫南浜魚市場ができたという。兵庫南浜魚市場は1907（明治40）年には問屋業者の共同組織となり、中央卸売市場ができるまで続いた。今出在家町１丁目にあり、問屋は３、仲買・買出人合わせて70人で、宮前市場に比べて４分の１の人数だったが、取扱金額は宮前魚市場の９割ほどあり、遜色なかった。塩利・喜藤・魚萬の３人の問屋名が記載され、市場の建物には「丸に塩」「山に吉」「山に二」の三つの屋号紋が見え、３カ所でセリを行っている。浜には小さな漁船が横づけされ近海のとれたての鮮魚が運ばれている。

切戸町にある住吉神社を描く。立派な社殿である。兵庫港は良港だったが、和田岬の突端を回って入港する必要があり、船の待避場所もなかった。そこで神田兵右衛門らによって運河が計画され、まず1875（明治８）年に今出在家の浜から新在家町～船大工町を通って築島寺に出る新川運河が開通した。完成を祝って大阪の住吉大社から海の守護神の住吉大神を勧請した。1878（明治11）年に社殿が完成、遷座奉祝祭を行った。1923（大正12）年に市電整備により、清盛塚が境内の一角に移設された。しかし戦災により社殿はことごとく焼失し、1959（昭和34）年に復興奉賛会を結成し、５年かかって社務所・本殿・拝殿を再建した。1995（平成７）年の阪神・淡路大震災でも被災し、1998（平成10）年に大鳥居が奉納された。

兵庫県下
有馬 武庫 菟原

豪商 名所 独案内の魁

『兵庫県下有馬武庫菟原　豪商名所独案内の魁』は一八八四（明治十七）年発行の有馬郡・武庫郡・菟原郡の商工・観光名所案内である。約八〇の商工業者と八カ所の名所を掲載する。大きさは、縦一一・四センチ、横一六・八センチの和装紐綴。三郡は現在の神戸市北区有馬町と神戸市東灘区・灘区・中央区東部から芦屋市、西宮市南部にあたる。

本書では、これらのうち開港によって外国人を意識した営業を始めている有馬地区の温泉宿や竹筆細工販売、小野浜（現神戸市中央区）の牛馬問屋・牛乳売捌所だけを掲載した。有馬温泉では早くも湯元が洋館で建てられ、また竹筆細工販売ではローマ字による店の紹介も行われている。牛肉や牛乳は開港によって神戸の重要な産業になりつつある。

奥付には「明治十六年十二月六日御届　明治十七年一月出版、定価二拾三銭、編輯兼出板人　大阪北区曽根崎新地壱丁目　垣貫與祐、賣捌所　神戸相生町東詰　熊谷久榮堂、大阪高麗橋二丁目　熊谷久榮堂」とある。

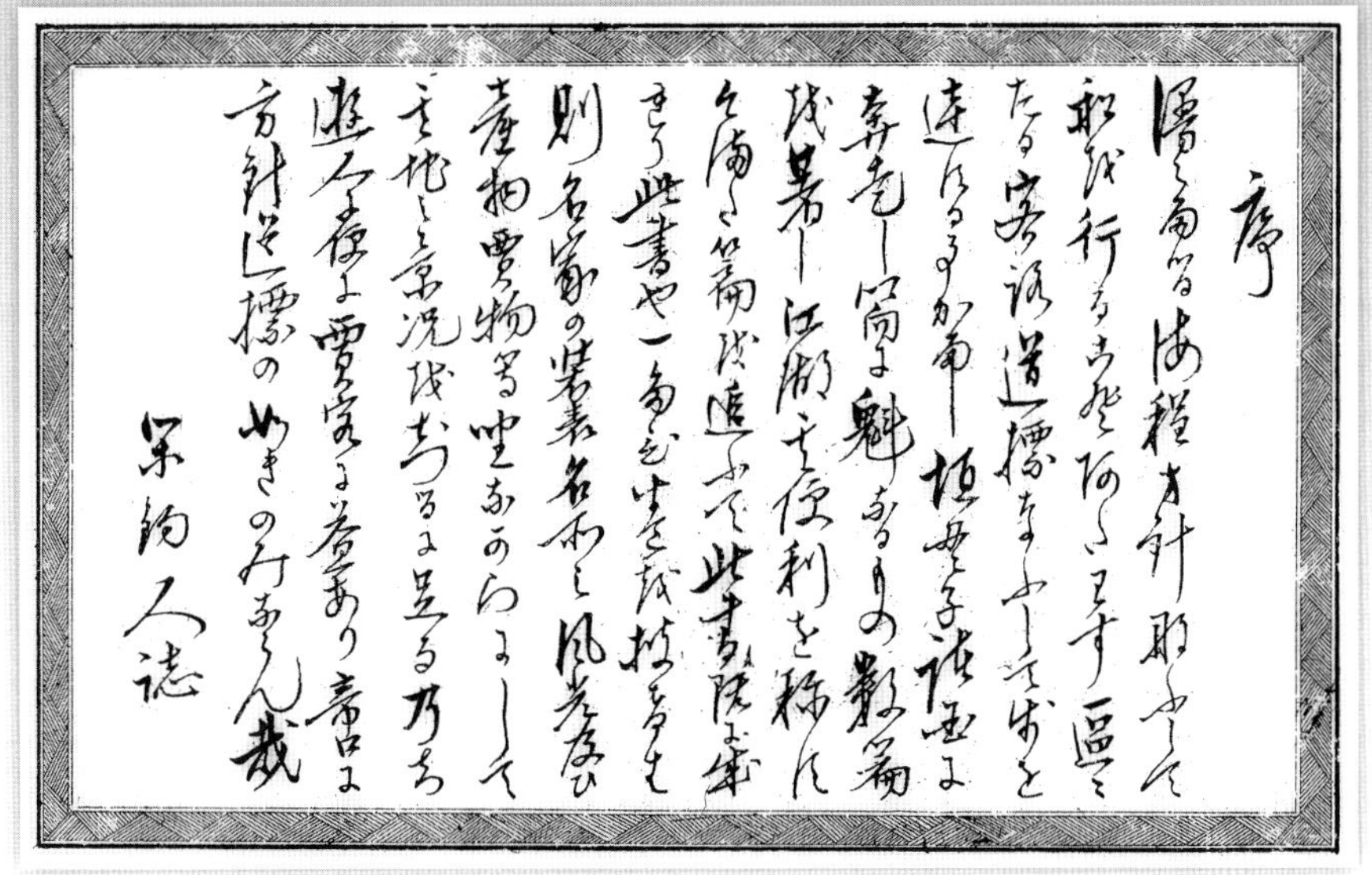

序

漫々たる海程、方針なふして
船を行ることあたわす《ず》、区々
たる客路、道標なふして歩を
達する事か《が》なし、垣貫子、諸国に
奔走し以向に魁なるもの数篇
を著し、江湖其便利を称す、
今また篇を追ふて此書既に成
れり、此書也、一たひ《び》巻を披けは《ば》
則名家の装表・名所之風光及ひ《び》
産物買物等、坐なか《が》らにして
其地之景況を知るに足る、乃知
遊人に便に買客に益あり、啻《ただ》に
方針道標の如きのみならん哉

閑釣人誌

有馬里程

大坂ヨリ九里
西京ヨリ十六里
右二道トモ
汽車ニ乗レバ
住吉ステーション
ヨリ三里
但シ六甲山越
ニ付駕籠ニテ
通ス
兵庫
神戸ヨリ六里
三田ヨリ三里
右道路平坦ニテ
人力車通ス

有馬名所

鼓ヶ瀧　亀ノ尾　炭酸水　清水
鳥地獄　薬師堂　有明櫻　瑞寶寺
落葉山　巳童清水　袂石　湯泉神社
二枚神石　巧知山　有馬冨士　太鼓ヶ瀧

有馬名産

湯ノ花　竹細工　竹皮箱　筆墨
花山椒　越天楽　川鹿　松茸
香茸　湯染手拭

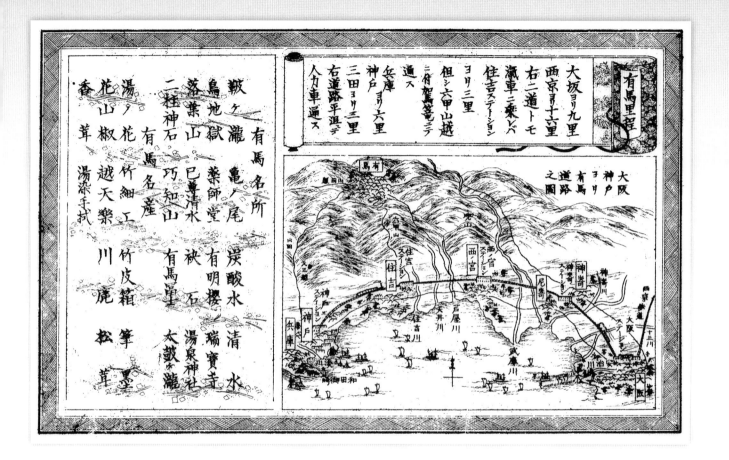

洋館の湯元の図である。有馬温泉の湯元はかつて一の湯、二の湯とよばれた外湯で木造平屋だったが、内務省衛生局御雇のオランダ人、アントン・ヨハネス・コルネリス・ゲールツ（1843～83）の指導で1883（明治16）年に洋館が完成した。ゲールツは1869（明治2）年日本政府の招きで来日、長崎医学校（長崎大学医学部の前身）に着任、京都・横浜の司薬場の薬品試験監督などを務め近代日本の衛生行政確立に寄与した。しかし洋館は構造に問題があり1891（明治24)年に木造平屋建ての宮殿造りに建て直され、1914（大正３）年に３階建てになった。

３階建ての御所坊を描く。御所坊によれば、前身は鎌倉初期の湯口屋で、室町時代に足利将軍義満が泊まったため御所坊になったと伝える。一方1894（明治27）年の『有馬温泉誌』では豊臣秀吉が建てたので御所坊になったと記し「家屋は最宏大なれども十二坊の内にあらず、之を加れば十三坊となるなり」と書く。1737（元文２）年の「摂州有馬細見図独案内」には湯元のすぐ隣に御所ノ坊とあるが、1896（明治29）年の「有馬名所及旅舎一覧表」では湯元から温泉寺への途中に御所坊本宅があり変遷したようだ。ただ経営者は四郎兵衛で襲名している。

若狭屋は２階建てだが、庭が広く角地に蔵が建つ。「有馬名所及旅舎一覧表」（1896年）に似た旅館と蔵が描かれている。「摂州有馬細見図独案内」（1737年）にもほぼ同じ位置、温泉寺へ向かう参道の角にワカサヤと記載されている。若狭屋は十二坊を拡大した二十坊の一つで、系列の小宿を二見屋といった。1885（明治18）年の『有馬温泉記』や1894（明治27）年の『有馬温泉誌』によれば、経営者は田中林兵衛、1899（明治32）年の『有馬温泉案内』では田中雄三郎に代わっている。1915（大正４）年の『有馬温泉誌』には「今は休業す」とある。

有馬川を挟んで兵衛の別荘と二階坊別荘を描く。いずれも最も古い旅館である十二坊の一つ。兵衛は、元は北坊といい、「有馬名所及旅舎一覧表」（1896年）によれば、落葉山の麓、有馬川沿いの善福寺のすぐ横にあった。『有馬温泉記』（1885年）によれば兵衛の経営者は風早喜右衛門。また二階坊は、素麺屋と呼ばれた二十坊の一つの古い旅館を合併し、佐々木孝太郎が経営している。いずれも有馬川を見下ろす二階建ての建物が描かれている。「有馬名所及旅舎一覧表」（1896年）にも同じ場所に似た建物が描かれている。

右ページと見開き構成で、二階坊別荘に隣接して素麺屋こと二階坊七三郎の旅館が描かれている。素麺屋の系列の小宿は角屋・爪屋といった。二階坊七三郎の「引き札」には「永く入湯する客には食事を自分勝手にする方法を設けて、軽便に入湯できる」ことを売り物にしている。二階坊の隣にある洋館は157ページの有馬温泉湯元である。さらにその左に兵衛喜右衛門の旅館が描かれ有馬温泉之前と書かれている。兵衛の小宿は塗屋・新屋といった。「摂津名所図会」には兵衛の提灯を持った男が描かれている。

十二坊の一つ池之坊を描き、有馬温泉之前と書いている。「有馬名所及旅舎一覧表」(1896年)にも元湯と道路を挟んだ場所に兵衛本宅と並んで池坊本宅が描かれている。この位置関係は江戸時代から変化がなく、「摂州有馬細見図独案内」(1737年)にも同じ位置に「池ノ坊」がある。戦前の絵葉書に「山川の別荘二ヶ所あり」という看板が見え、「有馬名所及旅舎一覧表」には兵衛別荘の有馬川の対岸と、天神社鳥居の脇にそれぞれ池坊別荘がある。『有馬温泉記』(1885年)によれば池之坊の経営者は久武直之助である。

大津屋の屋号を持つ住野時之助の旅館を描く。表札は大津屋ではなく「さの」となっている。門をくぐって庭を通って玄関に向かう構造が他の旅館とやや違っている。『有馬温泉記』(1885年)、『有馬温泉誌』(1894年)では住野時之助の旅館は大門という名前になっている。大門は、延宝初年(1673～77)頃の『迎湯有馬名所鑑』や「摂州有馬細見図独案内」(1737年)などにも登場する二十坊の一つで、系列に池田屋・足駄屋・平野屋という小宿を持つ老舗だった。『有馬温泉案内』(1899年)には名前が見えない。

十二坊の一つ、中ノ坊を描く。系列として塩屋・篭屋・松屋・竹屋・福嶋屋・米屋の小宿を持っていた。現在の中の坊瑞苑は、江戸時代の中之坊をもとに1868（明治元）年に中の坊旅館として創業したもので、「摂州有馬細見図独案内」(1737年) に描かれる場所は現在地と異なっている。経営者の梶木源次（治）郎は1875（明治８）年、温泉の分析を兵庫県を通じて内務省衛生局に申請、分析の結果、飲用可能な炭酸水と判明した。明治～大正時代に大阪で活躍した南画家、銅版画家の森琴石（1843～1921）は中の坊に生まれ、森家の養子となった。

下大坊を描き、奥の坊と竹細工商の名前を載せる。いずれも十二坊の一つで、小宿は下大坊が富士屋・桧物屋・升屋、奥の坊は坂口。下大坊は物産筆・西洋酒売捌商も営む多角経営だった。『有馬温泉記』（1885年）では奥の坊は茅の坊・川の屋（河野屋）・伊勢屋を、下大坊は上大坊をそれぞれ合併している。「有馬名所及旅舎一覧表」（1896年）に二階坊に並んで、下大坊、その向いに下大坊別荘が有馬川に沿って建っている。なお山下正右衛門は庄右衛門とも記している。竹内栖鳳に師事した日本画家、山下摩起（1890〜1973）は下大坊の生まれである。

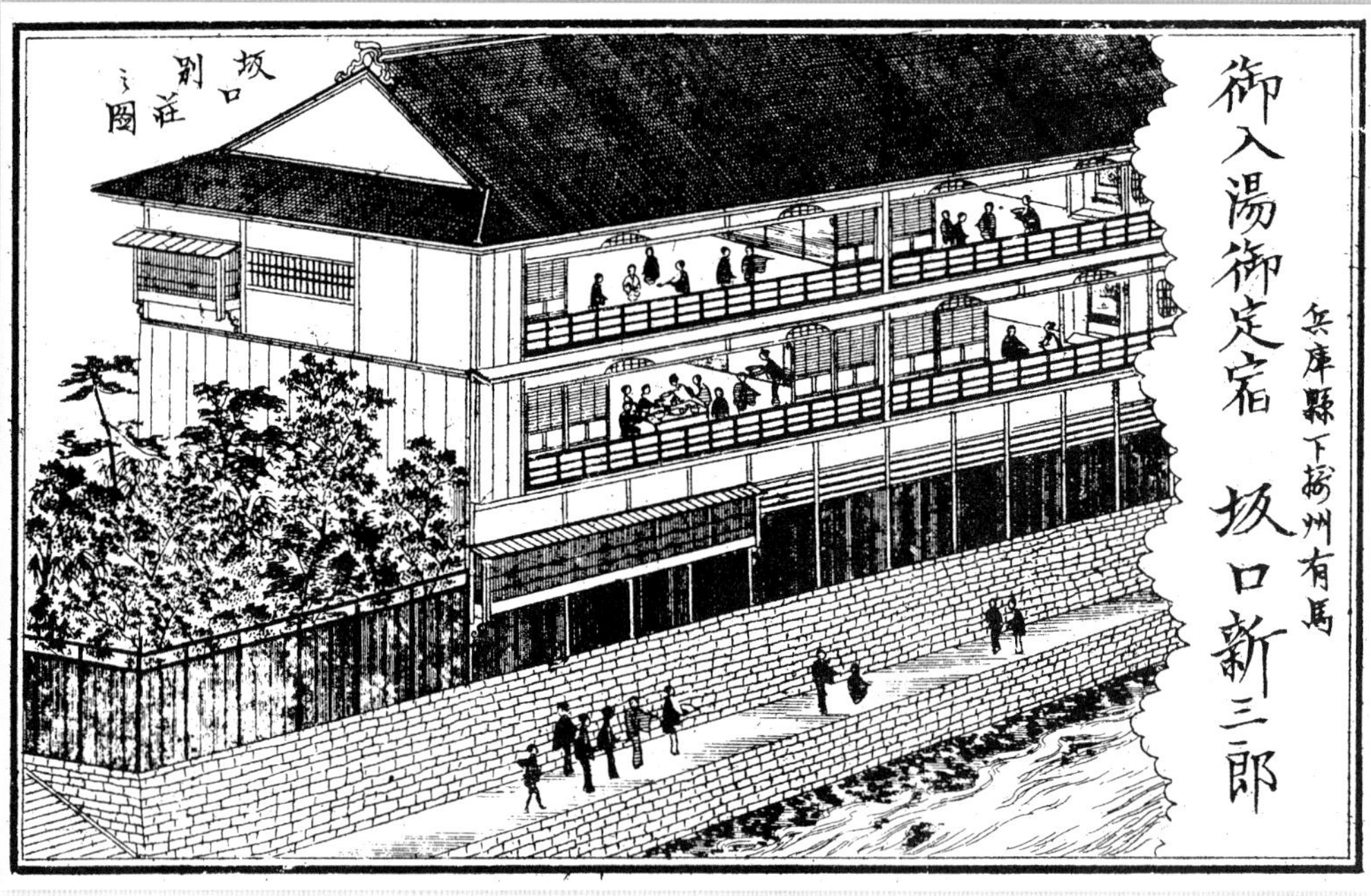

坂口新三郎の川沿いにある別荘を描いている。３階建ての宿で、川沿いで湯治客が散策を楽しんでいる。江戸時代の奥の坊の小宿を坂口と言ったといい（165ページ）、江戸時代から坂口という旅館があった。「摂州有馬細見図独案内」（1737年）や「有馬名所及旅舎一覧表」（1896年）に湯元と温泉寺の間付近に坂口が描かれている。『有馬温泉記』（1885年）によれば、阪口という旅館は２軒あり、経営者が阪口庄兵衛と福永新三郎となっている。『有馬温泉案内』（1899年）では阪口は１軒だけとなり経営者は福本ふさに変わっている。

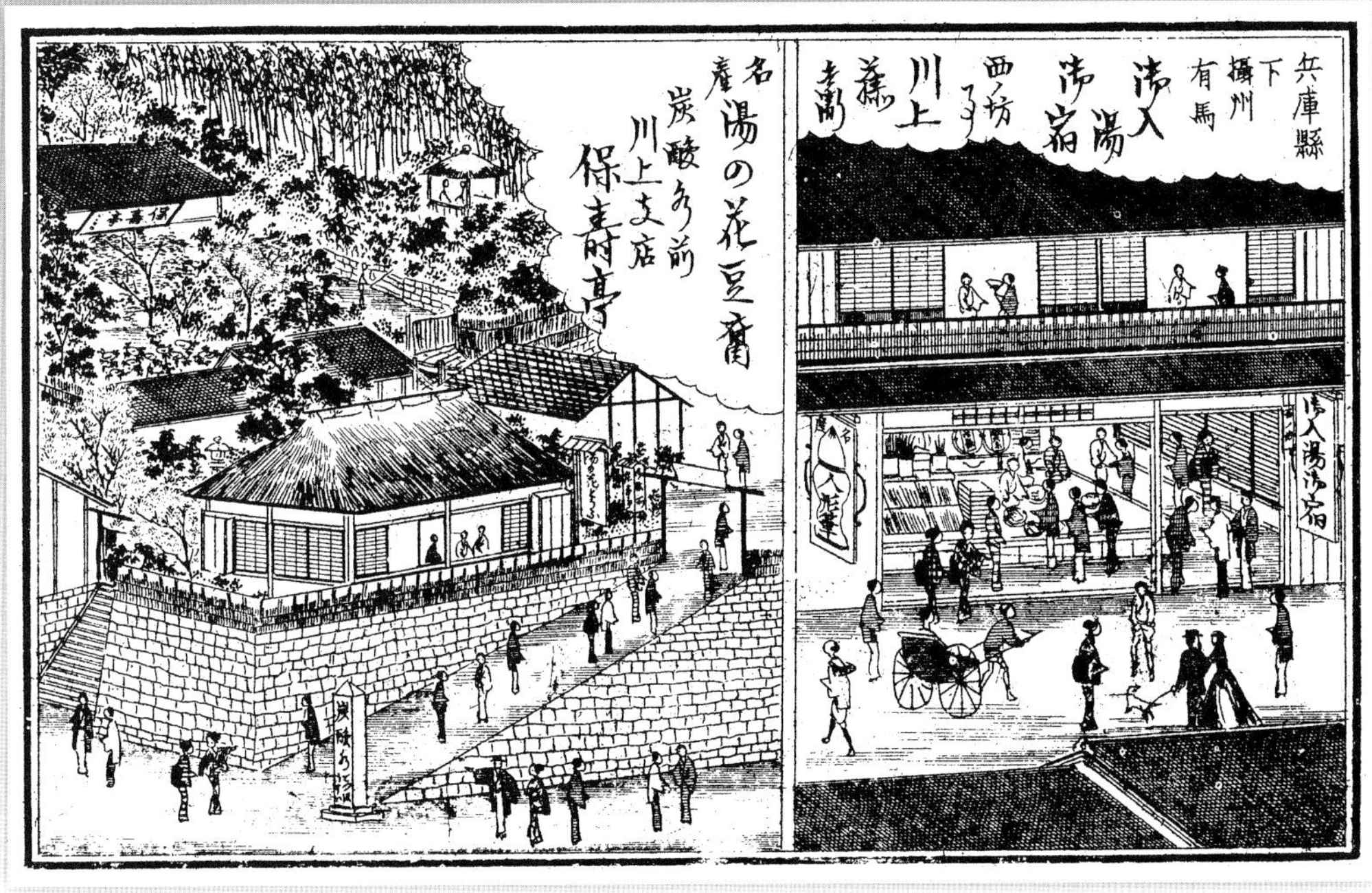

川上藤兵衛が経営する西ノ坊と、川上の支店・保壽亭が描かれている。西ノ坊は水船ともいい二十坊の一つで、小宿は橘屋・横坊といった。また『有馬温泉記』（1885年）や『有馬温泉誌』（1894年）では西ノ坊を「戎屋とも」と書くが、『有馬温泉案内』（1899年）には見えない。保壽亭は、「名産湯の花豆腐　炭酸水前」とあり、小高い丘の上には「保壽亭」の扁額が見える。「炭酸水」の標柱には「てつぽうすい」と刻まれている。有馬炭酸鉄砲水は1901（明治34）年に発売されたとされるが、鉄砲水の呼び名はもっと古いことが分かる。

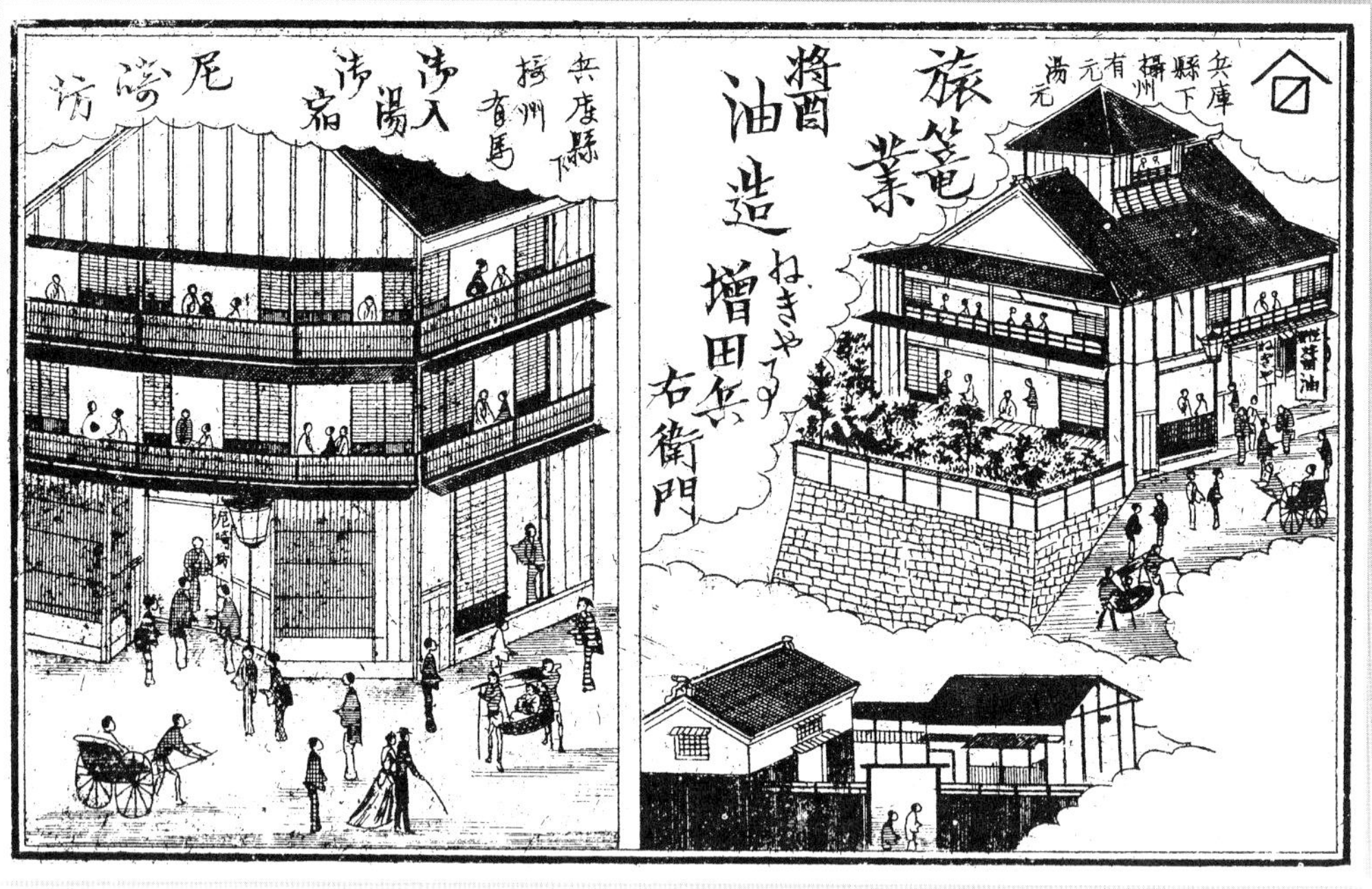

右に二十坊の一つ増田兵右衛門の経営する「ねきや（禰宜屋）」を描く。系列の小宿は赤穂屋。醤油醸造業も兼ねていた。「摂州有馬細見図独案内」（1737年）によれば、湯元だった一の湯のすぐ前と、法花寺の前に「ねキヤ」の文字が計２カ所見える。左は尼崎坊を描く。尼崎坊は最も古い十二坊の一つで小宿は網干屋・鐙屋だった。「摂州有馬細見図独案内」では禰宜屋に並んで一の湯の前に「アマカサキヤ」がある。店の前には駕籠が描かれている。『有馬温泉記』（1885年）や『有馬温泉誌』（1894年）では岸田久吉が経営している。

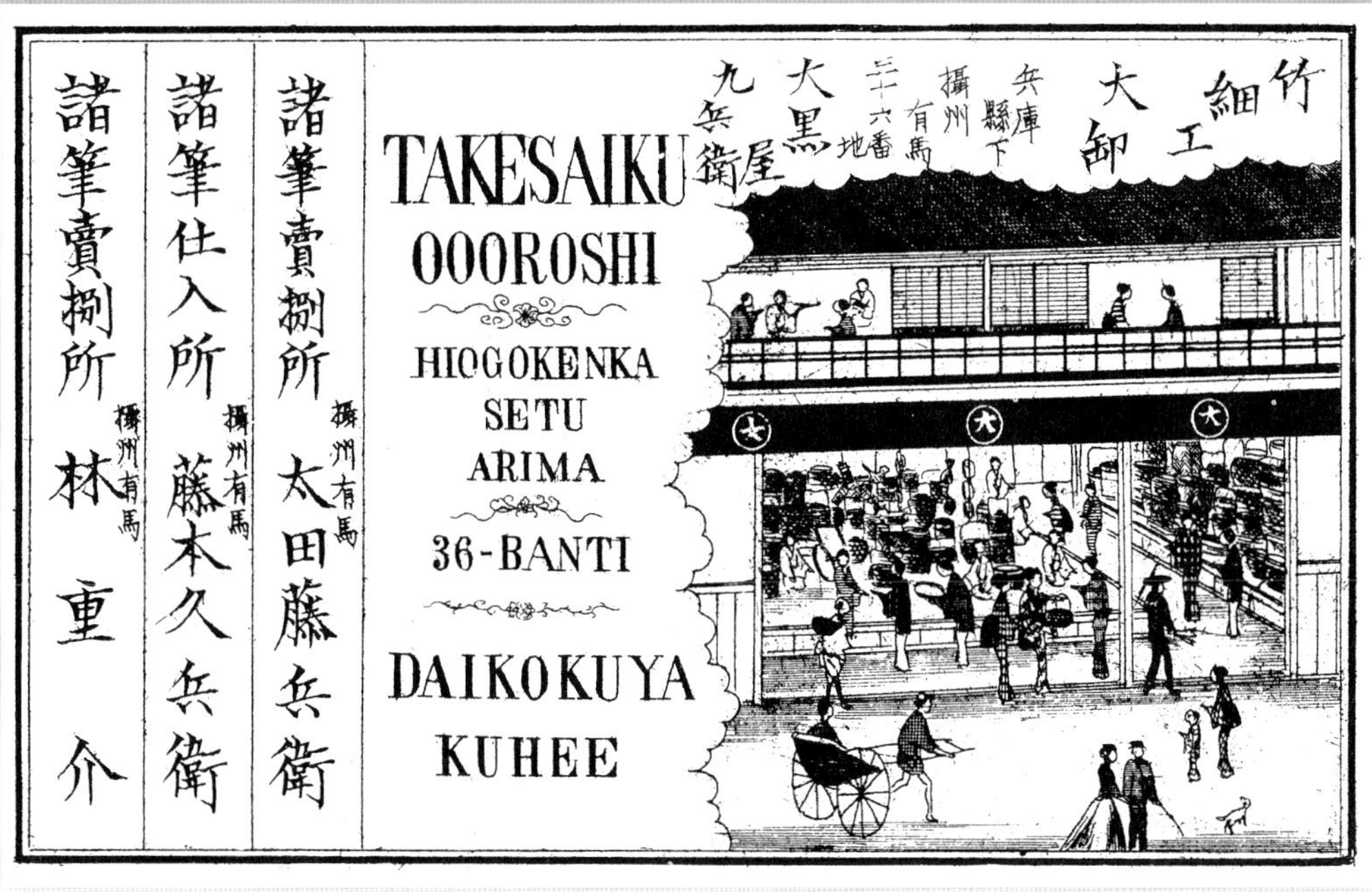

有馬名物の竹細工大卸、大黒屋こと余田九兵衛の店頭を描く。1868（明治元）年創業で、竹細工の輸出も行ったこともあって、ローマ字の広告も掲載している。シカゴ万博で銅賞を受けた。戦後、松茸昆布などの佃煮製造にも力を注いでいる。左には有馬筆の売捌所の太田藤兵衛・林重介、仕入所の藤木久兵衛の３人の名前がある。『有馬温泉誌』（1894年）では筆は有馬最大の物産で、職工131戸、筆卸売商16戸、小売商57戸だった。有馬筆の製造技術は兵庫県無形文化財に指定されている。有馬筆とは別に人形が筆から飛び出す有馬人形筆も有名である。

籃《かご》細工卸売商、松岡儀兵衛の店頭を描く。屋号は石屋で、「内外国人御好次第」とし、外国人客を意識してローマ字でも綴られている。松岡儀兵衛は『有馬温泉記』（1885年）によれば、元は十二坊の一つの横坊だったが、竹籃商に転業したという。また竹器は有馬筆に次いで生産高が多く、職人は40戸、竹籃卸商５戸、竹籃小売商13戸、竹器小売商５戸としている。1891（明治24）年発行の『有馬温泉誌』を再版した発行人でもあり、同書によれば、竹籃は輸出も盛んで、フランスには上等なもの、アメリカには丈夫なものを輸出したと書いている。

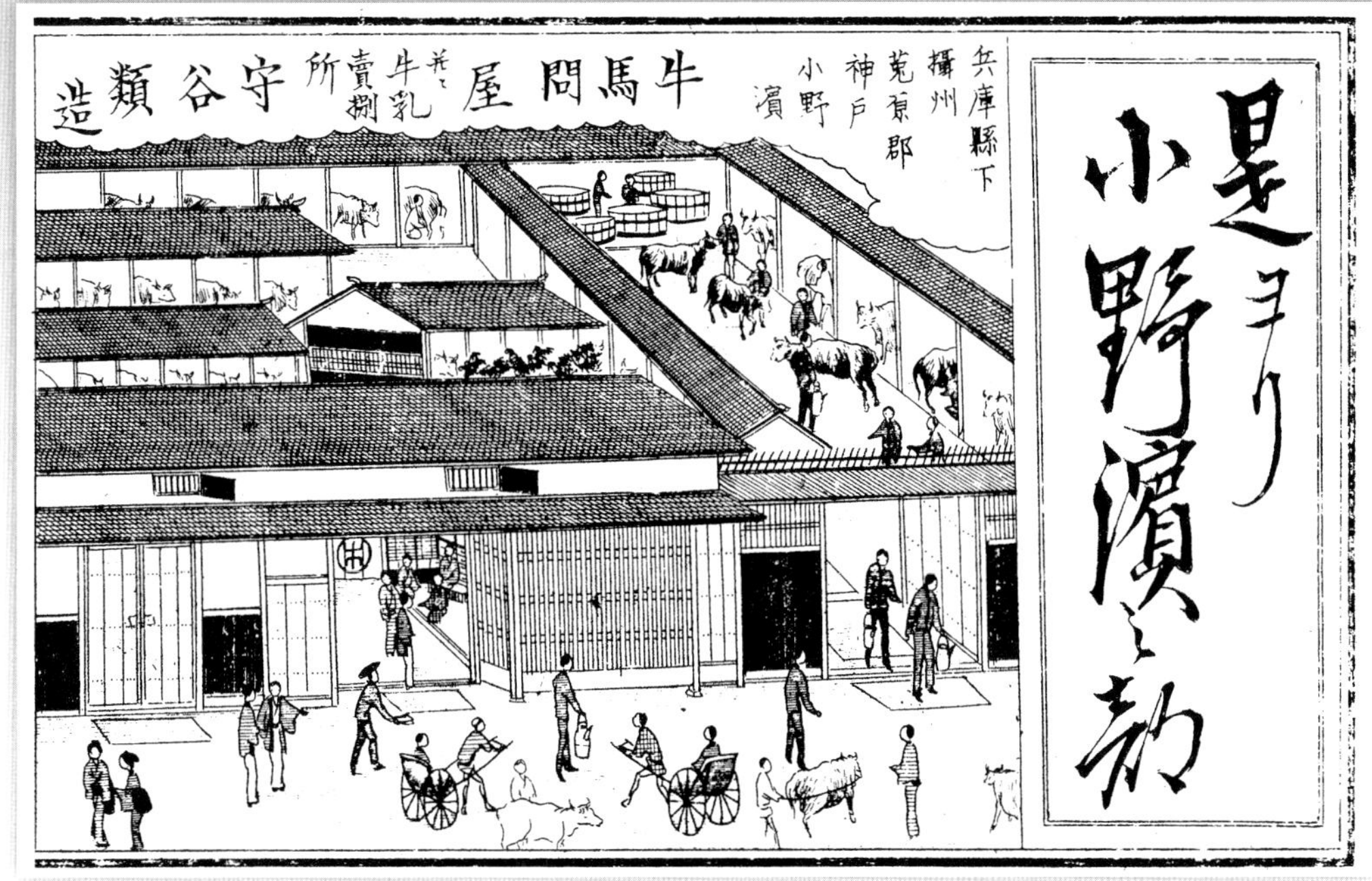

旧生田川（現在のフラワーロード）の東岸、小野浜にあった守谷類造（蔵）の牛馬問屋を描く。守谷は神戸での牛乳販売の嚆矢《こうし》で右側の牛舎で絞った牛乳を運んでいる。1877（明治10）年、屠殺場が小野新田に造られた。関東では農耕に主に馬を使っていたこともあって、牛の飼育は少なく、関東の牛肉は不足がちだった。そこで守谷は、横浜在住の英国人キャベーと特約を結び、艦船用牛取扱いの命を英国からうけて、地方牛馬商と提携、神戸牛を関東に流通させ、味の良さを広めた。1883（明治16）年新生田川尻に移転、84年に神戸屠畜株式会社となった。

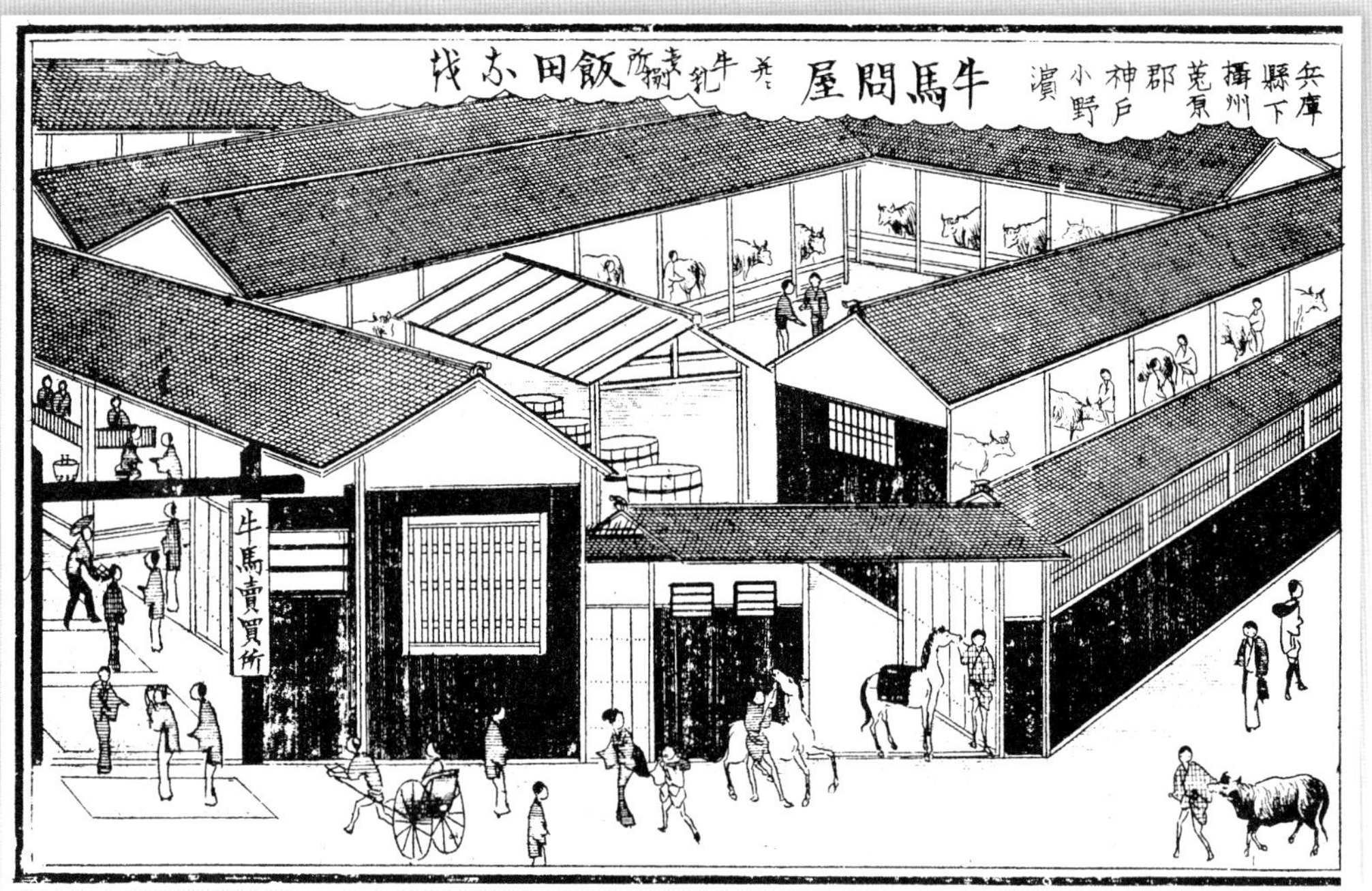

小野浜にあった飯田なをが経営する牛馬問屋・牛乳売捌所を描く。右には牛舎が並び、牛を飼育している。飯田なをは、多聞通２丁目に精肉卸小売店を持っていた（66ページ）。1902（明治35）年の「神戸市商工業者資産録」では、福原町71番地に人力車貸・料理業の飯田政吉がおり、備考欄に「営業名義家族ナヲ、天保十三年六月生」とあって、政吉が飯田ナヲ名義を使い福原で料理業をしている。1898（明治31）年「日本全國商工人名録」では政吉は人力車貸付業兼かしわ料理店とあり、牛肉料理ではなくなっている。屋号紋は「丸にい」とある。

飯田なをの牛馬問屋は左につながっていて、中央に店があり、左は再び牛舎が並んでいる。庭を挟んだ奥も牛舎がつながっている。中央には煙突のある平屋の洋館がある。飯田なをは牛馬問屋のほか牛乳売捌所でもあり、『神戸開港三十年史』によれば、牛乳の消費は1880（明治13）年ごろから増加、1882（明治15）年当時市内には牛乳搾取業者は13人だったとする。価格の値下げ競争が起き、混ぜ物をして量を増やす者も現れ、警察が牛乳臨時検査を行った。また右手の門の入り口には貿易仲買商の看板も掛かっていて、当時の業態がうかがえる。

開港後の神戸とビジュアルでみる商工業事情

楠本　利夫
大国　正美

1　神戸開港は偶然の産物

日本開国　一八六八年一月一日（慶応三年十二月七日）、神戸は開港した。翌年十一月、スエズ運河が開通して極東と欧州の交易と人の移動が飛躍的に拡大し、神戸は横浜とともにわが国の世界への窓口となる。

神戸が開港場になったのは、偶然の重なりであった。

一八五三年七月八日（嘉永六年六月三日）、アメリカ合衆国マシュー・ペリー提督が軍艦四隻を率いて浦賀沖に来航した。ペリーは、日本の開国を求めるフィルモア大統領の国書を浦賀奉行に手渡した。翌一八五四（嘉永七）年、再来航したペリーと幕府は「日米和親条約」に調印した。幕府は続いてイギリス、ロシア、オランダとも同様の条約を結び、下田と箱館を開港した。

米ハリス総領事と幕府の条約交渉、堺開港が兵庫開港に　一八五八年七月二十九日（安政五年六月十九日）、幕府とアメリカ総領事タウンゼント・ハリスは「日米修好通商条約」に調印した。条約はアメリカに領事裁判権と片務的最恵国待遇を認め、日本側には関税自主権がない「不平等条約」であった。神奈川（横浜）・長崎・箱館・新潟・兵庫の開港と、江戸・大坂の開市が決まった。ハリスの開港・開市要望地に兵庫は挙がっていなかった。ハリスは京都、大坂の開港・開市を強く求めたが、幕府は天皇の居所である京都と、京都の玄関口の大坂は開港できないとして、大坂近傍の堺開港を提示し、万一の場合の予備として兵庫を挙げた。堺は天皇陵墓などがある大和に近く開港することができなかったため、兵庫を開港することになった。幕府は、続いて、オランダ、ロシア、イギリス、フランスとほぼ同内容の条約に調印した。

英オールコックが兵庫視察　一八六一（文久元）年、イギリス公使ラザフォード・オールコックが、兵庫を視察し、兵庫を開港適地と評価した。外国人居留地を、和田岬以西の駒ケ林村の砂浜に至る海岸一帯に建設し、沖に防波堤を築く案が検討された。このとき、オールコックは神戸を視察していない。

神戸が開港場に　当寺兵庫は西国街道の宿場町、北前船の拠点として殷賑を極めており、人口も約二万人を擁していた。朝廷は兵庫開港勅許をおろさなかった。兵庫の住民も変革につながる可能性がある開港には極めて消極的であった。兵庫から湊川を隔てて東の神戸村の海岸沿いには広大な畑地、砂浜が広がっていた。大部分が荒地で、畑地と墓地、家屋四軒と土蔵が一九棟あるだけだった。神戸村には船舶修理のための「船たで場」もあった。幕府は兵庫に替えて神戸を開港することとした。

一八六七年五月十六日(慶応三年四月十三日)、幕府は、大坂でイギリス、アメリカ、フランスの公使と、居留地を兵庫ではなく神戸に設置することと、一八六八年一月一日までに神戸を開港することを確認した。一八六七年六月二十六日(慶応三年五月二十四日)、朝廷が兵庫開港勅許をおろした。

一八六八年一月一日(慶応三年十二月七日)、開港式は、新装成った運上所で行われた。居留地はまだ完成しておらず、運上所と倉庫三棟、波止場三カ所だけが建っていた。兵庫奉行柴田剛中が、運上所でイギリス、アメリカ、フランス、プロシャ、オランダ代表に神戸開港、大坂開市を告げた。神戸沖には外国艦隊一八隻(英一二、米五、仏一)が黒煙を吐いて停泊していた。艦隊の目的は、開港式に出席する各国公使たちを運ぶことと、いざというときの武力行使のためである。開港式は無事終了し、正午に一八隻の軍艦が放った二一発の祝砲が裏山にこだました。

2　神戸事件

備前藩兵と外国軍が衝突　一八六八年二月四日(慶応四年一月十一日)、西宮警備のため西国街道を東進中の備前藩兵五〇〇人が、居留地北の三宮神社前にさしかかったとき、外国人水兵が隊列を横切ろうとした。藩兵と小競り合いになり、外国水兵が拳銃を構え、藩兵が威嚇射撃をした。

イギリス領事館にいたパークス公使が神戸沖の艦隊に、あらかじめ取り決めていた合図の信号を送って陸戦隊を上陸させ、外国軍と藩兵が交戦状態となった。外国軍は居留地を占拠し、湾内に停泊していた汽船六隻を抑留した。

神戸で維新政府初の外交　一八六八年二月八日（慶応四年一月十五日）正午、維新政府から派遣された東久世通禧は神戸の運上所で六カ国代表と会見し、天皇親政の国書（慶応四年一月十日付）を外国側に手交してわが国の政権交代を告げた。維新政府は、王政復古の大号令は出したけれども、外国側からはまだ正当政府とは認められていなかった。事件処理の機会をとらえ、外国側に政権交代を通告したのである。神戸が維新政府初の外交舞台となった。

東久世は、衝突は日本側に責任があったと認め、責任者の処刑と今後の外国人の生命・財産の保護を約束し、外交関係は万国公法（国際法）に従って行うことを宣言した。備前藩の小隊長瀧善三郎が衝突の責任を取り、外国側の立会いのもと兵庫・永福寺で切腹した。

3　外国人居留地と雑居地

外国人居留地　朝廷の兵庫開港勅許が遅れたため、居留地は未完成のまま開港日を迎えた。兵庫裁判所外務局が工事を再開した。普請用達、島屋久次郎が新たに工事を請け負い、基礎土木工事は一八六八年八月十四日（慶応四年六月二十六日）に竣工した。

初代兵庫県知事伊藤俊輔（博文）は、居留地設計の見直しをイギリス人技師J・W・ハートに依頼した。

居留地は、生田川、鯉川、西国街道、海岸に挟まれた長方形の区域で、中央に幅約二七メートルの南北メイン道路があり、歩車道分離、海岸通に緑地帯兼プロムナード、排水を海に流す下水道、街路樹やガス灯が整備された。土地（四万一七八坪、一二六区画）の永代借地権を四回に分けて競売に付し、貸与者を決定した。居留地に外国貿易商が商館を建設し、活動を始めた。

居留地運営は自治組織である行事局が行い、治安は居留地警察が担当し、消防はボランティア組織で行った。日本人は居留地に自由に立入りすることができなかった。

隣人は外国人　外国人は居留地に居住することと取り決められていたけれども、開港日になっても居留地が工事中であったため、外国側から「居留地外での居住を認めてほしい」と要望を受け、政府は日本人と外国人が雑居できる雑居地を認めた。範囲は生田川と宇治川、海岸と山麓に挟まれた区域である。

中国人は、清国がわが国との条約締結国ではなかったので、居留地の競売に参加できなかった。中国人は雑居地に土地を求め、港に近い海岸通に商館を建設した。後の南京町は中国人に生活必需品を供給する市場である。

国内各地からも人々が神戸に移住して来て、雑居地に土地と家を求めた。城下町ではない神戸には、伝統ある街にありがちな住民の活動を制約する暗黙の桎梏はなく、出身地が異なる人々は互いに他人の行動には無関心であった。雑居地では「隣人は外国人」だった。新住民は外国人のライフスタイルを吸収し、進取の気風に富む独特の文化を創り上げた。

生田川付け替え　一八七一（明治四）年、居留地の東を流れる生田川が付け替えられた。跡地を市街地に整備したのは加納宗七であり、加納町の町名にその名を残している。一八七二（明治五）年、湊川神社が、全国からの寄付と地元の勤労奉仕で完成した。別格官幣社第一号である。

一八七三（明治六）年、栄町通が完成した。貿易会社、銀行、汽船乗客荷物取扱所などが立地する栄町通は神戸を代表するビジネス街になる。

一八七四（明治七）年、神戸―大阪間の鉄道が開通した。

一八七七（明治十）年、京都―神戸間に鉄道が延伸した。十日後、西南戦争が勃発し、神戸に運輸局が設置され、神戸が前線への兵站基地になった。鉄道は軍需輸送に使われ、兵士と資材が岩崎彌太郎と光村彌兵衛の船で九州の前線へ送られていった。神戸は戦争特需でにぎわった。

新興神戸、守旧兵庫　旧湊川以東の栄町通、元町通、海岸通には、海運会社、汽船乗客荷物取扱所、商社、銀行、外国人向け商店（陶器商、屏風、

骨董品等）、洋品店、写真館等が立地した。神戸では開港による影響が顕著に表れていた。

兵庫と神戸は、川床六メートル以上の天井川・湊川により分断されていた。新興神戸と守旧兵庫は、隣接しながら、異なる性格を増幅させていく。開港直後は兵庫の経済力が神戸を上回っていたが、開港から一〇年が経過したころには、開港場の発展で経済力は逆転し、以後、格差は広がるばかりだった。

居留地返還　一八九四（明治二十七）年、政府は「日英通商航海条約」に調印した。治外法権撤廃、内地開放、関税率の一部引き上げが実施されることとなった。政府は一八九七（明治三十）年末までに各国とも同様の条約に調印し、悲願であった不平等条約撤廃が実現した。

居留地は一八九九（明治三十二）年七月十七日、日本側に返還された。居留地返還後も、外国企業はそのまま活動を続け、日本企業も旧居留地に進出、旧居留地は栄町通とともに神戸を代表するビジネス街となった。

4　神戸開港の意義

神戸開港の意義の第一は、開港が国際都市神戸の原点となったことである。神戸港は二度の修築工事を経て、横浜港とともに、わが国を代表する国際貿易港となった。神戸には造船、鉄鋼、食料品、ゴムなど港湾関連工業と貿易業が立地した。

第二は、開港が神戸に進取の気風と独自の文化を根付かせたことである。住民は外国人のライフスタイル、生活文化を抵抗なく取り入れた。クリケット、サッカー、ゴルフなどのスポーツ、洋服、洋菓子、ゴム、ラムネ、パーマネント機、帽子、シューズなどが神戸から国内に広がっていった。

第三は、神戸がわが国における多文化共生社会の先駆けとなったことである。神戸では、文化、言語、宗教、生活習慣などが異なる人々が、お互いの差異を認めあい、相互の文化を尊重して共存していった。外国人学校、外国人向け病院、宗教施設、外国人墓地、神戸外国倶楽部、神戸レガッタアンドアスレチッククラブ（ＫＲ＆ＡＣ）なども整備された。神戸外国倶楽部は関西地区在住の外国人の相互交流の場となり、KR&ACは近代スポーツの発祥となった。

第四は、開港が山と海という自然環境に恵まれた神戸に国際イメージを定着させ、今日の神戸の都市アイデンティティを決定づけたことである。神戸は「日本でいちばん住みたい街」の上位にランクされている。開港とともに、世界中から神戸に来たチャレンジ精神旺盛な欧米人、勤勉で商才がある中国人、日本各地から神戸に移り住んできた人々が、神戸に独特の文化と進取の気風を定着させ、神戸の都市ブランドを形成した。

5『豪商神兵　湊の魁』にみる開港効果

民間による神戸区商工名鑑

本書の主要な部分を占める『豪商神兵　湊の魁』は、一八八二（明治十五）年の当時神戸区と呼ばれた神戸と兵庫の商工名鑑である。約五六〇の事業者の屋号、取扱商品、住所、代表者名等と、観光名所一六カ所を掲載する。このうち神戸八〇カ所、兵庫七八カ所は銅版画で景観を描く。事業者は神戸が二五六、兵庫が三〇二である（ただし兵港穀物仲買仲間の会員名簿の登載者と重複している人物が少数ながらいる）。地図はない。この銅版画はさまざまな文献で頻繁に引用されているが、本格的な研究書は寡聞にして知らない。

『豪商神兵　湊の魁』は民間による事業所・観光名所案内であり、公的統計書ではないので、神戸区の全事業者を網羅しているわけではない。掲載していない超零細事業者や、事情があって掲載を拒否した事業者もあると考えられる。一八七四（明治七）年設立の鈴木商店や、兵庫の名門北風商店、正直屋なども店頭の画像は掲載されていない。鈴木商店は居留地貿易からスタートして間がなく、まだ十分な力をつけていなかった頃だったこと、北風商店は一八八五（明治十八）年の第一回目の倒産直前の深刻な経営状況であったことが理由として考えられる。

また、兵庫出在家町の海産物問屋で神戸商業会議所初代会頭になった神田兵右衛門（屋号は岩間屋）など、当然掲載されるべき重要人物が漏れている。これは広告を出す必要を感じなかったためと思われる。

有料掲載　掲載されている事業者の紹介スペースは均一ではない。商号、事業者名だけのものと、半ページから一ページの銅版画つきのものもある。スペースの違いは事業所の負担金額の違いであり、広告出版だったと考えられる。このため細かい統計的な分析はさほど意味がない。それでも主たる事業者の多くが収録されているため、おおよその傾向は把握できる。なお事業者は無秩序に並んでいて利用に不便なため、末尾に住所別索引を付けた。

湊川が分断　『豪商神兵　湊の魁』は前半が旧湊川（現在の兵庫区新開地本通）以東で、湊川堤防の次に、「湊川以西之部」の扉ページがあり、以後、兵庫の事業者と観光名所が紹介されている。この前後を比較することで、開港から一五年弱が経過した神戸と兵庫にもたらされた開港効果が読み取れる。

海岸通、栄町通、元町通には、船客荷物取扱所、貿易茶商、機械輸入商、両替洋銀売買商、銀行など、貿易・海運関連事業所が立地している。また神戸には洋服仕立業、西洋小間物店、西洋織物店、靴製造業、写真店、外国料理店、西洋酒店、パン製造業、麦酒製造所、牛肉缶詰業、西洋家具製造業などの店舗が立地している。

これに対し旧湊川以西の兵庫では神戸に比べると神戸開港による変化はほとんどない。兵庫には米商会所（会員数三三二）、穀物仲買仲間（会員数五三）、生魚干塩魚問屋、砂糖問屋、炭問屋、肥物問屋、紙問屋、材木問屋、諸国荷受問屋、造船所、船具商など、伝統的に江戸時代の兵庫津を支えてきた業種が立地している。

発刊の意義　『豪商神兵　湊の魁』発刊の意義を、三点にまとめることができよう。

第一は、後の「国際都市神戸」の原点を確認できることである。神戸には、英語看板を掲げた商店もあり、外国人を顧客にしている店や貿易関係の業種が多い。加えて一般消費者を対象にした商店は欧米風の商品を扱う店が多く、住民が欧米人のライフスタイルを積極的に吸収し、洋風生活文化が定着しつつあることがわかる。

第二は、一八八二（明治十五）年発行当時の事業者の所在地と業種、取扱商品が確認できることである。『豪商神兵　湊の魁』単独では、ただの事業所・観光案内にすぎないが、所収の個別事業者の所在地や事業所の様子を、ほかの文献と合わせて読み解くことによって威力を発揮する。『神戸開港三十年史』や湊川神社初代宮司『折田年秀日記』（全三巻）等とともに紐解けば、当時の神戸と兵庫の様子が生き生きと浮かび上がってくる。

第三は、事業所と観光名所の銅版画である。文章だけではわからない商店・工場等の外観、店頭の様子、看板・暖簾《のれん》、施設のイメージと、画像でしか伝わってこない視覚情報が、銅版画から具体的に伝わってくることである。

（以上文責・楠本利夫）

6『豪商神兵　湊の魁』が描く画像情報

『豪商神兵　湊の魁』は古くから商業の蓄積のある兵庫と、開港によって新しい文化が急激に流入した神戸との違い以外にも、さまざまな情報を伝えてくれる。

屋号紋は語る　まずは文字情報だけでは伝わらない商店の屋号と屋号紋が描かれている。屋号紋は、丸印や四角、差し金など単純な記号と文字を組み合わせたもので、名前だけを載せている商店の多くも屋号紋を載せている。屋号紋を載せているからこそ、屋号紋と経営者の名前により、系譜を推測できる。たとえば兵庫東出町の川西屋善右衛門と川西善助がともに淡路屋の屋号と「山に上」の屋号紋を使用していることが版画から確認でき、一族経営であることが推測できる。特に屋号紋は画像の暖簾《のれん》などからしか読み取れないものも少なくない。

忘れられた店や老舗系譜の再発掘　有名企業の前身も確認できる。たとえば大丸神戸店。大丸は一九〇八（明治四十一）年に元町四丁目に神戸出張所が設けられ、一九一三（大正二）年に神戸支店となるが、兵庫での営業は文政二（一八一九）年に遡る。創業した「呉服商　下村」が、鍛冶屋町に大坂の支店を置いていたことが、「丸に大」の屋号紋と下村の名前の一致によって裏付けられる。同じく江戸時代から著名ながら今はない小橋屋呉服店についても「丸に小」の屋号紋が一致することで、実在したことが確認できる。小橋屋呉服店は一九二五（大正十四）年には元町通六丁目にビルを建設、このビルが現存していて登録有形文化財となっている。神戸の大正期の風貌をかろうじて残す景観である。『豪商神兵　湊の魁』の伝える情報は、明治の遺産が現代につながっていることの証でもある。

また明治維新で禄を失った士族の殖産興業のため設けられた備前焼の天瀬焼を商う店が元町通にあり、東京の著名な伊勢勝靴店の支店が神戸にあった。明治維新後、輸入品に触発されて始まった関東の二子織と称する縞模様の織物が兵庫県産として売られていたこともほとんど知られていない。赤松啓介著の『神戸財界開拓者伝』など優れた経済人の伝記があるが、その多くは明治中期以降に活躍した人物が対象で、それ以前の人物については今後研究の余地がある。

消えた景観をたどる　明治の後半の経済発展により消えた景観がちりばめられているのも興味深い。一九〇一（明治三十四）年に三菱神戸造船所創設によって移転した和田神社や鳥居のない長田神社は明治前半の景観の代表である。また兵庫と神戸の人的な交流を阻んだかつて川床六メートルを超える高さの湊川の堤防なども描いている。

店頭の風景では薬店が特徴的で、やたらと取扱薬の看板を掲げている風景もこの時代ならではである。看板では足袋をかたどった足袋屋の吉川市助（元町通三丁目）や、ローマ数字の時計板を用いた西洋時計店の坪井多三良（湊川神社前）、天使や竜が漢方薬の品名看板を支える松尾二三堂（兵庫鹿屋町）など、ユニークな看板も見ものである。

景観は建物ばかりではない。駕籠と人力車の両方が描かれ、江戸時代から明治への過渡期らしい風景、また黒装束で統一した郵便配達人は珍しく感じたのか、あちこちの店頭に描かれている。

失われた地名　景観だけでなく、地名も失われたものが描かれている。たとえば、旧湊川以東の神戸は一八七四（明治七）年に元町通や栄町通、北長狭通などが命名され、比較的現代に通じる地名が多いが、それでも多聞通道具屋町、西出町樋上、湊町土手下、川崎町三軒屋通など、現在は場所が特定できない通称名などが用いられている。

こうした旧地名の記載は、旧湊川以西の兵庫に顕著である。登場する地名と現在の町名の対象表は別掲の通りである。

住所を記載していないものもあるが、ほとんどが料理店である。このことは、住所を記載するまでもなく所在地は知られていると判断されたのだろう。

消えた町名

旧町名	現在の町名
浜宇治野町	元町通・北長狭通の一角
江川町	七宮町・兵庫町・本町の一角
戸場町	本町の一角
木戸町	戸場町となり本町の一角
小物屋町	本町の一角
鹿屋町	本町・西仲町の一角
北仲町	磯之町・南仲町・本町の一角
魚棚町	船大工町・島上町・本町の一角
新町	中之島の一角
北宮内町	七宮町・本町の一角
宮内町	七宮町・本町の一角
宮前町	七宮町・本町の一角
松屋町	本町・鍛冶屋町の一角
匠町	鍛冶屋町・島上町・本町の一角
関屋町	中之島の一角
新在家町	中之島・出在家町の一角

商い方のいろいろ

具体的な商法について、実演商売が多く描かれている。兵庫湊町の松野徳七の店頭では三味線を弾いているし、兵庫の小川保太郎の店では、しゃがみこんで刃物を研いでいる様子が描かれる。また蒲焼店の江戸幸（元町通一丁目）店頭でアナゴをさばく様子、魚谷善介（兵庫宮内町）でも魚をおろし販売している。こうした実演販売は意外に古い。

商家では卸と小売りの両方を同時に営む店が多いことが目についた。このほか、三越の創業者、三井高利が江戸時代前期に始めた「現金正札附」「現金かけねなし」の商法は、藤谷与三良呉服店（兵庫小物屋町）で生かされている。また江戸時代には酒などは、酒屋の貸し徳利などによる量り売りが主流だったといわれるが、量り売りが中心の酒屋があると同時に、容器入り販売へ移行する店頭も紹介され、商法の変化がうかがえる。

欧米商品の技術習得にも貪欲だった。内国博覧会での褒状を店頭に掲げている西洋風家具製造所の島津多七（元町通一丁目）、銃砲弾薬売捌・羅針盤製造・時計店の高橋熊七（神戸相生町三丁目）などはその代表だろう。薬店などでは、自家製を強調する店もあれば、江戸時代から著名な本林丁子堂や守田治兵衛製造の薬品の取次店を前面に出す店も版画の店頭を見ることによって判明する。文書史料からは読み取れない情報である。

異業種経営と専門業者　一方、業種も興味深いものがある。兵庫湊町の河合源治郎が時計師と両替商を一緒に経営したり、兵庫・札場の辻角の利見藤兵衛が西洋小間物と舷灯を一緒に取り扱うなど、異業種経営が盛んに行われていたことも判明する。言い換えると単独の商品だけでは営業が成り立たないほどの市場規模だったことの裏返しともいえる。その一方で、兵庫西出町の梶本碇製造所など、碇の製造販売だけで業が成り立つほど、兵庫は造船や船の修理が盛んだったことがうかがえる。

もう一点、本店と支店の関係も興味深い。兵庫に本店のある店舗が開港景気に沸き立つ元町通に進出した例として、呉服太物所の山城常七（兵庫小物屋町）や大森熊七（西宮内町）の事例がある。また兵庫の新興地である東出町・西出町などで発祥した大隈實の造船所や傘提灯卸小売の竹中徳兵衛の店が、兵庫の中心地である西国街道沿いの町に支店を出すなど、店舗展開をみてもこの時期の特色を表している。

7『兵庫県下有馬武庫菟原　豪商名所独案内の魁』

『豪商神兵　湊の魁』の発刊からわずか二年後に、発刊されたのが『兵庫県下有馬武庫菟原　豪商名所独案内の魁』である。『豪商神兵　湊の魁』が縦七・六センチ、横一七・八センチと横長なのに対し、本書は縦一一・四センチ、横一六・八センチで、形が変わっている。有馬・武庫・菟原の三郡は現在の神戸市北区有馬町と神戸市東灘区・灘区・中央区東部から芦屋市、西宮市南部である。取り上げられているのは、温泉宿、竹筆細工販売、酒造醸造、酒販売、酒樽製造・販売、素麺製造、材木商、米穀仲買、諸国荷受問屋、絞油商、御影石、羊羹商、牛馬問屋・牛乳売捌所である。所在地は有馬温泉に続いて、今津・西宮（以上西宮市）、田中・魚崎・住吉・石屋・東明・八幡・新在家・大石・岩屋・小野浜（以上神戸市）である。灘五郷の本場とあって、伝統的な酒造業とその関連産業が大半を占めている。このほか田中・魚崎・御影には素麺製造業、住吉・御影・石屋には石商もある。『豪商神兵　湊の魁』に掲載された神戸開港により欧米文化の影響を受けた旧湊川以東地区とは大きな違いを見せている。名所旧跡として有馬温泉元湯、今津学校、蛭子神社（西宮神社）、岡本梅林、住吉神社、弓弦羽神社、天上寺、敏馬神社が取り上げられている。

本書では、これらのうち開港によって外国人を意識した営業を始めている有馬地区掲載の温泉宿や竹筆細工販売と、小野浜の牛馬問屋・牛乳売捌所だけを掲載した。有馬温泉では早くも湯元が洋館で建てられ、竹筆細工販売ではローマ字による店の紹介も行われている。また武庫郡今津学校では洋館が紹介されている。

8　編者・垣貫與祐について

『豪商神兵　湊の魁』と『兵庫県下有馬武庫菟原　豪商名所独案内の魁』の編輯発行人はいずれも大阪北区曾根崎新地一丁目の垣貫與祐である。垣貫與祐についてでは、すでに菅原洋一氏の研究がある。菅原氏の研究によれば、垣貫與祐はこの二書のほかに、一八八二（明治十五）年に『商工技芸浪華の魁』の発行人を務めている。『商工技芸浪華の魁』の編輯人は垣貫一右衛門で、大阪北区曾根崎新地一丁目三九番地在住である。同姓の垣貫與祐も同じ番地で「同居」と書いているので、垣貫一右衛門の親族であることが判明する。

さらに菅原氏によれば、垣貫一右衛門は一八八三（明治十六）年『美濃の魁』出版人、一八八四（明治十七）年『備後の魁』出版人、一八八五（明治十八）年『浪華商工技芸名所智掾』検補人、同年『商工函館の魁』編輯兼発行人として類似の出版物に関わっている。『美濃の魁』では、「生見堂亀岡事垣貫一右衛門」と書いていて、垣貫の屋号は生見堂、本姓は亀岡であるとする。

印刷所として活路　これに対し垣貫與祐自身は『豪商神兵　湊の魁』と『兵庫県下有馬武庫菟原　豪商名所独案内の魁』以降、類似の出版物に関わった形跡が見当たらない。その後の垣貫與祐について、菅原氏の研究は及んでいないが、一八九三（明治二十六）年の『神戸港内外商家便覧』に神戸市相生町の石版活版業者として「生見堂　垣貫活版所」を発見することができた。おそらく大阪で出版に成功した生見堂、垣貫一右衛門に倣い、同居していた垣貫與祐が兵庫県内を対象にした二冊の商家案内の発刊で成功を収め、「生見堂　垣貫活版所」として神戸に進出したのだろう。また編輯、出版、印刷という本来別の分野の業務が合体したり、変遷したりするという当時の地方出版の現状が垣間見えるのも興味深い。

9　売捌人・熊谷久榮堂について

『豪商神兵　湊の魁』と『兵庫県下有馬武庫菟原　豪商名所独案内の魁』の売捌人は「神戸相生町東詰　熊谷久榮堂　大阪高麗橋　熊谷久榮堂」とあり、神戸と大阪で同時発売したことが分かる。この熊谷久榮堂は、熊谷幸介（幸助・幸祐）なる人物が経営していたもので、『兵庫県書籍雑誌商組合三十年誌』によれば、京都の熊谷鳩居堂主、熊谷直行の弟で、一八四七（弘化四）年の生まれという。壮年で神戸相生町の鳩居堂支店に来て、明治になって浜宇治野町の借家で書籍・香・筆販売業を始めた。一八七三（明治六）年兵庫県令神田孝平の著書『世事要言』を鳩居堂の名前で出版、同年『村童必誦　一名地方農業往来』を発刊、奥付には「兵庫県下　書肆鳩居堂梓」とあり、出版と販売の両方を兼ね備えていたことが判明する。神田孝平が教科書の発行を民間に委ねることを受けて、教科書発行に力を入れ、一八七五（明治八）年から熊谷鳩居堂を名乗り、翌年には水越成章著『万国地誌略字解』を「兵庫県下　鳩居堂」と「熊谷」を付けないで発刊するなど、以後「鳩居堂」と「熊谷鳩居堂」の屋号が混在する。

熊谷久榮堂として自立　鳩居堂や熊谷鳩居堂と名乗っていた時代を経て、一八八二（明治十五）年、屋号を「熊谷久榮堂」に変更、鳩居堂から自立した。この年だけで熊谷久榮堂の屋号で『豪商神兵　湊の魁』をはじめ六点を発行、地位を確立したのだろう。以後、一貫して熊谷久榮堂を名乗り続ける。その意味で、『豪商神兵　湊の魁』は熊谷幸介の自立の節目になった記念すべき出版物だったといっていい。こうして二年後の一八八四（明治十七）年には再び垣貫與祐と組んで『兵庫県下有馬武庫菟原　豪商名所独案内の魁』を発行したのである。

神戸が本店、大阪に支店　熊谷久榮堂の書物には神戸と大阪の両方を並列して店名を書いているが、神戸こそが本店であり、大阪は支店だった。それは一八八四（明治十七）年の『訓蒙英習字本』で、熊谷幸介（助）の住所は神戸浜宇治野町二番地とし、「発兌　同所熊谷久榮堂、書肆　大阪高麗橋弐丁目　仝支店」と書き、大阪の店を支店と明記していることから、明白である。

こうして熊谷久榮堂は神戸を中心に出版と販売活動を行い、大阪でも営業し、一九〇四（明治三十七）年国定教科書特約販売店制度が出来たときには、文部省編纂の教科書を発行するなど、明治時代を通じて教科書出版に大きな力を持ち続ける。しかし熊谷幸介が一九一三（大正二）年に死去すると、熊谷久榮堂は翌年書籍業を廃業した。

10『絵入商人録』

明治中期の神戸での商家という点では、外国人商館が重要な役割を果たした。その各商館を精密な銅版画によって描いたものに一八八六（明治十九）年に佐々木茂市により発行された『日本絵入商人録』がある。すでに本書は復刻されて出版されているほか、国立国会図書館デジタルアーカイブで公開されている。今回の企画とは趣旨が違うこともあり、掲載は見送ったが、論考は多くないので、内容について簡単にふれておきたい。

神戸と横浜の商館を紹介　本書は横浜と神戸の外国商館などを絵入りで紹介したもので、神戸は大阪の一枚を含んで二三の建物と二図の広告、横浜は六四図を掲載している。序文によれば、内国人が貿易をするには、取引先の商館を記憶することが重要で、外国商館は専業、兼業などさまざまで、内国商人に広く知らせる必要がある。貿易が興隆しているがそのような目的の書物を見たことがないと、海外貿易の活発化の助けにしようというのを目的としている。

初めに居留地の一覧表を載せ、続いて商館を一ページ一カ所、もしくは二ページで一カ所を掲載している。居留地の一覧表は漏らさず掲載しているが、家屋の絵図は予約制で、応募しなかったところもあり、また応募順としたため、番号も順不同になっていることが凡例に記されている。一八八四（明治十七）年七月から募集し、写真に撮影しそれをもとにしたり下書きをしたりしたうえ、依頼主に見せたうえで銅版画を作成したという。

英訳、食い違う表記

各図には日本語と英語で、商館名や住所、業態などが記されている。ただ居留地の一覧表と図に掲げられた名称が一致していない。たとえば、神戸海岸通七番地のコルンス商会は、スペルは「CORNES」、銅版画の方では「コンス商会」、また、二八番館は表ではヲペンへーマル兄弟商会だが、銅版画では「ヲツペネメールフレール商会」などとなっていて、食い違う。おそらく一覧表は公的な方法で入手したが、銅版画は現地でスケッチを描く際に聞き取りによって記入したため食い違いが生じたのだろう。本書では一覧表に従って掲載されている銅版画の商館などを一覧表にした。

興味深いのは居留地だけでなく、E・H・ハンター商会が兵庫出在家町に設けた精米所を描いていることである。

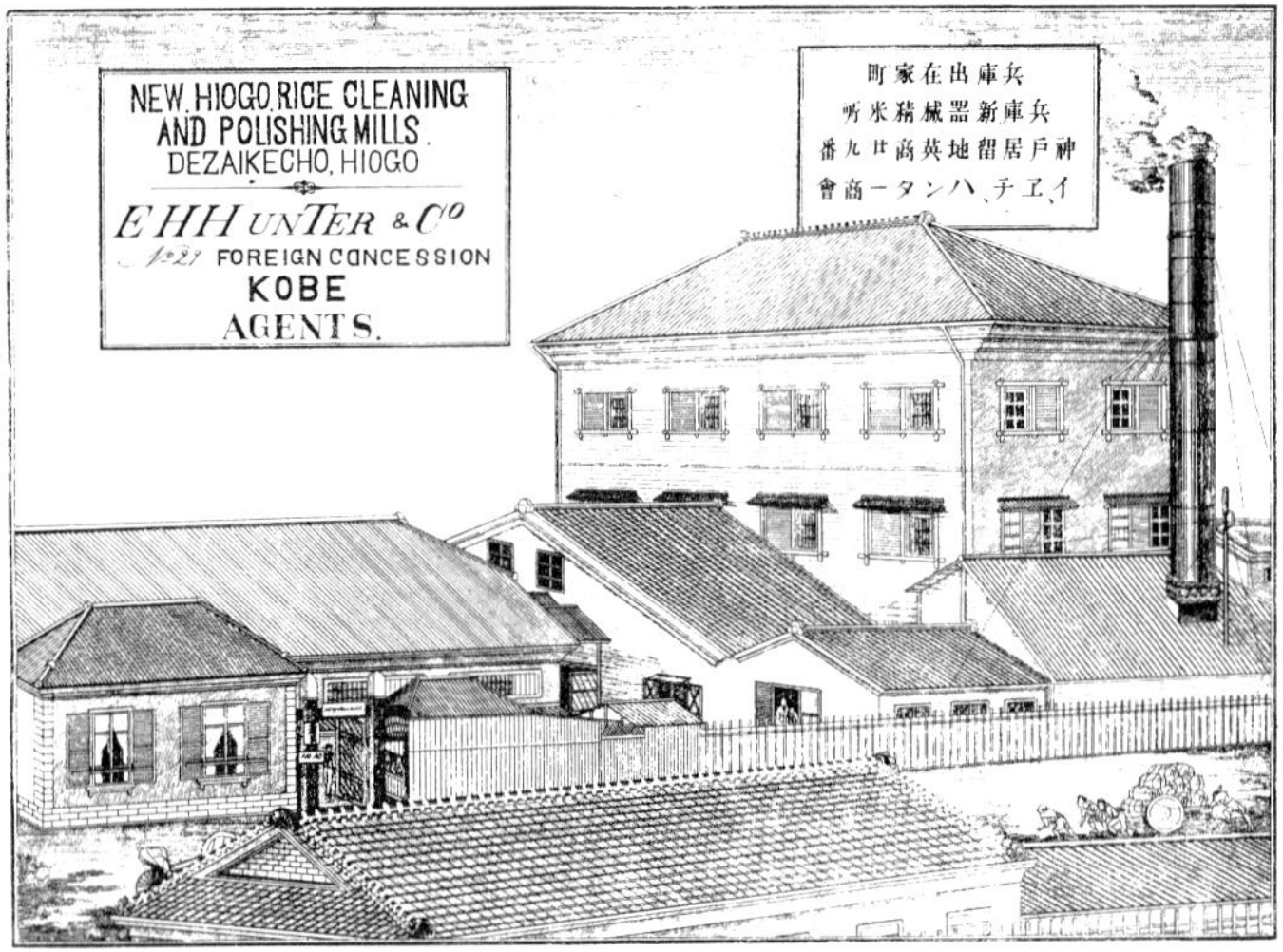

『絵入商人録』掲載の神戸の洋館の商工業一覧

	企業名	所在地	業　種
1	コルンス商会	神戸海岸通　英7番（横浜もあり）	チャルタルド商業銀行、ランカシア火災保険会社代理店
2	エチ・アーレン商会	神戸10番	ノールウイッチ共同火災保険社代理店
3	シ・イーリス商会	神戸12番	輸出・輸入商、スコットランド皇帝保険会社代理店
4	エチ・イ・レーネル商会	神戸14番	ニュージーランド南英国火災海上保険会社代理店、イ・ゼ・バーク会社醸造・各国洋酒類販売日本代理店
5	ランクフェルト・メアル商会	神戸18番	食物輸入・売買商、ゲルマン・ロシア・イタリアの各帝国海軍、三菱・太平洋・東西洋・彼阿の各汽船会社の用達
6	エチ・ルカス商会	神戸20番（住居は21番）	1869年創業、ビール・ブランデー、ポンプ、ペンキ、セメント販売所
7	ジェ・デ・ヴイガン商会	神戸22番（横浜もあり）	パリの輸入・輸出商
8	フェバル・ヴヲイト商会	神戸25番倉庫は67番	1868年起業、輸入・輸出商、ジャーマン国ロイド商会代理店
9	ヲペンヘーマル兄弟商会	神戸28番（横浜・香港もあり）	パリの輸入・輸出商
10	エ・ヲエストマン商会	神戸47番	ハンブルク、ブレーメンの火災保険会社代理
11	アル・アイザック兄弟商会	神戸50番（横浜もあり）	ニューヨークの輸出・輸入商、八角時計・袂時計商
12	ランガール・クレンウヲルト商会	兵庫82番（横浜もあり）	北英国及び商業保険会社代理店
13	エン・シレサル	神戸87番	輸入・輸出商
14	デレカンプ・マクグレゴル商会	神戸121番	ニューヨーク
15	マヤ商会	兵庫居留地91番館	輸出・輸入品商、秤製造会社代理店、石炭油専売店、ゲルマン銀販売所
16	テレジング商会	海岸通5丁目4番	ニューヨークの有限支那・日本貿易会社
17	グレッピー社	神戸栄町19番	
18	スキップウヲルス・ハモンド商会	神戸英3番	貴婦人・小児着用諸品販売
19	イ・ヱチ・ハンタル商会	神戸居留地英商29番	兵庫新器械精米所（兵庫出在家町）

このように居留地以外にも外国人による商工施設が広がり始めていることを、本書は物語っている。

11　県内の銅版画商工案内について

兵庫県内を対象にした同時期の銅版画による商工案内には、①『播磨有名勝地並豪商独案内』一八八四（明治十七）年、著者兼出版人・池内太七（姫路東二階町三九）、販売人・吉田源蔵（姫路福中町）、②『但馬商工便覧』一八八九（明治二十二）年、著者兼発行者・中谷与助（堺市宿屋町二三）、印刷者・川崎源太郎（堺市熊野町三一）、発兌所・龍泉堂（堺市熊野町）、③『淡播農商工便覧』一八九二（明治二十五）年、筆者印刷兼発行者・上田利平（西成郡木津村）―の三冊が知られる。いずれも国立国会図書館のデジタルアーカイブで公開されている。

①は、播磨としながら実際には姫路城下、飾磨津の商人や銀行、定宿、酒造・油製造、回漕業と、船場と亀山の本徳寺、黒住教会所、姫路治安裁判所、姫路電信分局など合わせて七一カ所を取り上げている。②では豊岡町、城崎温泉、出石郡出石町、養父郡八鹿を対象に、同様の業種や温泉、郡役所、学校、豊岡治安裁判所八鹿出張所など五一カ所を取り上げている。興味深いのは城崎郡九日市上町の柳行李卸商、山川又右衛門本店の支店が、東京・日本橋にあることである。③は、洲本、津名郡志筑・仮屋・岩屋・富嶋・江井・鮎原・都志・由良、三原郡倭文《しとおり》・松帆・八木・榎列・天野・福良・津井・高島と淡路島の各地に広がり、播磨では加古郡・印南郡・揖東郡・揖西郡・佐用郡・赤穂郡・宍粟郡・神西郡・神東郡・加東郡を対象に、商工一一一カ所を盛り込んでいる。

（以上文責・大国正美）

◎関連年表

（太陽暦採用以前は「陰暦」月表示）

1853（嘉永6）	6月 米国東インド艦隊司令長官マシュー・ペリー、浦賀に来航、開国を迫る
1854（嘉永7）	1月 ペリー再来／3月 日米和親条約調印（後、英露蘭と同内容の条約調印）
1855（安政2）	9月 網屋吉兵衛、神戸村に「船たで場」を設置
1856（安政3）	7月 アメリカ総領事、タウンゼント・ハリス着任
1857（安政4）	5月 下田条約調印／10月、ハリス登城、将軍に謁見
1858（安政5）	3月 朝廷、日米通商条約調印拒否／4月 井伊直弼、大老に就任／6月 日米修好通商条約調印（兵庫が開港場に。後、露蘭英仏と同内容の条約調印）／7月 外国奉行設置
1859（安政6）	5月 神奈川・長崎・箱館開港
1860（安政7）	1月 条約批准交換のため新見正興ら渡米、咸臨丸が随行／3月 桜田門外の変
1861（文久元）	5月 英国ラザフォード・オールコック公使、兵庫の開港予定地視察
1862（文久2）	5月 遣欧使節竹内保徳、英外相とロンドン覚書調印（兵庫開港5年延期）／8月 生麦事件
1863（文久3）	4月 将軍家茂、摂海巡視、小野浜上陸／8月「八一八の政変」（七卿落ち、東久世通禧ら楠公墓に参拝後、専崎彌五平手配の船で三田尻へ）
1864（元治元）	2月 島津久光、湊川に護良親王、楠木正成を祀る神社設立を朝廷に請願／5月 勝海舟、神戸海軍操錬所開設／9月 和田岬砲台竣工
1865（元治2 慶応元）	3月 海軍操練所廃止／11月 英米仏蘭四国艦隊、摂海に入り兵庫開港を迫る
1866（慶応2）	8月 将軍家茂、大坂城で死去／12月 孝明天皇薨去（慶応2年12月25日＝1867年1月30日）／この年、米価高騰、兵庫津などで打ちこわし
1867（慶応3）	4月 兵庫大坂規定書、神戸に外国人居留地決定（開港場）／5月 兵庫開港勅許／6月 兵庫商社設立／7月 柴田剛中、兵庫奉行、居留地建設責任者に／8月 生島四郎大夫、居留地土工を請負う／10月 将軍慶喜、大政奉還／11月 尾張藩徳川慶勝、京都吉田山に大楠公を祀る神社建立を朝廷に請願、内諾を得る／12月 神戸開港（慶応3年12月7日・1868年1月1日）／王政復古の大号令（慶応3年12月9日＝1868年1月3日）／この年、Hiogo and Osaka Herald 発刊

1868（慶応4／明治元）	1月　神戸事件（慶応4年1月11日＝1868年2月4日）／1月　鳥羽伏見の戦い／1月　兵庫の行政組織として1月15日仮事務局（1月22日兵庫鎮台→2月2日兵庫裁判所→5月23日兵庫県）／2月　堺事件／2月　福原遊郭出願／2月　貿易五厘金徴収開始／3月　雑居地承認／3月　兵庫裁判所岩下片平ら楠社神戸創建請願／閏4月　島屋久次郎、居留地工事を請負う／5月　伊藤俊輔（博文）初代知事に／6月　居留地基礎工事竣工（126区画）／6月　坂本村に県庁舎新築／6月　私学明親館開校／7月　居留地第1回競売／9月　明治に改元（慶応4年9月8日＝1868年10月23日）／11月　兵庫県、神戸病院開設、医学伝習所併設／この年、英国人キルビー、海岸通に屠場を開設
1869（明治2）	4月　居留地第2回競売／この年、関門月下亭開業
1870（明治3）	1月　神戸―大阪間に電信開通／4月　居留地第3回競売／9月　KR&AC創設／この年、神田兵右衛門、藤田積中、兵庫県知事から依頼を受け、洋服を着用し逍遥
1871（明治4）	2月　英国人J・マーシャル、港長就任／4月　和田岬灯台完成／5月　新貨条例公布（円銭厘を貨幣単位に）／6月　生田川付替完成／6月頃　福原遊郭、新福原へ移設／8月　散髪脱刀令／11月　岩倉使節団出発／11月　兵庫県令に神田孝平／この年、大井肉店開業。兵庫米商会所開設。小野組が諏訪山購入
1872（明治5）	5月　湊川神社創建（別格官幣社）／7月　明治天皇第1回神戸行幸／8月　花園社、布引山の無償下付出願／10月　芸娼妓解放令／11月　九鬼隆義、神戸に移住／11月　洋服着用令／11月　太陽暦採用（明治5年12月3日＝明治6年1月1日＝1873年1月1日）／この年　神戸港新聞創刊
1873（明治6）	2月　居留地第4回競売／2月　切支丹禁制高札撤去／2月　花園社に布引山無償下賜／3月　九鬼、栄町通に志摩三設立／3月　米宣教師ダッドレー、タルカット来神、私塾開設／5月　生田川跡地市街地整備竣工／11月　「栄町通」完成（命名は明治7年1月）
1874（明治7）	3月　マーシャル港長、築港計画完成／5月　官営鉄道神戸―大阪間開業／5月「元町通」命名／この年、居留地で外国人経営のガス事業開始、ガス灯点灯
1875（明治8）	1月　鯉川蓋完成／10月　加納宗七が建設した避難港「加納湾」竣工／11月　ダッドレーとタルカット「神戸英和女学校」設立（後、神戸女学院）

1876（明治9）	7月 鉄道寮蟹川桟橋架設／在留欧米人340名に
1877（明治10）	2月 官営鉄道神戸―京都間開通／2月 西南戦争。弁天浜に運輸局設置／9月 西南戦争凱旋兵士がコレラ感染／この年、貿易五厘金で神戸監獄にマッチ工場建設、マッチ製造始まる
1878（明治11）	この年、英国人キルビー、小野浜に造船所建設／小寺泰次郎、志摩三退社し不動産業貸金業に
1879（明治12）	1月 神戸区発足（第一区神戸、第二区兵庫と坂本村が合併）／この年、ドイツ人ニッケル、外国船貨物卸業開始
1880（明治13）	5月 湊川の木橋を石橋に付替え新橋と称す／この年、偽茶輸出が出回る。日刊「神戸新報」創立
1881（明治14）	この年、マッチ製造業「清燧社」設立／守谷類蔵ら牛問屋設置
1882（明治15）	5月 神戸桟橋合本会社設立 11月『豪商神兵 湊の魁』刊行／この年、県会議員洋服着用を申し合わせ／元町通で二宮盛神堂初めて洋風菓子製造
1883（明治16）	7月 鹿鳴館完成／9月 湊川神社境内で農務省「第二回製茶改良共進会」開催／この年、茶貿易商、粗茶防止対策を講ずる
1884（明治17）	1月『兵庫県下有馬武庫菟原 豪商名所獨案内の魁』刊行／2月 弁天浜に県立神戸薬学校開設／5月 大阪商船設立／5月「神戸又新日報」創刊／11月 神戸桟橋合本会社が小野浜鉄道桟橋架設
1885（明治18）	9月 日本郵船設立
1886（明治19）	9月 弁天浜明治天皇御用邸開設／10月 英国貨物船ノルマントン号紀州沖で沈没、日本人乗客全員死亡／11月 内海忠勝知事夫妻天長節夜会／11月 神戸商法会議所再興／この年、栄町通5丁目に製茶検査所設立／パルモア英学院創設
1887（明治20）	10月 神戸電燈会社設立
1888（明治21）	3月 英国人工兵将校パーマー、水道設計完成／9月 神戸電灯会社点灯開始／12月 鳴瀧幸恭神戸区長、水道敷設を区会に諮る／12月 山陽鉄道（現在のJR西日本山陽本線）兵庫―姫路間開通
1889（明治22）	4月 神戸市発足（神戸区に葺合村と荒田村を合併、人口13万4704人）／4月 第1回市会議員選挙／5月 第1回神戸市会開会、初代市長に鳴瀧幸恭、初代市会議長に神田兵右衛門／7月 東海道線全通

◎主要参考文献

神戸市『神戸市史』「本編総説」「本編各説」1925年(名著出版復刻版、1971年)
新修神戸市史編集委員会『新修神戸市史　歴史編Ⅳ　近代・現代』1994年
神戸市会事務局編『神戸市會史』第一巻、明治編、1968年
村田誠治『神戸開港三十年史』乾坤　1898年(中外出版復刻版、1966年)
神戸開港百年史編集委員会編『神戸開港百年史』港勢編、神戸市、1970年
神戸市港湾局『神戸開港100年の歩み』神戸市、1967年
鳥居幸雄『神戸港一五〇〇年—ここに見る日本の港の源流—』海文堂、1987年
兵庫県史編集委員会『兵庫県百年史』兵庫県、1967年
兵庫県警察史編さん委員会『兵庫県警察史』兵庫県警察本部、1972年
神戸新聞出版センター編『兵庫県大百科事典』上下、神戸新聞出版センター、1983年
神戸税関『神戸港概観』神戸税関、1929年
楠本利夫『増補　国際都市神戸の系譜』公人の友社、2007年
樋上権兵衛『神戸　百年の成長』郷土産業調査会株式時報編輯局、1960年
岡久榖三郎『神戸物語』歴史図書社、1978年
陳舜臣『神戸ものがたり』平凡社、1981年、1998年
落合重信『増訂 神戸の歴史　通史編』後藤書店、1989年
神戸史学会編『神戸の町名』神戸新聞総合出版センター、2007年
神戸市教育委員会『神戸の史跡』神戸新聞出版センター、1975年
落合重信・有井基『神戸史話　近代化うら話』創元社、1967年、1981年
和田克己編『むかしの神戸　絵はがきに見る明治・大正・昭和初期』神戸新聞総合出版センター、1997年
神木哲男監修『神戸学検定公式テキスト神戸学 改訂版』神戸新聞総合出版センター、2012年
神戸市立博物館『神戸開港120年記念特別展　神戸はじめ物語展』神戸市スポーツ教育公社、1987年
神戸市立博物館『神戸・横浜〝開化物語〟居留地返還100周年記念特別展』1999年
石戸信也『神戸レトロコレクションの旅』神戸新聞総合出版センター、2008年
生田区振興連絡協議会『生田いまむかし』生田区振興連絡協議会、1975年
道谷卓『新中央区歴史物語』中央区役所、1996年
山下尚志『神戸港と神戸外人居留地』近代文芸社、1998年
神戸外国人居留地編『神戸と居留地 多文化共生都市の原像』神戸新聞総合出版センター、2005年
田井玲子『外国人居留地と神戸 神戸開港150年によせて』神戸新聞総合出版センター、2013年
神戸新聞社『故郷燃える　兵庫県近代の出発』のじぎく文庫、1971年
読売新聞社神戸支局編『神戸開港百年』中外書房、1966年、

朝日新聞社神戸支局編『夜明けの人びと　兵庫百年』中外書房、１９６７年
赤松啓介『神戸財界開拓者伝』太陽社、１９８０年
神戸商業会議所『扇港財界の歩み　神戸商工会議所六十年史』神戸商工会議所、１９５３年
神戸商工会議所百年史編集部会編『神戸商工会議所百年史』神戸商工会議所、１９８２年
岩田照彦『神戸の良さが元町に』神戸元町商店街連合会、２０１４年
日本の近代を語る会編『識る力　神戸元町通で読む70章』ジャパンメモリー、２００７年
兵庫県書籍雑誌商組合『兵庫県書籍雑誌商組合三十年誌』兵庫県書籍雑誌商組合、１９３７年
村井幸『神戸材木商同業組合沿革史』神戸材木商同業組合、１９４０年
福田敬太郎『神戸市中央卸売市場二十年史』神戸市中央卸売市場、１９５４年
神戸洋服百年史刊行委員会編集室『神戸洋服百年史』神戸洋服百年史刊行委員会、１９７８年
炭谷克美『兵庫理容史』兵庫県理容環境衛生同業組合、１９８０年
神戸新聞出版センター編『神戸のパン・ケーキ・チョコレート』神戸新聞出版センター、１９８５年
ジェイアール西日本コミュニケーションズ『神戸駅130年史』西日本旅客鉄道株式会社、２００５年
大丸神戸店編『大丸神戸店の50年　その表情』大丸神戸店、１９７６年
須田菊二『福原遊郭沿革誌』福原貸座敷業組合事務所、１９３１年
榎本義路『有馬温泉記』浅野半六、１８８５年
章林散士『有馬温泉案内』山本文友堂、１８９９年
田中芳男 編『有馬温泉誌』田中芳男、１８９１年、改訂版 松岡儀兵衛、１８９４年
辻本清蔵『有馬温泉誌』大阪活版印刷所、１９１５年
神戸市立博物館『有馬の名宝　蘇生と遊興の文化』神戸市立博物館、１９９８年
石戸信也『むかしの六甲・有馬』神戸新聞総合出版センター、２０１１年
生田神社『生田神社史―後神家文書―』上中下巻、生田神社社務所、１９８０、１９８４、１９８８年
湊川神社『折田年秀日記』第一～第三巻、湊川神社、１９９７～２００７年
森田康之助『湊川神社史』上巻、祭神編、湊川神社、１９８７年
杉島威一郎『和田神社と和田岬』和田神社、２０１５年
松田裕之『草莽の湊神戸に名を刻んだ加納宗七伝』朱鳥社、２０１４年
松本三都正『清水誠先生伝』清水誠先生顕彰会（非売品）１９６５年
西村寛一『西村旅館年譜』西村マサ、１９８０年
和歌山県教育委員会『樫野埼灯台・官舎及びエルトゥールル号事件に関する調査研究報告書』
　２０１３年
「時事新報社第三回調査全国五拾万円以上資産家」『時事新報』１９１６年
菅原洋一『明治期商家銅版画資料に関する歴史情報学的研究』（科学研究費補助金（挑戦的萌芽研究）
　研究成果報告書）三重大学、２０１３年
落合重信ほか「神戸図書出版史ノート」『歴史と神戸』第91号、１９７８年

■一覧・索引

＊末尾の数字は掲載ページ

「豪商神兵　湊の魁」

旧・湊川以東

【三宮町】
貿易商　大橋正太良　58
西洋大工業・いすテーブル家具製造所
木本悦治郎　15
各国洋品類・西洋金物類　岡本辰次　17
ペンキ業　富岡徳松　29
【元町通1】
両替洋銀売買　森田常助　36
貿易茶商　阪口眞助　18
汽船乗客荷物扱所　松本重兵衛　32
西洋物諸品所　袖岡喜兵衛　22
古道具売買所　播新店　52
西洋風家具製造所　島津多七　59
東京流蒲焼ひるかしわ　江戸幸　57
布引滝水麦酒醸造元・貿易商・石炭売捌所
大島兵太郎　64
洗湯業　江戸湯　46
足袋店　吉川市助支店　24
【元町通2】
汽船乗客荷物扱所　千むよし　32
綿糸商　山本金助　29
建具箪笥長持商　中上秀吉　20
御菓子所・神戸名所図入煎餅・カステラ・
練羊羹　祥瑞堂　山本三四郎　63
写真師　市田左右太　35
【元町通3】
丸三銀行　27
汽船乗客荷物扱所　宮﨑伊之助　32
呉服太物売捌　竹馬利兵衛　53
諸糸物売捌所　半田藤吉　48
生糸商　小泉精三　40
傘提灯卸小売　柴崎權右衛門　47
珍器貿易商　池田清右衛門　53
金銀鼈甲珊瑚珠・東京袋物所
美田作兵衛　36
古道具売買所　寺西勘平　52
屏風所　繼田店　53
加賀九谷焼売捌所　北儀右衛門　13
放香堂　北儀右衛門　12
蒲鉾厚焼き所　亀井辰蔵　49
活版印刷所　廣園社　38
左官職　杉山德蔵　34
足袋店　吉川市助本店　24
【元町通4】
備前産物陶器商　伊勢屋　22
洋服仕立所　西田荘太郎　30
靴製造所　須藤保義　23
呉服太物商・東京足袋装束仕立所
喜多六兵衛　25
琴三味線商　山田榮七　14
和漢西洋薬種所・諸売薬大取次所
赤壁高濵　11
砂糖乾物素麺類　内山久兵衛　47
諸国銘茶所　村尾祐三郎　14
白米売捌所　山口吉右衛門　48
印判師　大森熊七支店　130
内外科医　赤壁　高濵六郎　43
内外科医　春日朴　43
内外医　赤壁　高濵信富　43
【元町通5】
汽船乗客荷物扱所　山中常次郎　34
汽船乗客荷物扱所　松井とよ　34
内国通運社　山中文造　43
尺桝衡石油売捌所・貿易商
今井太左衛門　26
斗量製作所　今井善兵衛　41
西洋反物・ラシャ・ケット・処物・緞通売捌所
東本店　田中平治良　27
西洋小間物卸小売所　丹波謙蔵　28
西洋反物・処物・ケット・ラシャ・毛織所
丹波辰蔵　28
呉服太物所　山城常七支店　85
呉服太物所　新宮屋　54
東京小間物所　林儀助　36

素麺乾物所　土佐利　24
御定宿　加藤小まつ　20
【相生町5】
古手売買所　笹又　23
砂糖卸商　中村五兵衛　46
【相生町6】
傘売捌所　萬俵市松　24
薩摩芋問屋　清水安兵衛　12
薩摩芋問屋　松本力太郎　12
【相生町】
諸売薬大取次・的中丸本家
吉岡達摩堂　39
【楠公社前】
西洋時計所　坪井多三良本店　55
菊水饅頭・蒸菓子所・御料理
菊水吉助　45
神明寿司支店　106
各国定宿　播磨屋磯八　20
【楠公社前東】
諸国名茶所　菅園　56
各国定宿　扇屋駒介　20
各国定宿　小玉屋嘉介　20
各国定宿　名塩屋荘輔　20
【多聞通2】
呉服太物所　伊藤嘉兵衛　33
東京双合織・浴衣地類・足袋下駄・御袴
地類・仕立　山本平治良　49
西洋小間物・こうもり傘張替
近藤鹿之助　23
精肉卸小売　飯田なを　66
足袋店　吉川市助支店　24
【多聞通3】
西洋小間物売捌所　高田出店　25
【多聞通4】
諸油小間物所　畑棄造　46
【多聞通5】
人力車製造所　三宅保治郎　34
諸酒商　石田常七　46
【多聞通7】
ひるかしわ料理商 生柳亭　村田末吉　70
【多聞通】
度量衡売捌所・大工道具仕入所
本多順輔　43
井筒屋「いづ太」　篠田鉄次郎　65
【多聞通道具屋町】
新古道具商　酒井五兵衛　13
新古道具商　金谷彌兵衛　13
新古道具商　髙木清吉　13
【仲町通2】
大工職　古谷嘉平治　22
【中(仲)町通5】
古金物・反古売買所　濵本慶次郎　14
【古湊町】
ペンキ売捌所　大久保嘉助　56
【東川崎町】
鉄物・諸キカイ所　河野亀治郎　38
鍛冶製造所　今市與三松　67
西洋小間物所　小塚宗　40
石鹸製造　播磨幸七　40
【諏訪山温泉】
常盤楼　68、69
お福亭　吉田伊助　68、70
月の家　68
青海楼　68
平谷　68
温泉湯本　山本清次郎　69、70
藤見亭　平野仁兵衛　68、70
藤井亭　藤井たつ　68、70
常盤東店　前田まさ　68、70
自在庵　水主文兵衛　68、70
福原常盤店　田中はる　69、70
西川亭　西川てひ　69、70
中村亭　中村熊吉　68、70
春海楼　寺本伊太郎　68、70
長生亭　68、70
常盤中店　前田喜兵衛　68、70
【福原】
貸席業　青柳楼　71

貸席業　澤山楼　71
貸席業　勢湯楼　71
貸席業　松浦楼　71
貸席業　寶勢楼　71
貸席業　いろは楼　71
貸席業　八幡楼　71
貸席業　勢徳楼　71
貸席業　永保楼　71
貸席業　愉快楼　71
貸席業　西京楼　西村吉之助　72
貸席業　長谷川九一郎　73
貸席業　三巴楼　五井みね　74
貸席業　戎楼　勝部市助　75
料理商　江戸幸　秋本幸助　76
【住所未記載】
会席料理所　吟松亭　59
会席料理所　きまゝ亭　59
会席料理寿し所　玉だれ　59
会席料理所　浪花亭（元町通７※）　59
会席料理商　寶來　59
諸鳥海川魚料理商　鳥松　62
会席料理所　火の用心（元町通２※）　62
江戸幸支店（湊川新橋付近）　77
硫酸販売所　鈴木助七　62

旧・湊川以西

＜旧・岡方地区＞

【佐比江町】
諸国銘茶卸商　小林正三郎　126
【湊町】
各国金銀時計・測量品売捌所・両替商
　河合源治郎　83
金物商　十川亀太郎　94
肥物仲買　森田半兵衛　132
諸油ろうそく卸小売所　泉谷治兵衛　84
塩・炭卸小売商　藤井忠兵衛　85
手織木綿商　岸本文兵衛　85
古手商　明石甚八　126
備前屋　永井卯兵衛　100
荒物商・のし扇子所　小川又兵衛　80
琴三味線所・小道具類　松野徳七　84
印判師　村上常三郎　92
諸薬種売薬商　黒田永昌堂
　黒田仁兵衛　90
酒醤油商　救野榮助　81
味醂焼酎・「榮壽」酒駄売　乾新兵衛　97
青物市場　三木茂　100
昆布所　柏原荘助　121
砂糖・干物　柏原伴右衛門　90
砂糖・干物卸小売　三田平兵衛　122
味噌生醤油・糀卸小売　財田喜兵衛　98
白米雑穀卸売捌所　財田喜八　99
蒲鉾　三笠太兵衛　89
会席料理業　常盤楼　122
散髪床　山田龜吉　114
【兵庫】湊町※
会席料理　常盤花壇　79
【兵庫樋上】湊町※
染物商　井上藤介　82
【江川町】
内国通運会社分社　汽車荷物取扱所
　山中藤平　117
肥物仲買　藤井平介　132
肥物仲買　石川茂兵衛　133
肥物仲買　岩田正吉　133
大工業　藤田松太郎　97
尺度斗量権衡大売捌所
　宮下宗右衛門　96
畳表荒物所　清住茂兵衛　86
呉服太物商　松本藤助支店　122
書画骨董商　前田又吉　134
青物料理業　畑中伊兵衛　100
【戸場町】
第七十三国立銀行　82
肥物仲買　岡本要助　132
肥物仲買　山本いさ　133
石炭油商　大坂支店会社　80
諸紙問屋　南條治郎兵衛　103
縄筵表類卸売商　藤田弥兵衛　118

前田又吉　140
塩川藤七　140
最上善右衛門　140
小林儀右衛門　140
寺本伊太郎　140
森際園三郎　140
相澤平吉　140
木戸新兵衛　140
須々木庄平　140
松本駒太郎　140
橋本寅吉　140
島徳次郎　140
泉谷要助　140
岩田証五郎　140
堂の内重吉　141
山道竹蔵　141
伊藤竹造　141
泰（秦）銀兵衛　141
池田久太郎　141
梅垣榮介　141
野村伊蔵　141
澤野定七　141
車利三郎　141
佐々木東吉　141
高木伊三郎　141
若谷徳兵衛　141
喜多要介　141
小島要助　141
川﨑忠七　141
河内常七　141
玉垣正太郎　141
【入江橋西詰】切戸町
和洋薬売薬・絵具類　柴田保兵衛　131
【入江橋】
洗湯業　入榮湯　131
洗湯業　新川湯　131
【入江橋東詰】新町※
坂井佐助　94
【新町】
諸国荷請問屋　岩切大治郎　107
諸問屋・薩摩国分煙草卸商　小豆屋
　山本市郎兵衛　116、136
材木問屋　前田惣七　118
諸足袋卸所　北国屋　北本宗兵衛　150
【神明町】
三菱会社荷物船取次所　高見善兵衛　95
旅籠商　駒屋　山本庄五郎　109
諸国定宿　枡屋庄右衛門　112
鮓商　寿し利　石田　106
生魚商・会席料理　須磨せい　109
【西宮内町】
印判師・位拝　玉文堂　大森熊七　130
琴三味線張替・小道具　大松孝三郎　146
諸積物商　今井作治郎　130
北海産物昆布類・四十物類・諸品売捌問屋
　藤井半七　101
左官業　荒牧甚兵衛　100
【東柳原町】
共助万人社（社長　生駒治左衛門・幹事
　宮下治助）　80
【東野原町】東柳原町※
左官業　熊谷一郎兵衛　100
【柳原町】
料理貸席業　播本重兵衛　110
料理貸席業　淀川　110
料理貸席業　播井なを　110
料理貸席業　佃佐兵衛　110
料理貸席業　三浦むめ　110
料理貸席業　磯嶋いと　110
うどんそば商　丸と　95
【西柳原町】
縄筵荒物所　加藤治郎兵衛　105
【天神裏】
会席料理業　月乃家　110
【永沢町】
鋳物類農道具商　丹治八左衛門　97
鋳物類農道具商　丹治長右衛門　97
諸麩製造　山田平兵衛　126

※印の職業・町名は推定

あとがき

　本書の企画は不思議な縁と偶然の重なりに包まれている。伝統ある神戸史談会の顧問に選ばれて間もない一昨年秋、例会の後の「直会」と称する酒場での話。事務局の佐藤憲太郎さんから「神戸史談会として神戸開港一五〇年記念事業に何かふさわしい事業はないだろうか」と問いかけられ、即座に前々から着目していた『豪商神兵　湊の魁』の復刻を提案した。

　神戸史談会は明治時代に発祥した日本有数の古さを誇る歴史団体で、歴史に残る仕事としては質のいい書物を後世に伝えることだと思った。出版事情は厳しいが、ビジュアルな本書なら、ある程度の売れ行きは計算できると読んだ。私は近世をもっぱら研究対象にしてきたので明治の神戸には疎いが、本書についてはかねてから先達の楠本利夫さんが読みこなし、行政専門紙『セルポート』（発行・セルポート社）に連載を続けていることも知っていた。楠本さんのお力を借りられることも念頭にあった。

　『豪商神兵　湊の魁』の復刻は、神戸にあるもう一つの歴史研究団体、神戸史学会が昭和五十年（一九七五）に復刻した経緯がある。第七三号（一九七五年九月）に復刻版の紹介があり、頒価二五〇〇円とある。海岸通四丁目、三菱汽船乗客荷物扱所、本家安藤嘉右衛門の店頭の銅版画を掲げて「明治研究の貴重な資料」「見ていて興味つきないおもしろさ」「『珈琲』を売る店があったり、ローマ字看板があったり、ハイカラだ。原本は既に一万数千円している」などと紹介している。古書店の後藤書店と神戸史学会が取扱所になっているので、公式な出版物としては発売されなかったようだ。「複製・神戸史学会」「昭和五十年一月　二五〇部限定」と印字されている本と「複製・神戸史学会」とだけある本がある。おそらく当初は二五〇部限定で復刻したが、足りなくなり増し刷りをしたのではないかと推測する。私が神戸史学会の委員をしていることも何かの縁で、敬愛する神戸史学会創設者、落合重信さんの重要な仕事を再び世に問うことも、本書の復刊を思いついた理由の一つである。なお後になって神戸史談会での楠本さんの講演をきっかけに安藤嘉右衛門の末裔の安藤和時さんと出会うことができたのも偶然の一つである。

さて早速、神戸史談会の名誉会長、加藤隆久生田神社名誉宮司に相談すべく訪問したところ、あまりの偶然に驚いた。昭和三十六年（一九六一）に忘れられていた本書が神戸市史編集室によって再発見された網谷市三郎商店とは、加藤名誉宮司と姻戚だった。その由緒は本書冒頭に寄稿いただいた。通された生田神社応接間で原本と遭遇できた感動は忘れない。

加藤名誉宮司から久元喜造神戸市長に企画案をつないでいただき、神戸開港事業実行委員会に諮り、開港一五〇年式典の記念品として配布することが固まった。記念品なので、うり二つの高級な複製品を限定的に作る案もあったが、それでは四〇年余り前の複製出版と同じになってしまう。現代からみた読み解きや解説・索引を付けるなど、利用者目線で編集した方がいいとの判断で、本書の構成が決まった。併せて類書の『兵庫県下有馬武庫菟原　豪商名所独案内の魁』の一部も掲載することにした。

前半の神戸地区と年表を楠本さんが、後半の兵庫地区・有馬・旧葺合村と索引、全体の統一・調整を大国が担当した。構成の決定が昨年の十一月にずれ込んだため、正月返上の突貫作業となった。執筆にあたっては西宮古文書を読む会の飯塚修三、谷田寿郎両世話人の協力も得た。末筆ながらお礼申し上げる。

本書の魅力は解説と重複するので繰り返さないが、開港から一五年後の活気あふれる神戸の商工業者の姿が活写されている。開港一五〇年の節目の年に、改めて開港効果の大きさを再認識した。そのＤＮＡにもう一度点火して、新たな神戸の発展に繋がれば、と願う。

二〇一七年二月　開港一五〇年目を迎えて

神戸史談会顧問
神戸新聞社取締役　**大国正美**

大国正美　おおくに まさみ

1958年福井市生まれ。1981年京都大学文学部卒業。専攻は日本近世史。神戸新聞社取締役の傍ら、ボランティアで神戸市東灘区にある神戸深江生活文化史料館館長を務め、神戸史学会の雑誌『歴史と神戸』編集を担当。著書に『神戸～尼崎　海辺の歴史』（2012）、『古地図で見る阪神間の地名』（2005）、『古地図で見る神戸』（2013）『神戸・阪神「名所」の旅』（2016、以上、神戸新聞総合出版センター）、『兵庫県謎解き散歩』（2011）、『神戸謎解き散歩』（2014、以上、新人物往来社）など。

楠本利夫　くすもと としお

1942年和歌山市生まれ。1968年神戸大学経済学部卒業。博士（国際関係学）。専門は地域国際関係、自治体国際政策。神戸市職員、立命館大学客員教授、芦屋大学教授を経て、現在NPO法人神戸NPOセンター 理事長、日本パン学会副会長、芦屋学研究会副会長。行政専門紙『セルポート』（月3回発行）に1999年から「神戸近現代史」を連載中。著書に『自治体国際政策論』（2012）、『増補 国際都市神戸の系譜』（2007、以上、公人の友社）、『移住坂～神戸海外移住史案内～』（2003、セルポート）など。

明治《めいじ》の商店《しょうてん》

開港・神戸のにぎわい

2017年4月25日　初版第1刷発行

編者———大国正美　楠本利夫
企画———神戸史談会
発行者——吉村一男
発行所——神戸新聞総合出版センター
〒650-0044　神戸市中央区東川崎町1-5-7
TEL 078-362-7140／FAX 078-361-7552
http://kobe-yomitai.jp/
装丁／神原宏一
編集／のじぎく文庫
印刷／神戸新聞総合印刷

落丁・乱丁本はお取替えいたします

ISBN978-4-343-00940-1　C0021